$\mathscr{D}$IEU MESURE
DE L'HOMME

Zdzisław Józef
KIJAS

$\mathscr{D}$IEU MESURE DE L'HOMME

Anthropologie
de Pavel A. Florensky

Cracovie 2013

L'apparition de la publication fut possible grâce à une aide de minimis de Ministère de la Science et de l'Enseignement Supérieur

Critique : prof. zw. dr hab. Aleksander Naumow, ks. dr hab. Tadeusz Kałużny SCJ, prof. UPJP II

Correction : Artur Foryt

Couverture : Emilia Dajnowicz

Typographie : Emilia Dajnowicz

ISBN 978-83-7638-431-3

KSIĘGARNIA AKADEMICKA Sp. z o.o.
ul. św. Anny 6, 31 -008 Krakow
tel./faks: 12 43 -127 -43
akademicka@akademicka.pl

www.akademicka.pl

À la mémoire des mes Parents

Le présent ouvrage est une version abrégée et mise à jour de ma thèse *Dieu mesure de l'homme selon Paul A. Florensky. Esquisse d'une anthropologie théandrique orthodoxe*, soutenue en 1990 à l'Université Catholique de Louvain-La-Neuve. Elle fut préparée sous la direction de André de Halleux, professeur ordinaire à l'Université Catholique de Louvain. Les rapports en furent faits par prof. Constantin Andronikof, prof. Adolphe Gesché, prof. Emilio Brito et prof. Pierre-Maurice Bogaert.

Introduction

Devant l'*Ecce Homo* de la foi, la question : « Qu'est-ce que l'homme ? » apparaît dans toute sa pertinence. Cette question ne se pose d'ailleurs pas seulement aux croyants et aux théologiens ; elle s'impose également aux philosophes. Eux aussi ressentent le mystère de l'être humain. Ainsi Kant, dans ses cours de logique, porte sa quatrième interrogation précisément sur l'homme. Il se demande d'abord : « Que puis-je savoir ? » (la question épistémologique), ensuite : « Que dois-je faire ? » (la question morale), puis : « Que m'est-il permis d'espérer ? » (la question religieuse) et enfin : « Qu'est-ce que l'homme ? », en ajoutant que « cette dernière détermination est la plus indispensable mais aussi la plus difficile »[1]. Alors qu'elle n'apparaissait pas encore dans *La critique de la raison pure*, cette question ne reçoit sa formulation claire qu'au début de *La logique*, où Kant la présente comme l'interrogation la plus importante de toute la philosophie ; et s'il la tient à l'écart par la suite, il s'en justifie : « A tout effort pour parvenir jusqu'aux fondements de cette science, s'opposent d'importantes difficultés qui tiennent à la nature humaine elle-même »[2] ; et il en relève trois :

---

[1] E. Kant, *Logique*, trad. L. Guillermit, Paris 1966, p. 25.
[2] E. Kant, *Anthropologie du point de vue pragmatique*, trad. M. Foucault, Paris 1964, p.12.

1. L'homme, s'il remarque qu'on l'observe et qu'on cherche
à l'examiner, se montre embarrassé, gêné : il ne *peut* donc pas se
montrer tel qu'il est ou bien il se dissimule et ne *veut* pas être tel
qu'il est.
2. La question est de savoir : l'homme, veut-il s'examiner lui-
même ?
3. Les circonstances de temps et de lieu, si elles sont durables,
produisent des *habitudes*, dont on dit qu'elles sont une seconde nature : « Elles rendent difficile un jugement sur soi-même, sur l'opinion qu'on doit avoir de soi, mais plus encore sur l'idée qu'on doit
se faire d'un homme avec qui on est en rapport »[3].

Ces difficultés amènent Kant à parler d'un dualisme fondamental de la doctrine anthropologique, laquelle peut traiter systématiquement de l'être humain, soit d'un point de vue physiologique, où
l'on tend à l'exploration de ce que *la nature* fait de l'être humain,
soit d'un point de vue pragmatique, où l'être humain est considéré
comme l'être qui dispose de l'activité libre[4].

Le dualisme dont parle Kant, nous le trouvons déjà chez Descartes, dans sa difficulté de concevoir l'unité de l'âme et du corps,
de la *res cogitans* et de la *res extensa*. Il réapparaît encore, dans la
philosophie contemporaine, chez Heidegger, particulièrement dans
l'*Être et le Temps*, où l'être humain est conçu, d'une part, comme le
principe transcendental du monde et du langage, mais, d'autre part,
aussi comme un événement, interprété comme le « moment d'au-
to-conscience », élément immergé dans le monde dont il est partie
intégrante.

La problématique garde toute son actualité avec J. P. Sartre. Pour
celui-ci l'être humain, tout en étant une transcendance finie, n'est
pas une pure intériorité, une *res cogitans* seulement, mais il comporte aussi une dimension extérieure : il voit, mais aussi il est vu
par les autres ; c'est justement ce regard d'autrui qui prive chaque

---

[3] *Ib.*
[4] *Ib.*, p. 11.

personne de sa propre transcendance et qui l'emprisonne, car elle devient pour autrui un pur objet[5].

Cette rapide esquisse de l'anthropologie philosophique moderne montre déjà l'intérêt qu'elle suscite chez les penseurs et quelles difficultés rencontrent ceux-ci, quand ils tentent de comprendre davantage l'être humain. Tous pourraient souscrire à l'opinion de Kant, estimant que la question: « Qu'est-ce que l'homme? » est à la fois la plus indispensable et la plus difficile.

Jugeant nécessaire d'y chercher une réponse malgré la complexité des problèmes qu'elle soulève, nous nous proposons de réfléchir à l'anthropologie théologique et philosophique, en prenant pour guide la pensée d'un écrivain russe, le prêtre orthodoxe Pavel S. Florensky. Travailler sur cet auteur nous semblait d'autant plus attrayant qu'il s'agissait d'un théologien récent, encore insuffisamment connu.

Nous avons pu avoir accès à la plupart des écrits de l'auteur, spécialement à ceux qui marquent le mieux et caractérisent davantage sa vision théologico-philosophique de l'être humain : nous les énumérons dans notre bibliographie. Beaucoup de travaux de notre auteur ont été traduits dans différentes langues, mais nous avons préféré travailler sur le texte russe. Quant à *La colonne*, nous avons bénéficié de la traduction française de Constantin Andronikof à laquelle renvoient nos références, mais nous avons également recouru au texte original pour obtenir la meilleure interprétation possible de certains mots-clés.

L'ordonnance générale selon laquelle nous avons essayé de bâtir notre réflexion nous a aussi dicté le choix de la méthode employée. Parmi les différents traitements possibles, la méthode du « cercle herméneutique » s'adaptait le mieux à notre projet. Partant des données bibliques concernant la personne humaine créée à l'image et à la ressemblance de Dieu, nous avons pris en considération son existence actuelle, pour aboutir à son retour dans le sein de la Trini-

---

[5] Cf. R. S p a e m a n n, *Człowiek w nauce współczesnej. Rozmowy w Castelgandolfo*, coll. *Znaki Czasu*, 52, Paris 1988, p. 129-130.

té ; celle-ci en apparaît d'autant plus clairement comme l'origine et la fin de l'existence humaine.

Nous avons enfin tenté non seulement de situer Pavel S. Florensky dans les mouvements culturels de la Russie de son époque, mais aussi de l'insérer dans les mouvances philosophiques et théologiques qui, plus largement, s'étaient manifestées en Europe, sans cesse en alerte, attentives à ne rien laisser échapper de vrai, de bon et de beau.

***

Je tiens à exprimer ma reconnaissance à M. Albert Latteur pour ses remarques précieuses concernant la présentation des idées. J'adresse également mes remerciements à Mlle Katarzyna Dybeł qui s'est occupée de la première rédaction du présent ouvrage et à Sœur Marie-Bernard de Wilde OCSO qui a fait la dernière correction de ce texte. Mais, surtout, je voudrais exprimer toute ma gratitude et ma profonde déférence à l'égard du professeur André de Halleux et à toute la Communauté Académique de Louvain-la-Neuve. J'ai conscience d'avoir beaucoup reçu d'eux et particulièrement du professeur André Léonard.

Sigles et abréviations

AAS	-	Acta Apostolicae Sedis.
DS	-	Enchiridion Symbolorum. Ed. H. Denzinger, A. Schönmetzer.
DSp	-	Dictionnaire de Spiritualité ascétique et mystique.
DThC	-	Dictionnaire de Théologie catholique.
JMP	-	Journal Moskovskoï Patriarkhii.
LG	-	Lumen Gentium. Constitution dogmatique du Concile Vatican II.
LkD	-	Lexikon der katholischen Dogmatik. Publié par W. Beinert, Freiburg-Basel-Wien, 1987.
LThK	-	Lexikon für Theologie und Kirche.
NRT	-	Nouvelle Revue Théologique.
OCA	-	Orientalia Christiana Analecta.
OCP	-	Orientalia Christiana Periodica.
PG	-	Patrologiae cursus completus. Accurante Jacques-Paul Migne. Series Graeca.
PL	-	Patrologiae cursus completus. Accurante Jacques-Paul Migne. Series Latina.
RAM	-	Revue d'Ascétique et de Mystique.
RSR	-	Recherches de Science Religieuse.
SC	-	Sources Chrétiennes.
TDNT	-	Theological Dictionary of the New Testament.
ThWNT	-	Thelogisches Wörterbuch zum Neuen Testament.
ThZ	-	Thelogisches Zeitschrift. Basel.
ZKTh	-	Zeitschrift für Katholische Theologie.

I.
Pavel Florensky et son oeuvre

La présente étude porte sur l'anthropologie de Pavel A. Florensky (ci-après : Fl.). Notre écrivain naquit le 21 janvier 1882 (selon notre calendrier grégorien), à Eulach, dans l'actuel Azerbaïdjan. Ingénieur des travaux publics, son père était russe, et sa mère arménienne. Il passa son enfance en Géorgie, d'abord à Batoumi, puis à Tiflis (Tbilissi). Chacun des sept enfants du couple reçut une éducation très poussée : Ioulia devint médecin-psychiatre, Aleksandr' géologue-minéralogiste, Olga peintre et poète, Ielizabeta peintre et pédagogue, Andreï ingénieur militaire, Raïssa peintre, et Pavel, au témoignage d'Andronik[6], manifestait de l'intérêt et des dispositions pour tout, une polyvalence précoce.

Comme ses frères et sœurs, il reçut le baptême, bien que toute la famille ait vécu à l'écart de la religion. Ceci explique que les premiers efforts du jeune Pavel pour se rapprocher de l'Eglise et s'enquérir de la foi ne rencontrèrent, de la part de ses proches, que mépris, désaffection ou hostilité[7].

L'intérêt qu'il portait, depuis sa petite enfance, aux choses de la nature se renforça pendant son adolescence. Au lycée de Tiflis,

---

[6] I. A n d r o n i k, *Osnovnye certy licnosti, zizn' i tvorcestvo sviascennika Pavla Florenskogo*, dans: « Journal Moskovskoï Patriarkhii » (ensuite « JMP ») 4, 1982, p. 12.

[7] P. A. F l., *Avtobiografiïa*, dans « JMP » 4, (1982), p. 13.

qu'il fréquenta de 1892 à 1899, il avait rassemblé et installé une
collection géologique et botanique ; il avait aussi rédigé, sur les
sciences naturelles, quelques articles, dont l'un fut même publié[8].
C'est seulement au cours de l'été de sa dix-huitième année qu'après
avoir reconnu les limites des sciences naturelles, le jeune homme
modifia son opinion sur la religion : sa foi devint vivante et son
intérêt pour l'Eglise prit une grande place dans sa vie. Classé premier de sa promotion à la fin de ses études secondaires à Tiflis, il
s'inscrivit à la Faculté des sciences physiques et mathématiques de
Moscou, dans la section des mathématiques pures. Il eut là, comme
professeurs : N. B. Modréevsky, L. K. Lakhtine et N. E. Joukovsky,
en mathématique et en mécanique ; V. I. Lebedev et I. S. Sokolov,
en physique ; V. Tcherassky, en astronomie. Au cours de ses études
universitaires, il subit une forte influence de la part de N. V. Bougaïev, le fondateur de l'arithmologie[9] ; celui-ci convainquit son disciple, qui partageait son intérêt pour la dimension philosophique des
mathématiques, de l'importance de la discontinuité, dont il fera le
fondement de toute sa pensée. Parallèlement à ses études scientifiques, Fl. suivit, à la même université, des cours de philosophie ;
parmi ses professeurs en cette matière, citons S. N. Troubetskoï,
L. M. Lopatine et A. I. Vedensky[10]. Sous la direction de Troubetskoï qui exerça sur lui une influence particulièrement forte, Fl.
travailla sur « l'organisation de l'univers selon Anaximandre » et
sur « les idées divines dans l'*Etat* de Platon » ; il prit part aussi,
avec Ern et Sventsitsky, aux activités du cercle « Sergueï-Troubets-
koï », dans la section « Histoire des religions ». C'est pour ce cercle
qu'il rédigea *La superstition et le miracle*[11] et *Le spiritisme comme*

[8]   M. S i l b e r e r, *Die Trinitätsidee im Werk von Pavel A. Florenskij. Versuch einer
      systematischen Thomas von Aquin*, Würzburg 1984, p. 6.
[9]   Cf. A. B e l y ï, *Natchalo veka*, Moskva - Leningrad 1933, p. 270-275 ; M. S i l -
      b e r e r, *op. cit.*, p. 8.
[10] M. S i l b e r e r, *op. cit.*, p. 9.
[11] F l., *O souïeverii* [*De la superstition*], dans : « Novyï Pout' » 8, 1903, pp. 91-
      -121. Cf. les réserves et la critique de cet article par l'auteur, F l., *La colonne
      et le fondement de la Vérité*, trad. C. A n d r o n i k o f, Lausanne 1975 (ensuite :
      F l., *La colonne*), note 565.

anti-christianisme[12]. Sous ce dernier titre, Fl. analysait deux poèmes, à la lumière de l'esprit chrétien[13] : à une œuvre poétique d'inspiration antichrétienne due à A.L. Miropolsky, l'auteur opposait les *Symphonies nordiques* d'Andreï Belyï comme témoignage d'un christianisme authentiquement mystique. Ce Belyï n'était autre que le fils du professeur Bougaïev, dont Fl. suivait l'enseignement de la mathématique. Entre eux se noua une amitié qui transparaît dans deux lettres que nous possédons, écrites par Fl. en 1904 ; dans la première, il développe ses idées sur l'Apocalypse et, dans la seconde, il informe son correspondant de l'avancement de son étude sur les symboles et sur leur portée dans la mystique et dans la théorie de la connaissance.

A son brillant élève, le professeur Joukovsky avait projeté de confier la chaire de mathématique à l'Université de Moscou : Fl. déclina cette proposition flatteuse et, à l'issue de sa formation universitaire, il entra à l'Académie théologique de la capitale, en mars 1904. Son dessein était alors de « parvenir à une synthèse entre l'ecclésialité et la culture du monde, s'associer parfaitement, sans aucun compromis, avec l'Eglise, s'approprier tout l'enseignement positif de l'Eglise et aussi toute l'idéologie scientifico-philosophique, y compris l'art »[14]. Ces propos, formulés en 1904, serviront de base à son chef-d'œuvre, *La colonne et le fondement de la Vérité*, non seulement quant à ses intuitions les plus profondes, mais aussi en tant que programme qui conditionnera même, semble-t-il, la méthode de cet ouvrage qui ne devait trouver son achèvement qu'en 1914 ; ces propos, l'auteur les répète dans son introduction à *La colonne*, réaffirmant qu'il veut, dans cet ouvrage, établir un dialogue entre l'homme de l'Eglise et l'homme imprégné de la culture du monde. Dans son désir d'intégrer et d'harmoniser dans une synthèse parfaite la sensibilité ecclésiale, c'est-à-dire l'esprit le plus authentique de la Tradition multiséculaire de l'Eglise, avec la mentalité et la culture du monde contemporain, Fl. ressentit le besoin d'entrer à fond dans la vie de l'Eglise, sans se contenter d'en adopter seulement l'enseigne-

---

[12] M. S i l b e r e r, *op. cit.*, p. 8.
[13] *Ib.*, p. 9.
[14] Dans « JMP » 10 (1981), p. 65.

ment doctrinal, mais comme une nécessité pour lui de vivre tout ce
que vit l'Eglise elle-même. En conséquence, les années où il fréquenta l'Académie furent un temps d'intense vie spirituelle et d'exercices
ascétiques. Ce n'est qu'alors, dira-t-il lui-même[15], qu'il découvrit
l'Eglise et son mystère, découverte qui n'est pas sans relation avec
la rencontre qu'il fit, à cette époque, du *starets* Isidore. C'est de ce
dernier qu'il hérita ce principe que la beauté spirituelle est le critère
de la vraie ecclésialité. Après la mort du *starets*, survenue en 1908,
Fl. lui dédia un article qu'il intitula *Le sel de la terre*.

   Dans son désir d'être agrégé pleinement à l'Eglise, il avait envisagé, avec son ami Andreï Belyï, de s'engager dans la vie monastique ; s'il ne devint pas moine, c'est par obéissance à son père
spirituel, l'évêque Antoniï Florensov[16] qui le lui déconseillait.

   Au cours de ses études à l'Académie ecclésiastique de Moscou,
Fl. s'intéressa particulièrement à la logique symbolique, à la théorie de la connaissance, à l'histoire des idées philosophiques et reli-
gieuses, à l'archéologie et à la langue hébraïque ; il y anima également un cercle de philosophie. Parmi ses professeurs, mentionnons
A. I. Vedensky qui occupa la chaire de philosophie de 1896 à 1913 ;
héritier et continuateur de « l'école ontologique » de la théologie
russe qu'avait fondée F. Goloubinsky (chargé de cours jusqu'en
1854) et continuée par V. D. Koudriavtsev-Platonov (jusqu'en
1891)[17]. Le professeur Vedensky exerça une profonde influence sur
Fl. qui non seulement enseigna ses idées, lorsqu'il devint lui-même
professeur à la chaire de philosophie de 1908 à 1919, mais les déve-
loppa dans *La colonne*.

   En 1906, Fl. rédigea un essai ecclésiologique, *L'idée de l'Eglise
dans la Sainte Ecriture*, qui ne sera publié qu'après sa mort. La
même année, parut sa traduction du *Kirchenrecht* de R. Sohm. Il tra-
duisit aussi et présenta, avec une introduction et des notes critiques,

---

[15]   M. S i l b e r e r, *op. cit.*, p. 10.
[16]   Selon A. F l o r e n s o v, ce n'est qu'après avoir terminé ses études à l'Acadé-
       mie que Fl. aurait à décider s'il devait devenir moine ou non ; voir la lettre de
       l'évêque à Fl., datée du 27 juillet 1904, dans « JMP » 10 (1981), p. 66.
[17]   M. S i l b e r e r, *op. cit.*, p. 11.

la *Monadologia physica* de Kant. En 1907, parut sa traduction de *La prière de Siméon le Nouveau Théologien à l'Esprit Saint*[18], et celle des *Lamentations de la Mère de Dieu*[19]. On lui doit aussi l'introduction à l'étude de A. El'caninou sur *Le mysticisme de M. M. Speransky*, dont il reprit les idées dans sa réflexion sur la Sophia.

C'est à l'Académie aussi qu'il se lia avec Boulgakov qui y avait fondé le « cercle philosophico-religieux V. Soloviev ». Fl. en fit partie et découvrit là la synthèse de la science, de la philosophie et de la religion. Quand on inaugura, en mars 1907, « l'Université théologique libre », Fl. y assuma le cours « d'introduction philosophique à la dogmatique chrétienne ». Une mécène, protectrice du Cercle philosophico-religieux, M. K. Morozova fonda, en 1909, la maison d'édition : « Le Chemin (*Pout'*) », où parut *La colonne*, en 1914.

On peut voir la première esquisse de cet ouvrage dans le travail intitulé *Sur la vérité religieuse*, rédigé déjà sous forme de dix lettres, qu'il présenta, en 1908, chez le professeur Glagolev et qui, jugé positivement, lui valut la chaire d'Histoire de la philosophie. C'est devant le Conseil de l'Académie que, le 10 septembre 1908, inaugurant une carrière universitaire qu'il poursuivit durant dix années, il donna deux conférences : l'une sur « les racines communes de l'idéalisme », et l'autre sur « les antinomies cosmologiques de Kant ».

Cette période fut aussi très importante pour la vie personnelle de notre auteur. Il aspirait ardemment à la prêtrise ; un choix difficile s'imposa donc à lui entre le mariage et la vie monastique. Son père spirituel n'était toujours pas favorable à son engagement dans le monachisme ; aussi, malgré son aspiration durable et profonde, Fl. se décida-t-il, après une crise intérieure douloureuse, à contracter un mariage qui lui ouvrait la possibilité de recevoir l'ordination sacerdotale. Le 25 août 1910, il épousa Anna Mikhaïlovna Guiatsintova[20], qui lui donna cinq enfants.

---

[18] Cf. dans : « Khristianine » I (1907), p. 245-247 et dans : F l., *La colonne*, p. 140-142.
[19] Dans : « Khristianine » II (1907), p. 601-606.
[20] M. S i l b e r e r, *op. cit.*, p. 13. Anna Mikhaïlovna Guiatsintova (31 janvier 1889-18 mars 1973), cf. *ib.*, p. 16.

Dûment marié, Fl. pouvait recevoir les ordres : le 23 avril 1911,
le diaconat et, quelques jours plus tard, la prêtrise. A partir de 1912,
il célèbre les saints offices à la chapelle des Sœurs de Miséricorde de
la Croix Rouge à Serguev Posad (Zagorsk). Pour bien comprendre
La colonne, il faut toujours garder à l'esprit le fait que son auteur
était un prêtre, qui prenait au sérieux son ordination. Le sacerdoce
constituait le centre spirituel de sa personnalité, le soleil dont il re-
cevait tous ses dons. S. Boulgakov l'a bien jugé : « Qu'est-ce que le
père Pavel Fl. a cherché dans la prêtrise ? Ce n'était pas la vocation
à une charge pastorale ni à la charge de professeur, bien qu'il ne les
a pas repoussées, mais surtout et avant tout le désir d'être présent
devant le trône du Seigneur, l'appel au service liturgico-eucharistique de Dieu »[21]. Lui-même l'écrit, dans une lettre du 27 juillet
1912 à V. A. Kozennikov : « On peut écrire uniquement de tout ce
qu'on vit, mais je ne suis qu'un homme qui chemine (et est-ce bien
cela que je fais, c'est une question) vers la *praxis* »[22]. Cette *praxis*
était précisément celle de ses fonctions sacerdotales, où le service
liturgico-eucharistique, sans être exclusif, occupait la toute première
place, comme on le perçoit déjà nettement dans *La colonne* ; mais,
cette période apparaît plus évidente encore dans son travail sur la
philosophie du culte (*Anthropodicée*) où la liturgie est présentée
comme la source de l'expérience spirituelle.

D'autre part, l'expérience du mariage ne fut pas non plus, il
nous semble, sans influence sur sa pensée, particulièrement sur la
réflexion qu'il approfondit au sujet des sacrements : c'est, en effet,
celui de l'alliance conjugale qu'il présente comme la base de tous
les autres. Il nous paraît intéressant d'énumérer les sujets que Fl.
aborda comme chargé d'un cours de philosophie à l'Académie. Il
commença son enseignement, en 1908-1909, par une introduction
à l'histoire de la philosophie antique en relation avec la phénoménologie de la connaissance, ainsi qu'un cours intitulé : les premiers

---

[21]   S. B o u l g a k o v, *Sviachtchennik o. Pavel Florenskiï*, dans : « Messager de
        l'Exarchat du Patriarche Russe en Europe Occidentale » (ensuite : « Mes-
        sager... ») 101-102 (1971-III/IV), p. 129-131.
[22]   Dans « JMP » 4 (1982), p. 17.

pas de la philosophie antique, de l'examen des sources de la pensée antique.

Il présenta en outre, dans ses cours du soir, une encyclopédie des mathématiques, et il présida, pour le « Cercle philosophique », un séminaire sur la gnoséologie à partir de la *Justification de l'intuitivisme* de N. Lossky.

L'année académique suivante (1909-1910), Fl. focalisa son intérêt sur l'idéalisme, à telle enseigne que son cours de 1910-1911 se centra sur Kant qui, après Platon, devint l'objet principal de ses exposés. Il traita de l'importance du penseur de Königsberg pour une philosophie de la nature et pour une vision scientifique du monde ; il mit en relief ce que sa *Critique de la raison pure* apporte à l'élaboration d'une philosophie des mathématiques et il établit un parallèle entre les *Prolégomènes pour toute métaphysique future* et les dialogues de Platon, *Lysias* et *Symposium*.

Le programme du cours de 1911-1912 embrasse les matières suivantes :

- Confrontation entre la pensée de l'Orient et celle de l'Occident, entre l'Orthodoxie et le catholicisme, entre les philosophies russe et occidentale.
- Histoire de la philosophie antique : la circulation des idées philosophiques, le rapport entre la philosophie et la religion, les (trois) étapes de son développement et son influence sur le christianisme.
- L'élaboration de l'idéalisme antique, où la philosophie sophistique se présente comme le type d'un éclaircissement a-religieux.
- La naissance de l'idéalisme moderne dans la philosophie de Kant.

Tous ces cours qu'il donna à l'Académie, Fl. comptait les utiliser pour la mise au point de *La colonne*, son travail de candidature, dont la version finale parut en 1914. Pour la composition de cet ouvrage, il n'employa pas seulement ses préparations personnelles, mais aussi les travaux d'étudiants dont il dirigeait et corrigeait les mémoires, en vue de leur agrégation, travaux où notre auteur trouvait des approfondissements de ses propres idées, en partie formulées par lui dès 1908. Les sujets de ces travaux d'étudiants qu'a guidés Fl. sont particulièrement variés. Relevons-en d'abord deux. L'un aborde le thème « Le culte de Dionysos en Grèce » et la mystique chrétienne : il s'agit là d'une confrontation qui, les différenciant, oppose la mystique ecclésiale à l'occultisme, jugé antiecclésial. L'autre porte sur l'occultisme en Russie et, selon le principe qu'une théorie ne s'élabore que sur la base d'une pratique, Fl. y relève et y étudie les manifestations concrètes de l'occultisme dans la société russe. L'intérêt personnel que notre auteur portait au folklore et aux traditions populaires a inspiré d'autres sujets proposés aux étudiants, car il voyait là une manière de percevoir le rapport que peut établir l'être humain avec la nature qui l'environne, l'enracinement d'un peuple dans son milieu. D'autres thèmes proposés portaient sur la culture égéenne dans les débuts de la philosophie ou sur les tendances de la littérature moderne, interprétées d'après les critères de Platon, dans l'œuvre de Gœthe, Tourgueniev, Dostoïevsky, Tolstoï. Dans le cadre de son enseignement de la philosophie, il proposait à ses candidats aux grades académiques des travaux portant sur « La logique de la connaissance pure et la vérité religieuse », « Le sujet transcendental et empirique », « Le problème de l'expérience », ainsi que d'autres, en recherche historique, portant sur J. Samarine, sur A. S. Khomiakov[23] et le mouvement slavophile. A la lecture de *La colonne*, il n'est pas difficile d'y déceler l'influence de ce mouvement sur Fl. qui ne se montre pas seulement l'héritier de Khomiakov, mais aussi le continuateur de la pensée de Soloviev, ce dont témoigne également sa participation au cercle philosophico-religieux.

Parmi les amis de Fl., à côté de S. Boulgakov, il nous faut mentionner V. V. Rozanov, un poète d'ascendance juive, avec qui notre auteur correspondait, s'entretenant de la mystique juive.

La révolution d'octobre 1917 mit fin à ses activités sacerdotales et professorales : le temps qu'il consacrait à la réflexion en fut consi-

---

[23] M. S i l b e r e r, *op. cit.*, p. 24.

dérablement augmenté. Il publia alors des articles sur *La Lavra de la Trinité de saint Serge* et une synthèse sur l'art : *Les signes célestes*. En 1922, il dicta le texte d'un essai sur *L'Iconostase*, qui ne parut qu'après sa mort.

Dans les années où la soviétisation brutale s'abattait sur la Sainte Russie, Fl. reprit du service dans l'enseignement de la physique et des mathématiques et il commença, en 1919, à se spécialiser en électrotechnique, si bien qu'il fut désigné en 1924, comme membre du Conseil central de l'électrotechnique. Il poursuivit ce travail intellectuel jusqu'à son arrestation. Le 26 juillet 1933, il fut condamné à dix ans d'internement et envoyé d'abord à Skovorodino, près du lac Baïkal, où il travailla dans une station de recherche sur le sol gelé, puis on le relégua sur l'île Solovki où, de l'automne 1935 jusqu'en juin 1937, il mena des recherches sur les moyens d'extraire l'iode du varech. Jusqu'à cette dernière date, il était resté en contact avec sa famille mais, à partir de ce moment-là, on n'a plus eu aucune nouvelle de lui, si bien qu'on ne sait ni quand ni où il mourut. Une déclaration officielle du gouvernement le mentionne comme décédé le 15 décembre 1937[24]. Il faudra attendre sa réhabilitation, le 25 mars 1959[25], pour que soit rompu le silence officiel imposé qui entourait sa personne et son œuvre.

Dans cette brève introduction biographique, nous avons essayé de relever les diverses influences qui s'exercèrent sur notre théologien : sa formation mathématique, la lecture de Platon et des Pères de l'Eglise ; orientèrent aussi sa réflexion les discussions autour de Kant et des idéalistes allemands, les manifestations du mouvement slavophile et les écrits d'autres philosophes, théologiens, moines et

---

[24] P. V. F l o r e n s k y, *Priroda preobrazouemaïa, osmyslivaemaïa ili odouchotvorïaemaïa ?* – l'exposé présenté au colloque *P. A. Florensky et la culture de son temps, Bergame, 10-14.04.1988*, p. 19.

[25] C'est la date avancée par R. S l e s i n s k i, *Pavel Florensky: A Metaphysics of Love*, Crestwood 1984, p. 35 et par M. S i l b e r e r, *op. cit.*, p. 39 ; ces auteurs suivent R. A. G a l ' t s e v a (*Florensky P. A.*, dans *Filosofskaïa entsiklopedia*, vol. V, Moskva 1970, p. 377). Cependant,. F l. propose la date du 5 mai 1958 (cf. *Priroda preobrazouïemaïa, op. cit.*, p. 19), mais, peut-être, ne s'agit-il là que d'une simple erreur typographique.

auteurs spirituels de son pays et de son époque. Nous aurons à préciser, au cours de ce présent travail, de qui Fl. se montre l'héritier et en quoi.

II.
Les origines

Dans le monde occidental contemporain, on en arrive souvent à surévaluer le présent, au point d'en oublier le passé ou de le considérer comme aliénant ; une certaine herméneutique cherche à l'évacuer et à ne voir la personne que dans l'optique de son « maintenant ». Fl., lui, ne néglige pas le « présent » de la personne, mais il en estime la valeur justement dans sa référence au passé, lequel est primordialement trinitaire et constitue le fondement métaphysique de l'être humain. A l'humanité d'aujourd'hui il importe donc, selon notre auteur, de rappeler son histoire, c'est-à-dire son « hier » qui permet, et lui seul, de connaître l'« aujourd'hui » de l'être humain.

1. La création

La création est « un éternel miracle de Dieu »[26], éternellement libre[27]. Dieu crée sans aucune nécessité. Fl. se sent obligé de rappeler cette vérité fondamentale de la foi chrétienne : c'est un fait que l'existence du créé provient de la libre volonté de Dieu. Le monde,

---

[26]   F l., *La colonne*, p. 207.
[27]   *Ib.*, p. 99.

y compris l'être humain, ne découle pas, en effet, de la substance divine avec cette nécessité dont a parlé Spinoza[28]. Selon notre théologien, une telle vision du créé n'est pas acceptable et il s'y oppose rigoureusement. Il faut, d'après lui, créditer Dieu de la liberté suprême dans l'acte créateur.

Selon notre auteur, en outre, la création n'est pas seulement un acte libre, c'est aussi un acte mystérieux. Comme tel, le fait de créer échappe à toute raison, de la part de Dieu, source de la vérité, comme de la part de l'être humain, raisonnant d'après sa connaissance du réel ; ce n'est que dans l'amour, grâce à l'amour, que l'acte créateur se justifie, et que la créature raisonnable trouve sa propre contingence et aussi celle de la création entière, car elles « ne sont pas des êtres absolument nécessaires »[29] ; cependant bien qu'elle ne soit pas un être absolument nécessaire, la créature existe réellement comme « une vérité », mais une vérité « dérivée », qui « trouve sa source ontologique dans la vérité », le Réel Absolu[30].

Fl. ne définit pas clairement ce qu'est pour lui la substance de l'être humain, mais il semble très probable qu'il considère comme la substance de la personne humaine justement sa dépendance ontologique à l'égard de Dieu. L'humain n'a pas, en soi-même, la cause de son être, mais, au contraire, la source de son existence réside en Dieu, dans son « amour humilié »[31]. Cette théologie de « l'amour humilié » que présente notre théologien est très originale et, en même temps, profondément chrétienne. Selon cette vision, Dieu, « par un

---

[28] Nous lisons chez S p i n o z a : _Deum non operari ex libertate voluntatis_, et plus loin : _Voluntas ad Dei naturam non magis pertinet, quam reliqua naturalia ; sed ad ipsam eodem modo sese habet, ut motus, et quies, et omnia reliqua, quae ostendimus ex necessitate divinae naturae sequi, et ad eadem ad existendum, et operandum certo modo determinari_, cf. _Ethique_, texte original et trad. nouvelle par B. P a u t r a t, Paris 1988, p. 1. Pr. XXXII, c. I et II ; G. R e a l e, D. A n t i-s e r i, _Il pensiero occidentale dalle origini ad oggi. Corso di filosofia per i licei classici e scientifici_, t. II, Brescia 1983, p. 308-313 ; R. V e r n e a u x, _Histoire de la philosophie moderne_, t. 10, 18ᵉ éd., Paris 1963, p. 58-59.
[29] F l., _La colonne_, p. 98, 212.
[30] _Ib._, p. 98-99.
[31] _Ib._, p. 212.

acte indescriptible » de l'abaissement inconcevable de l'amour, appelle à la vie un être indigent et « lui donne d'être par soi et de se déterminer ; c'est-à-dire qu'il pose la créature comme sur pied d'égalité avec lui-même ». L'amour devient alors la force qui donne la vie au monde ; il est aussi la force qui maintient tout dans l'existence : sans l'amour, pas de vie ! Il en est le principe. Non statique, mais très dynamique au contraire, cette force continue à agir dans l'histoire ou, plus exactement, c'est grâce à elle que l'être humain continue à agir dans l'histoire : l'amour accompagne la personne humaine dans son existence et cet accompagnement n'est pas accidentel, en ce sens qu'il ne répond pas à une nécessité absolue mais seulement à une exigence de l'amour divin, lequel est et continue à être la source de la vie. Puisque l'être humain n'existe que grâce à l'amour de Dieu, dira notre théologien, il s'ensuit que la personne humaine ne vit en vérité, authentiquement que dans la mesure où elle aime à son tour, enracinant son existence dans l'amour de Dieu et du prochain.

Notre théologien échappe ainsi à toute espèce de panthéisme, car d'après lui, le monde et l'être humain possèdent réellement une existence et une substance distinctes de l'Etre-Dieu. Entre Dieu et le monde, il existe une séparation radicale : l'univers et l'être humain ne sont pas Dieu, car, entre eux et Lui, il y a le néant. Le monde n'est pas divin : Dieu, selon notre auteur, n'est pas la force du monde, ni non plus l'une ou l'autre de ses qualités, comme la beauté ou l'ordre. Il en est certes le garant mais ne s'identifie à aucune des propriétés du monde. Dire que l'univers est créé, signifie, pour notre auteur, qu'entre Dieu et le monde, donc entre Dieu et l'être humain aussi, il existe une séparation absolue, qui n'est pourtant pas une opposition. La création indique à l'être humain qu'il ne doit pas chercher, dans le monde, le principe de sa propre existence ni une réponse à ses questionnements sur ce qu'il a à faire, sur sa manière d'agir. C'est en Dieu seulement, que la conscience humaine pourra trouver réponse à ses recherches d'une finalité et d'une éthique.

En tant que philosophe, Fl. ne s'intéresse pas à cette question qui passionnait les anciens et inquiète encore nombre de nos contem-

porains : « De quoi le monde est-il fait ? D'où provient-il ? » Pour
lui, il est évident que l'univers, y compris l'être humain, est un pur
effet de l'amour de Dieu, de qui, comme le dit la Bible, toute réalité
reçoit « l'existence, le mouvement et la vie » (Ac 17, 23). Quand
notre théologien parle de la création, on a l'impression, probablement conforme à son opinion profonde, qu'il ne s'intéresse pas à la
« description » que les auteurs de l'Ecriture ont composée, en ra-
contant les origines de l'humanité. Sa curiosité ne se porte pas sur
les éléments du récit qui pourraient fournir la matière d'ouvrages
sur la géologie ou la paléontologie ; la réflexion de notre auteur sur
la création n'a pas pour but de satisfaire les esprits scientifiques qui
posent, conformément à la mentalité d'aujourd'hui, comme postu-
lats ou a priori préalables, le principe de non-contradiction ou celui
du déterminisme. Ce n'est pas le principe de causalité qui guide le
raisonnement de l'auteur ; il n'essaie pas d'expliquer l'actuel par
l'antérieur ni de remonter de l'effet à la cause. L'unique enseignement qu'il semble relever comme seul nécessaire et digne d'intérêt, c'est cette vérité révélée, que les choses et l'être humain ont un
commencement. Par le fait même de ce commencement, l'univers,
avec tout ce qui existe et vit dans le monde, se définit, face au Dieu
qui seul est éternel, comme assuré d'une finalité et pourvu d'une signification. La vie, que l'être humain tient de Dieu qui le crée, a un
but, un sens, une valeur, que lui confère cette impulsion première de
l'acte créateur. Voilà ce qui, au fur et à mesure que se développe et
s'approfondit la réflexion de Fl., va devenir comme le cœur même
de sa pensée.

La création, selon notre théologien, est aussi un « miracle de
Dieu », un prodige qui révèle la puissance divine de manière gran-
diose[32]. L'auteur se trouve là très proche de la vision de la création
dont parlent les Actes des Apôtres (2, 19-20). Manifestation ou signe
de la présence agissante de Dieu dans l'univers, la création est une
réalité signifiante qui renvoie à la Réalité qui nous transcende. Selon
Fl., la création n'est pas uniquement un miracle, mais, de plus, c'est

---

[32] *Ib.*, p. 207.

un miracle éternel (*vetchnoïë*), l'effet d'un agir divin qui existe depuis toujours, hors du temps, sans début ni fin.

Si le monde a été créé, comment peut-il exister dans l'éternité ? Et s'il existe éternellement, comment peut-on dire qu'il a été créé ? Nous nous trouvons en face d'une question très difficile à résoudre. Elle semble affirmer deux réalités qui s'opposent mutuellement et débouchent sur une contradiction.

Nous avons formulé notre question pour faire apparaître, ainsi qu'on le dira plus loin, ce qu'est la nature profonde de toute la pensée de notre théologien. Celle-ci est paradoxalement contrastée : entre la thèse et l'antithèse, elle cherche à trouver une synthèse. Celle-ci, quant à la création, se trouve dans la réalité de la Sophia. En elle et grâce à elle, la création participe depuis toujours à la vie intra-divine. Elle est « la Grande Racine de l'ensemble du créé »[33] : éternellement créée par Dieu, elle participe, non par la nature mais par la générosité du Créateur, à la communion tri-unitaire. En elle existe déjà virtuellement, dans le dessein éternel de Dieu, tout le créé qui aura son commencement dans la matière, l'espace et le temps ; mais, du temps, notre auteur distingue deux aspects : « le temps cosmique et le temps abstrait »[34]. Le premier, « le temps cosmique, est une suite et, dès lors, il donne une succession à tout ce qui a une suite » ; pour le dire autrement, il « est une organisation interne dont chaque membre est placé inamissiblement là où il se trouve ». Ce temps a donc dû avoir un début et tous les phénomènes qui se succèdent dans le monde entrent dans son cadre[35]. Ce temps cosmique, Fl. semble l'associer à Dieu : c'est Dieu, en effet, qui s'en révèle le maître, puisqu'il en déclenche le début et que c'est en Lui qu'il trouve son achèvement eschatologique.

---

[33] *Ib.*, p. 213.
[34] *Ib.*, p. 214.
[35] Fl. cite à ce propos B. R u s s e l : *L'idée d'ordre et la position absolue dans l'espace et le temps* (*Bibl. du Congrès International de Philosophie*, vol. 3 : *Logique et Histoire des Sciences*, Paris 1901, p. 241-277) où Russel dit : « Il faut d'abord distinguer, parmi les séries, celles qui ont des positions ; les nombres entiers, les quantités, les instants (s'il y en a) sont des positions; les collections, les grandeurs particulières, les événements ont des positions » (*ib.*, p. 242), cf. F l., *La colonne*, la note 577.

D'autre part, selon lui, il faut parler du temps abstrait, c'est-à-dire du temps dans l'abstraction de la raison, car « la raison prend bien la forme d'une suite, mais elle en abstrait le contenu : l'on obtient alors le schème vide et indifférent d'une suite où chaque paire de moments peut effectivement être inversée ; et pourtant, à cause du caractère indistinct de ces moments, ce que l'on obtient ne se différencie en rien de ce dont on l'a obtenu ». Ainsi, le temps abstrait, c'est le temps qu'emploie la raison quand elle rend compte de l'histoire[36]. Il importe de noter dès maintenant cette distinction entre le temps cosmique et abstrait. Dans cette vision, Dieu est donc exclu du temps : Il est l'être « supra-temporel » (*sverkh-vremenny*)[37]. Il pourrait être intéressant de remarquer que le temps cosmique et le temps abstrait n'apparaissent pas, chez notre théologien, comme des êtres en soi. Du temps cosmique, nous pourrions dire qu'il est une propriété réelle des choses, tandis que le temps abstrait est plutôt la loi du sujet ; il s'ensuit que le sujet ne semble pas vivre dans le temps, mais, plus exactement, avec le temps (le temps cosmique) et que deuxièmement, le sujet même est ici le créateur du temps (le temps abstrait)[38]. Le sujet possède alors quelque chose de divin puisque, devenant lui aussi un créateur, il participe, certes dans les limites de ses possibilités, mais réellement, au pouvoir de Dieu lui-même. Celui-ci est le maître du temps cosmique ; d'une manière analogue, l'être humain apparaît comme le maître du temps abstrait. Il appartient à Dieu de placer choses et êtres là où il les veut et quand il les veut ; l'être humain possède aussi ce don divin, la possibilité d'agir pareillement dans le temps abstrait et avec lui. Nous pouvons dire alors, de l'être humain, ce qui est affirmé de l'être divin, à savoir, qu'il est « supra-temporel », car il est au-dessus du

---

[36]   F l., *La colonne*, p. 214.
[37]   *Loc. cit.*
[38]   La distinction entre le temps cosmique et le temps abstrait fait penser à la réflexion de B e r g s o n qui a opposé le temps de la mécanique et le temps de l'expérience concrète. Le temps de la mécanique c'est une série des instants, l'un à côté de l'autre ; Bergson le juge négativement. Par contre, le temps de l'expérience concrète doit se comprendre comme une durée qui fonde la liberté. Voir : *Essai sur les données immédiates de la conscience*, Paris 1889.

temps abstrait. C'est la mémoire qui fait de l'être humain un être créateur, comme Dieu est le Créateur ; en effet, la mémoire est la création dans le temps des symboles de l'éternité[39]. A côté de la richesse de réflexion qui nous permet cette distinction entre le temps cosmique et le temps abstrait, notre auteur semble enclin ici à un certain « a-historisme »[40], qu'il n'est pas sans intérêt de remarquer. Le temps abstrait qui permet à l'intellect de vivre dans le temps, il le présente comme une sorte de musée où seraient disposées différentes pièces de différentes époques : le visiteur regarde ce qu'il veut, sans nécessairement tenir compte de la période où ces pièces ont été produites, ni de leur date, ni de leur âge. Sur la question du temps, notre théologien reviendra dans un ouvrage ultérieur, *Iconostase*, qu'il dictera en 1922[41]. Dans ce contexte différent, ce qui est en jeu, ce n'est plus Dieu et la création, mais c'est le rêvé et le vécu : quelle différence y a-t-il, s'interroge l'auteur, entre le temps en rêve et le temps hors du rêve ? Pour répondre à cette question, il introduit, ici aussi, une distinction entre deux temps : le temps irréel, celui du rêve, et le temps réel. Dans cette nouvelle analyse, on retrouve cependant beaucoup d'analogies avec la précédente : le temps cosmique est apparemment très proche du temps réel, et le temps abstrait s'apparente fort au temps irréel. Dans le temps abstrait, les effets et les événements ont une existence réelle, mais leur position reste irréelle, car ils sont perçus dans un espace abstrait du temps. Il n'y a plus place ici pour une connaissance historique qui remonte de l'actuel vers le passé. Celui-ci, dans le temps abstrait, n'a pas d'existence propre, semble-t-il, puisqu'il peut devenir actuel. Cette opinion de Fl. s'explique peut-être par le caractère spirituel de sa pensée et par son idéalisme, qui n'a nul besoin d'un discours véritable sur le temps : dans le monde spirituel, tout est actuellement présent, car le temps n'existe qu'à cause de la matière, mais dans la vie spirituelle, la vie véritable, il n'y a pas place pour le temps.

---

[39] Cf. F l., *La colonne*, p. 136. Le thème de la mémoire sera développé dans le chapitre IV.

[40] G. F l o r o v s k y, *Pouti rousskovo bogoslovia*, 4ᵉ éd., Paris 1988, p. 494.

[41] M. S i l b e r e r, *op. cit.*, p. 30.

Dieu, « supra-temporel », ne créa pas l'univers, selon notre théologien, dans le temps, c'est-à-dire dans le temps cosmique. Celui-ci n'a pas de réalité objective avant la création ; il ne concerne que le devenir des choses matérielles, dont l'être humain peut rendre compte en durées mesurables. C'est en créant la matière « que Dieu, qui est son éternel présent », a déclenché le temps cosmique dans lequel paraît l'être humain, en tant qu'« une idée particulière de lui », « une représentation relative de l'Absolu »[42].

Cette idéation de l'être humain, grâce à la Sophia, est déjà présente dans « la Raison formatrice » de Dieu, dans le monde spirituel, « le monde de la réalité authentique »[43] ; cette image apparaît à un moment déterminé, comme œuvre de la Divine tri-unité, créée à son image et à sa ressemblance.

Il est aisé de détecter ici tout l'arrière-fond platonicien de Fl. Comme pour les philosophes d'Athènes et ses épigones, pour notre auteur aussi, le monde spirituel détient une importance principale : la réalité spirituelle est beaucoup plus réelle que le monde des phénomènes. Dans la deuxième note de *La colonne* il parle du caractère supra-rationnel de la vie spirituelle, *zôè* et du « caractère irrationnel de la vie naturelle, en tant que phénomène biologique, *bios* »[44].

Le caractère supra-rationnel de la vie spirituelle constitue un aspect très fort de la pensée de notre théologien et il faut en chercher les sources dans l'inclination de notre auteur vers le platonisme, mais aussi dans la tournure mathématicienne de son esprit. Il écrivit à ce propos, dans son *Curriculum vitae* : « Dans les années de ma jeunesse, se consolidait la ferme conviction que toutes les lois de l'être sont déjà contenues dans la mathématique pure, comme la première automanifestation concrète et ainsi utilisable du principe de pensée – ce qu'on pourrait appeler l'idéalisme mathématique. En liaison avec cela, se montrait la nécessité de bâtir la vision philosophique du monde, appuyée sur les fondements approfondis

---

[42] F l., *La colonne*, p. 212.
[43] *Ib.*, p. 214.
[44] Voir *loc. cit.*, la note 1 bis.

de la connaissance mathématique »[45]. On ne peut négliger non plus l'influence qu'il a subie de la philosophie de Kant et de ses successeurs, ni surtout la forte imprégnation de son esprit par la Tradition orthodoxe. De ces quatre emprises, il est bien difficile de désigner celle qui eut le plus de retentissement. Nina Kauchtschischwili, professeur à l'Université de Bergame, voit, dans la mathématique, le principe premier qui marque constitutivement la pensée de notre théologien : c'est au second rang en ordre d'importance qu'elle situe l'influence qu'eut, sur ses conceptions, son contact avec le monde présocratique et avec l'univers de Platon, en particulier[46]. Malgré l'argumentation convaincante du professeur Kauchtschischwili, il semble qu'on doive ajouter à ces trois courants qu'elle analyse comme des affluents qui ont irrigué la pensée de Fl., la source qui nous paraît primordiale et d'un jaillissement plus riche encore, à savoir : son expérience spirituelle, voire mystique. Dans son autobiographie, en 1927, il confessait : « A la fin des années du gymnase (en l'été de 1899), j'ai vécu une crise spirituelle, quand j'ai reconnu les limites de la connaissance physique (...). A partir de cette crise, est sorti l'intérêt pour la religion »[47]. C'est précisément cette expérience spirituelle qui a révélé au jeune Fl. le caractère supra-rationnel de la vie spirituelle. Cette évidence qui surgit de l'expérience mystique, le philosophe et théologien essayera plus tard de la justifier, d'en montrer la rationalité, en s'appuyant, à la manière de Kant, sur des principes mathématiques, sur l'héritage philosophique de l'Antiquité classique et sur sa propre Tradition orthodoxe.

---

[45] *Curriculum vitae*, dans : «Bogoslovskié Troudy » 23 (1982), Moskva, p. 266.

[46] N. K a u c h t s c h i s c h w i l i, dans : P. A. F l o r e n s k i j, *Attualità della parola. La lingua tra scienza e mito*, a cura di E. T r e u. Introd. de V. Vs. I v a n o v, présentation de N. K a u c h t s c h i s c h w i l i, trad. du russe par M. C h i a r a P e s e n t i et E. T r e u, Milano 1989, p. 14.

[47] I. A n d r o n i k, *op. cit.*, p. 13.

1.1. L' œuvre du Père, par le Fils, dans l'Esprit-Saint

Le Dieu qui a appelé l'univers et l'être humain à l'existence, c'est bien le Dieu trinitaire. C'est dans cette affirmation que se trouve l'enracinement de toute la pensée de notre auteur, comme nous allons le voir.

Affirmer, de la Sainte Trinité, qu'elle est le fondement de la doctrine chrétienne et la source de notre existence n'est pas un thème neuf ni propre à notre théologien. Celui-ci l'a puisé dans l'histoire de son Eglise. Dans sa monographie sur la *Lavra de la Trinité-Saint-Serge*, il écrit qu'en édifiant l'église de la Trinité, au XIVᵉ siècle, saint Serge de Radonège voulait exprimer sa certitude qu'en « fixant le regard sur Elle, on vainc la peur devant la division détestable du monde »[48]. C'est cette même conviction, ajoute-t-il, qui a inspiré l'iconographe Andreï Roublev[49]. Que la tradition russe ait ainsi influencé sa pensée, Fl. le reconnaît volontiers ; mais le hiéromoine Innokentij (Pavlov) fait remarquer que l'idée du fondement trinitaire de l'existence humaine a été exprimée aussi, d'une manière telle qu'elle a sûrement marqué notre auteur, par des théologiens russes des deux derniers siècles[50], notamment A. S. Khomiakov dans ses *Notes sur l'histoire universelle*[51], V. S. Soloviev dans ses *Cours sur la divino-humanité (1877-1881)*[52], et surtout le métropolite A. Khrapovitsky. Ce dernier, principalement dans sa polémique avec L. N. Tolstoï, défendit

---

[48]   P. A. F l., *Troïtsé-Sergueva Lavra i Rossia*, dans « Messager... » 117, p. 16.
[49]   *Ib.*, p. 19-20.
[50]   *Cf.* I n n o k e n t i I e r o m o n a k h (P a v l o v), *Sviachtchennik Pavel Floren-sky i evo vklad v razvitie bogoslovskoï mysli pravoslavnoï Tserkvi. L'exposé présenté au cours du colloque P. A. Florenskij et la culture...*, *op. cit.*, p. 9-12.
[51]   *Cf.* P. A u v r a y, *Création*, dans *Vocabulaire de théologie biblique*, pub. sous la direction de X. L é o n - D u f o u r, 2ᵉ éd. révisée et augmentée, Paris 1970, p. 222-230.
[52]   *Cf. Vorlesungen über das Gottmenschentum (1877-1881)*. Übersetzt von M. D e p p e r m a n n, dans : *Deutsche Gesamtausgabe der Werke von Wladimir Solowjew*. Herausgegeben von W. S z y l k a r s k i et al., Band I, München 1978, p. 573-750.

ses idées sur le dogme de la Sainte Trinité, affirmant que celle-ci constitue le centre de la vie, qu'elle n'est pas seulement l'image de l'amour qu'ont à pratiquer entre elles les personnes humaines, mais qu'elle en est l'indispensable principe actif[53].

C'est donc aux différents courants de la théologie nationale traditionnelle que notre auteur a puisé sa conception trinitaire de l'existence humaine, mais il ne s'est pas contenté de la reprendre à son compte : il l'a enrichie d'éléments neufs et personnels. C'est uniquement dans la perspective du Dieu tri-unique que pourra se justifier sa vision de l'union substantielle où tous les humains sont « un » dans un amour qui n'a rien de « psychologique », ainsi qu'il qualifie l'amour tel que le présentent, dans leurs théories, des philosophes comme Leibniz, Wolff, Spinoza et bien d'autres.

Le terme « créer » (*tvorit'*), dans le sens de susciter à l'existence et à la vie des choses ou des êtres vivants, prend une signification particulière chez notre théologien, qui y polarise la notion de « penser » (*myslit'*). Dans le langage habituel, « penser » signifie « concevoir mentalement » ; Fl. inclut, dans ce verbe, bien plus que son contenu usuel. Il charge le terme « penser » d'une bien plus grande efficience. Pour lui, c'est l'acte de penser qui, étant créateur, fait apparaître une chose nouvelle : le créé est l'effet d'un « penser », car « Dieu pense en choses »[54].

La philosophie d'aujourd'hui, dans les récits sur la création, préfère employer le terme « parole » ; elle dit alors que Dieu créa par la parole. Cette façon d'exprimer l'action créatrice correspond pleinement au récit de la Génèse. Elle rejoint aussi la vision juive qui définit l'être humain comme « un être vivant parlant (*hay ha-*

---

[53] A n t o n i ï, *Polnoïé sobranié sotsineni*, vol. 2, 2e éd., Sankt-Peterbourg 1911, p. 70-71.

[54] Cf. F l., *La colonne*, p. 214. Selon Fl., cette doctrine que « Dieu pense en choses » a été déjà exposée par la philosophie du Moyen Age. Dans la note 331 de *La colonne*, il cite l'expression d'Amalrich von Bene : *Asseruit Amalricus, ideas, quae sunt in mente divina, et creare et creari*. Pour la citation, Fl. se réfère à : A. S t o c k l, *Geschichte der Philosophie des Mittelalters*, vol. I, Mainz 1864. Fl. cite l'édition du 1894. Dans la note 573, il se réfère à la traduction russe de ce livre faite par N. S r e l k o v et I. E., dir. I. P o p o v, Moskva 1912.

medaber) »[55]. On retrouve la même idée dans « la double définition aristotélicienne de la personne en tant que *zôon logon échon* et *zôon politikon* : un être accomplissant sa vocation la plus éminente dans la faculté de la « parole » et dans la vie de la *polis* »[56]. Bien que ces termes ne soient pas absents de son discours, Fl. n'utilise pas les mots « dire », « parler », « parole », dans le contexte de la création ; cela s'explique par le fait que, dans le climat où vivait l'auteur, c'est « penser » qui était en faveur. Le verbe, employé par Descartes (*cogito ergo sum*), devint fameux à la suite de la philosophie de Kant. Descartes enfermait, dans le mot de pensée, « tout ce qui se fait en nous de telle sorte que nous l'apercevons immédiatement par nous-mêmes »[57]. Là, chez Descartes, la pensée a encore un statut, ou plutôt un champ d'activité limité au domaine de la perception et au niveau personnel, située qu'elle est à l'intérieur de l'expérience de l'individu. Mais Kant et, à sa suite, les idéalistes allemands font sortir le « penser » hors du sujet personnel. On connaît l'expression de Kant, devenue fameuse : « Je pense » (Ich denke). Par le fait de penser, le sujet devenant le fondement de l'objet, le « Je » se situe au centre de toutes les références. Ce n'est plus le sujet qui doit tournoyer autour de l'objet, mais, à l'inverse, c'est l'objet qui doit circuler autour du sujet[58]. Le « penser » kantien ne signifie donc plus « concevoir mentalement » ; il s'arroge une connotation ontologique. Le « Je pense » devient ainsi le fondement d'une objectivation de l'autre : tout ce que je pense reçoit une existence qui, bien qu'elle soit idéale, n'en est pas moins réelle dans le cadre de la supra-rationalité.

Quant à Fl., s'il emploie la notion de pensée, il la situe à un niveau différent, plus élevé : le « Je » devient, chez Fl., le « Je » de Dieu. Il n'y a que Dieu, semble dire notre auteur, qui ait le droit de dire « Je pense » et de provoquer ainsi toutes choses à l'existence

---

[55] J. E i s e n b e r g, A. A b e c a s s i s, *A Bible ouverte*, Paris 1978, p. 63.
[56] H. A r e n d t, *La crise de la culture*, Paris 1972, p. 35.
[57] R. D e s c a r t e s, *Les principes de la philosophie*, dans *Œuvres et lettres*, introd., chronologie, bibl. et notes par A. B r i d o u x, Paris 1953, p. 574, 1, 9.
[58] E. K a n t, *Kritik der reinen Vernunft*, neu herausgegeben von R. Schmidt, Hamburg 1971, B 428-B 432.

et donner la vie à tous les êtres vivants ; c'est à ce pouvoir créateur du « moi » divin, que participe aussi le « moi » humain, mais à son propre niveau, beaucoup moins élevé, et toujours en dépendance du « moi » de Dieu. En conséquence de cela : Dieu pense et tout commence à exister.

L'être humain, qui ne cesse de chercher à se comprendre et à découvrir sa propre identité, ne peut engager sa démarche à partir de son « moi » ; il possède, certes, une autonomie, mais relative, lui interdisant donc de ne prendre en considération que ce « moi » et de ne se pencher que sur lui-même, exclusivement. Pour trouver son identité véritable, il a besoin de se situer par rapport à quelqu'un d'autre : Dieu, avant tout, mais aussi le prochain[59]. Cette altérité joue

---

[59] Dans la philosophie actuelle nous pouvons penser à des travaux de M. Buber et tout particulièrement à E. Levinas. C'est spécialement ce dernier qui insiste sur l'importance d'autrui dans l'existence du moi. On pense ici à sa philosophie du visage, à la responsabilité. Pour Levinas autrui qui m'affirme dans ma propre identité me conduit aussi à Dieu, car dans mon rapport à autrui, dira-t-il, dans le rapport éthique, je suis déjà en rapport avec Dieu, car l'exigence par laquelle l'autre me requiert vient de plus loin que lui : c'est l'Infini qui commande dans le visage de l'autre, c'est Dieu qui sollicite le moi. Ainsi donc, dans l'éclat du visage se trouve inscrite, selon Levinas, la trace d'un Absent qui est toujours déjà passé, qui ne cesse d'être passé. La trace, dans le sens spécifique de Levinas, n'est ni une présence ni un signe, de sorte que par cette trace Dieu n'apparaît ni ne se montre. Un signe ordinaire, de par la corrélation qu'il institue, observe-t-il, aurait comme effet de relier la transcendance à l'immanence et donc de la supprimer. Donc, dans la relation éthique, trace et non signe, de telle sorte qu'on ne peut à partir d'elle remonter dans la continuité, jusqu'à l'Infini et atteindre l'Infini à la façon dont le chasseur suit le gibier à la trace (prise pour un signe). Trace et non signe, de sorte qu'autrui n'est pas dégradé en moyen, en prétexte pour rejoindre Dieu. La trace indique non une présence de Dieu mais un passage, un passage toujours déjà passé d'un passé immémorial, qui n'a jamais été présent, qui n'a pas rendu l'Infini contemporain et immanent dans un monde qui ne peut le contenir. Le passé immémorial auquel renvoie la trace désigne ce qui était avant l'être du monde, un temps avant le temps, un avant non synchronisable avec ce qui suit, un passé qui n'appartient pas à l'ordre de la présence, c'est-à-dire l'éternité. Alors que le signe s'inscrit dans l'ordre du monde, la trace authentique dérange l'ordre du monde, elle introduit une rupture de l'immanence, elle fait signe vers un ailleurs, car laisser une trace, au sens strict, c'est passer, partir, s'absoudre. Pour ces réflexions, je remercie monsieur Baguette.

un rôle exceptionnel chez notre théologien, qui semble même aller beaucoup plus loin que la philosophie actuelle : l'autre n'interpelle pas seulement notre identité[60], mais il la constitue, il la forme. C'est parce que l'autre existe, que je peux exister aussi ; l'Autre (entendons ici : Dieu) devient « preuve de l'homme »[61] : si Dieu existe, nous dira Fl., l'être humain existe aussi. C'est Dieu qui constitue la preuve ontologique de l'être humain. Cette position inverse les termes de la démarche classique par laquelle l'être humain prouvait Dieu ; cette nouvelle manière de poser le problème gomme aussi la ligne qui séparait nettement auparavant la théodicée et l'anthropodicée, lesquelles ne perdent pourtant pas leur valeur, puisque la première justifie la seconde et que celle-ci rend légitime le discours rationnel sur Dieu.

La première place revient ainsi à Dieu, puisque tout ce qui existe dépend de Lui et reçoit, de Lui, son existence. Rien n'existe que parce que Dieu le pense, et, sans ce « penser » divin, rien ni personne ne pourrait jouir de la vie. En situant tout l'acte créateur de Dieu dans le cadre du « penser », Fl. risquerait le reproche de verser dans un idéalisme spirituel parallèle à l'idéalisme du XIXe siècle, si l'on ne savait que, pour lui, la réalité spirituelle est toujours plus réelle que le monde des phénomènes, puisque ce dernier n'est que le reflet, plus ou moins parfait, du monde spirituel, toujours plus réel au regard de ceux qui sont capables de le percevoir, alors qu'il reste inaccessible aux autres. De même, quand notre théologien affirme que l'être humain n'existe vraiment qu'à la condition de s'unir, de s'unifier avec Dieu en qui il possède son existence vraie, il ne faut pas y voir la réduction de la personne humaine à une existence pu-

---

[60]   Par exemple, pour Levinas, le moi dépossédé de soi et voué à autrui, déposé de son royaume d'identité jusqu'à la substitution à l'autre, retrouve dans une telle ouverture une identité nouvelle – cf. E. L e v i n a s, *Totalité et Infini. Essai sur l'extériorité*, 4ᵉ éd., La Haye 1971. Fl. se révèle beaucoup plus radical sur le rôle d'autrui dans ma propre identité.

[61]   Cette expression évoque une très belle réflexion d'A. Gesché qui, bien qu'il n'existe aucun lien de dépendance à l'égard de Fl., se situe dans la même ligne de pensée, cf. A. G e s c h é, *Dieu preuve de l'homme*, dans « Nouvelle Revue Théologique » 112 (1990), p. 3-29.

rement spirituelle. Celle-ci est, certes, la première en ordre d'importance, mais elle n'est pas la seule : elle conditionne l'authenticité de l'existence naturelle de l'être humain. Pour notre théologien, la vie d'ici-bas, la vie « en corps », est authentique, à condition qu'elle se réfère constamment à la vie de l'Au-delà : elle est dépendante de la vie de Dieu et de la vie en Dieu. C'est dans ce cadre qu'il faut toujours replacer, si on veut les comprendre, certaines expressions de notre auteur, qui pourraient paraître irrationnelles à qui les lirait sans en tenir compte, sans ajuster leur déchiffrement au code particulier et à l'esprit de l'écrivain.

Quand Fl. parle de la pensée de Dieu, il lui confère un caractère concret, « concrétisant », tandis que la pensée humaine reste une opération mentale, abstraite, sans efficacité de réalisation immédiate. Il n'en va pourtant pas toujours ainsi. La pensée humaine peut également participer au caractère opérant de la pensée divine ; cela se réalise dans la « mémoire » : quand une personne qui vit en Dieu pense à l'agir divin, sa pensée devient aussi concrétisante au niveau de l'existence, acquérant un caractère ontologique. Ainsi, « exister c'est être pensé » (*byt' myslimym*), « être mémorisé » (*byt' pomiatovemym*), c'est finalement « être en train d'être connu par Dieu » (*byt' posnavaïemym Bogom*)[62]. Ce que Dieu « connaît », « pense », cela seul a une existence réelle ; ce que Dieu ne « connaît » pas, ce qu'il ne « *pense* » pas, n'existe pas réellement. Cette connaissance divine coïncide avec l'amour, car aimer et connaître, aimer et penser, sont liés indissolublement dans l'être divin : Dieu veut connaître, penser, créer parce qu'il aime ; et, puisqu'il aime, il nous « crée-connaît-pense ». Il n'y a donc, en Dieu, aucune nécessité de créer : la création est une œuvre de son amour. De même qu'en Dieu l'amour et la connaissance ne forment qu'un tout, dans l'être humain aussi, par l'effet de sa création, amour et connaissance constituent une unité au niveau personnel, mais aussi une communion parfaite se déployant sur tous les rapports que l'être humain peut avoir avec Dieu et avec le prochain : aimer autrui, c'est, pour quelqu'un, l'inclure dans la

---

[62] F l., *La colonne*, p. 214.

dynamique de l'amour-connaissance. Ainsi, ce binôme gnostique, « amour-connaissance », que l'on trouve déjà sur les cartes de la Bible[63], devient le principe agissant en Dieu et dans l'être humain.

Ainsi compris, l'acte créateur comporte un caractère dynamique : il ne se limite pas à un moment précis du temps cosmique, mais se déploie activement comme un présent, tout au long de l'histoire de l'univers. Dieu ne cesse jamais de « penser », c'est-à-dire de « créer » l'être humain et le monde, dans un élan d'amour : il aime le créé parce qu'il le connaît, qu'il le sait bon et beau, comme dit la Genèse (1, 31).

Cette connaissance aimante de Dieu fonde la création, elle agit comme par rayonnement, irradiant au-dehors une réalité bien plus intense, la réalité qu'est la vie même de la Trinité, d'où jaillit, comme de sa source, tout ce qui existe. Non seulement l'existence ou la vie initiales des êtres créés proviennent de ce foyer trinitaire, mais aussi leur maintien dans l'existence et dans la vie. Après l'avoir créé, Dieu ne se retire pas du monde, ne s'en éloigne pas comme s'il le laissait à l'écart, comme s'il l'oubliait. Notre théologien souligne, au contraire, la présence constante de Dieu dans l'histoire du créé, dans l'histoire humaine : Dieu n'abondonne aucune de ses créatures et l'être humain n'est jamais seul.

Œuvre de toute la Trinité, la créature est ainsi temporelle et temporaire, car créée dans le temps de la matière, résultant d'une « sortie » de la vie trinitaire « à l'extérieur », pour parler analogiquement. Elle n'a pas la même nécessité qui est propre à Dieu. Elle vient exister dans le temps. Issue de la Trinité, la création en porte aussi l'empreinte ; la créature humaine en est l'image.

---

[63] Cf. L. B o u y e r, *Gnosis. La connaissance de Dieu dans l'Ecriture*, Paris 1988, p. 147-155.

1.2. L'image de Dieu

Soit pour les préciser soit pour les distinguer, Fl. revient souvent sur deux thèmes qui lui tiennent à cœur : le thème de l'être humain en tant qu'« image (*obraz*) de Dieu » et en tant que « ressemblance » (*podobié*).

Dans le langage biblique, quand nous, les humains, considérons notre création, nous la concevons, en tant que manifestation de la Gloire divine, comme acte conjoint des trois Personnes, comme événement épiphanique de la Puissance, de la Majesté, de l'éclatante Sainteté, du dynamisme de l'être divin[64]. A ce niveau du discours, on ne distingue pas encore, dans l'agir de Dieu, les rôles respectifs du Père, du Fils et de l'Esprit Saint. Les trois Personnes divines y sont perçues comme une unité agissante. Mais dans un langage plus strictement théologique, on précise que toutes les créatures, y compris l'être humain, ont leur origine, leur commencement, principalement dans l'action de la première Hypostase. Dépassant aussi le cadre du langage strictement biblique, notre théologien dit équivalemment que c'est du Père que jaillissent des énergies, l'amour et la connaissance, qui s'amalgament pour réaliser le créé[65]. Au sein de la Trinité, dit-il, le Père, se connaissant parfaitement, objective son amour de ce « moi » adorable dans l'*alter ego* de la Personne, le « Toi » qu'il engendre, à savoir la deuxième Hypostase divine, le Fils. Celui-ci est, par nature, l'amour personnifié du Père, selon l'expression de notre auteur : « l'hypostatique Amour divin »[66]. Il est l'image substantielle, parfaite, l'*ousia* de l'essence du Père, qui est Amour. Fl. rejoint ainsi la vision que donne, de la deuxième Hypostase, l'Epître aux Colossiens (1, 13), où Jésus-Christ est appelé « le Fils de son amour », de l'amour du Père. Cette position suprême que notre théologien assigne à Dieu le Père à l'égard des deux autres

---

[64] Cf. P. A u v r a y, *op. cit.*, p. 222-224.
[65] Cf. F l., *La colonne*, p. 67-72. Voir également *ib.*, la note 127, où Fl. parle des énergies selon saint Grégoire Palamas.
[66] *Ib.*, p. 41.

Hypostases, le Fils et l'Esprit Saint, se situe bien dans la ligne de la tradition de l'Eglise orthodoxe qui, en parlant des personnes divines dans la Sainte Trinité, garde toujours la première place à la Personne du Père. On y parle de la monarchie du Père à l'égard du Fils et de l'Esprit Saint : c'est le Père qui pose ainsi « leurs relations d'origine – génération et procession – par rapport au principe unique de divinité »[67].

C'est Lui donc la source de toute la création, mais il ne créé que « par » le Fils et avec lui. Tout humain, en tant que créature, est reflet de la deuxième Hypostase : l'être humain est « image » de l'image de Dieu, « fils » dans le Fils[68]. La personne humaine est ainsi créée « par » le Fils et elle est accomplie dans l'Esprit Saint. L'être humain n'est donc pas l'image que du Fils de Dieu, et la qualité de cette image qu'il est le seul à porter parmi les créatures terrestres est d'ordre ontologique : il est ontologiquement l'image de Dieu. Il s'ensuit que cette image est, en lui, indestructible. De là, découle sa dignité par rapport aux autres créatures ; mais ce fait constitue aussi un appel à sa responsabilité, une vocation à l'effort personnel qui fasse fructifier le don reçu.

Que signifie, en effet, pour l'être humain, selon Fl., le fait d'être ontologiquement « image de Dieu » ? Pour le saisir, il faut donc toujours partir du Fils. Celui-ci qui est Dieu lui-même (cf. Rm 9, 5 ;

---

[67]   A ce propos, V. L o s s k y écrivait : « Les Pères grecs ont toujours affirmé que le principe d'unité dans la Trinité était la personne du Père. Principe des deux autres Personnes, le Père est aussi par là même le terme des relations d'où les Hypostases reçoivent leurs caractères distinctifs : en faisant procéder les Personnes, il pose leurs relations d'origine-génération et procession – par rapport au principe unique de divinité », cf. *Essai sur la théologie mystique de l'Eglise d'Orient* (*Essai*, 57), Paris 1944, voir aussi B. B o b r i n s k o y, *Le Mystère de la Trinité. Cours de théologie orthodoxe*, Paris 1986, p. 268-272. La même primauté du Père apparaît, dans la théologie catholique, notamment dans la liturgie. Ainsi, la conclusion du canon (prière eucharistique I) et la doxologie finale, attribuent au Père l'œuvre de création, de providence et de sanctification, réalisée par le Christ dans l'unité de l'Esprit-Saint : *Per Christum Dominum nostrum ; per quem hace omnia, Domine, semper bona creas, sanctificas, vivificas, benedicis et praestas nobis. Per ipsum, et cum ipso et in ipso, est tibi Deo Patri omnipotenti, in unitate Spiritu Sancti, omnis honor et gloria....*

[68]   Cf. F l., *La colonne*, p. 59.

1 J 5, 20), la deuxième Hypostase, naît éternellement de la connaissance amoureuse que Dieu a de lui-même ; sa Personne manifeste la vérité qu'est Dieu le Père. Notre auteur suit ici de tout près la théologie de saint Jean. Celui-ci écrivait dans sa 1ère lettre : « Le Fils de Dieu est venu et nous a donné l'intelligence pour connaître le Véritable » (5, 20). Le Fils est ainsi l'Amour substantiel du Père. C'est par cet Amour, c'est-à-dire par son Fils, que Dieu le Père suscite aussi la vie humaine. Ainsi l'être humain porte-t-il, dans son cœur, l'empreinte de l'amour et de la connaissance. Tandis que le Fils est le modèle de l'être humain, le Saint-Esprit se présente comme une force dont est doué l'être humain pour actualiser dans l'histoire le don éternel de l'image.

Pour définir l'être humain en tant que créature, nous ne disposons, dit notre théologien, d'aucun autre terme qui traduise mieux son rapport au Créateur que le mot « image ». Celui-ci exprime très bien cette dépendance ontologique de l'être humain et sa référence au Modèle qu'on ne peut trouver que dans le Fils ; c'est par lui que l'on accède au statut filial, pour lequel on est fait, vers lequel on est orienté et aimanté. Même si l'être humain n'en est pas conscient, il est « image », destiné à l'amour et à la connaissance. Pour notre théologien, l'être humain est ontologiquement orienté vers l'Absolu et cet Absolu n'est pas une idée abstraite, mais c'est le Dieu trinitaire. Toute tentative de l'être humain pour se cacher ou nier cette relation naturelle, est conçue par Fl. comme le péché ontologique.

Du fait qu'il est « image », l'être humain est doté, continue Fl., des énergies divines capables de le « désenfermer » pour le projeter jusqu'à l'infini, le faisant échapper ainsi aux tendances pécheresses qui voudraient le retenir enchaîné dans la passion et ses finitudes. Cette image est, en effet, un don de Dieu ; notre auteur souligne qu'elle ne vient pas de nous, mais qu'elle fait partie intégrante de notre nature, par libre décision divine. C'est pourquoi, même le péché ne peut nous l'enlever. Elle est constitutivement imprimée en notre être par l'acte divin de création, de même que la forme, pourrait-on dire, constitue, avec la matière, la réalité d'un objet qui, sans cette forme, n'existerait pas comme objet concret sorti des mains de l'artisan. Dieu lui-même ne renie jamais sa décision, efficace une fois pour toutes. Dieu reste toujours fidèle : il ne modifiera jamais la « forme » de l'être humain, cette particularité qu'il a d'être « image ».

L'image demeure alors ontologiquement intégrée à son être même, en tant qu'elle est une aptitude à se saisir dans la perspective de l'Autre, une ouverture radicale à entrer dans le mouvement de l'« amour-connaissance », en s'abandonnant, en sortant de la trompeuse suffisance de son « *ego* ». C'est une très belle idée que vient de nous proposer notre théologien : l'être humain est naturellement orienté vers Dieu, continuellement tendu vers l'Absolu. L'idée même n'est pas nouvelle : c'est une vérité biblique (cf. Ac 17, 22--28). Pourtant, réaffirmée à une époque qui cherche à enfermer l'être humain en lui-même, l'idée de l'ouverture radicale de la personne humaine à Dieu regagne toute son actualité, sa fraîcheur.

Après avoir présenté la personne humaine en tant qu'image de Dieu, il convient maintenant de chercher comment, en suivant Fl., on pourrait préciser, définir, caractériser la nature de cette image. L'être humain ne peut la « décrire » que symboliquement, en transposant dans le domaine religieux l'expérience « profane » de ses relations avec autrui, dit notre auteur. De cette expérience, il résulte que la notion d'image paraît davantage passive, statique, comme une sorte de cliché photographique ou de portrait stéréotypé. Certes, elle est « image » du Dieu unique, mais, contemplée comme agir divin, elle se découvre dans la foi comme un don toujours actuel. Elle est la forme de l'être humain dans chaque personne, en qui elle constitue le projet de sa réalisation optimale et déclenche la mise en œuvre de l'identification, progressive dans le temps, de son devenir pour atteindre sa conformité avec le Modèle. Cette image contient la finalité de notre progrès, fournit à notre vie un sens, à la fois orientation et signification, et « programme » en quelque sorte notre « tâche » : elle précise notre destination et met en œuvre les moyens pour l'atteindre, en fournissant, au long de notre existence terrestre, l'itinéraire et les indications nécessaires à sa réalisation ; cet itinéraire, avec le cheminement qu'il propose, c'est la « ressemblance ». Ainsi, l'image est à l'origine de la ressemblance : elle est le fondement spirituel de notre « vocation » humaine à nous assimiler au Fils, dans l'amour et la connaissance. Elle constitue « le don ontologique de Dieu »[69]. C'est en elle que, comme le dit saint Jean, « nous sommes appelés enfants de Dieu et que nous le sommes » (1 Jn 3, 1-2)[70].

Fl. s'oppose radicalement à réduire Dieu aux simples possibilités de l'agir humain. Selon notre auteur, Dieu est l'élément constituant la nature même de la personne dans le don de l'image. En elle, notre nature est déjà divinisée, sauvée, hypostatiquement unie à la Trinité[71]. Cette divinisation dans l'image s'engage, semble-t-il, dans la création même ; notre théologien ne dit pas si, dans sa vision des choses, le premier personnage biblique, Adam, a bénéficié également de cette divinisation, mais il nous paraît très probable, qu'on puisse faire de lui le premier témoin de cette union substantielle avec Dieu. Dans l'image, la personne humaine est déjà sauvée ; sa tâche actuelle consiste à diviniser également sa « volonté libre et créatrice », à bâtir une œuvre bonne, sur le fondement qu'elle porte en elle depuis sa création : l'image. L'être humain sera jugé justement sur son « œuvre »[72], comme nous l'expliciterons dans le chapitre sur l'eschatologie.

L'être humain, tel que nous le voyons jusqu'à maintenant dans l'analyse qu'en fait notre théologien, apparaît comme un être naturellement contingent. Il ne se comprend et ne se réalise jamais en s'enfermant dans le cercle du « moi », mais en acceptant l'autre et en poursuivant son propre accomplissement naturel maximal dans sa relation avec lui. Dans les termes de la philosophie actuelle, on pourrait dire que l'être humain est un être relatif et relationnel. Il ne possède pas en lui-même le principe de son existence et, deuxièmement, il devient de plus en plus lui-même, dans la mesure où il se fait proche de l'autre, où il s'engage sur la route de la ressemblance assimilatrice, qui aboutit à l'image réalisée.

---

[69] F l., *Ikona* [*L'icône*], dans « Messager... » 65 (1965), Paris, p. 40.
[70] Cf. F l., *La colonne*, p. 55.
[71] Cf. *ib.*, p. 142, 154-155.
[72] *Ib.*, p. 144.

1.3. La ressemblance

De même que l'image, la ressemblance, selon notre théologien, est aussi don de Dieu, lequel, pour parler métaphoriquement, ayant « construit » notre nature, lui fournit l'énergie qui la fait fonctionner. Dieu « se réjouit de moi dans l'Esprit Saint comme de sa ressemblance »[73].

Subjectivement perçue comme dynamique, la ressemblance diffère en cela de l'image qui apparaît davantage statique. De même que l'image, la ressemblance provient certes aussi de la générosité de Dieu, mais comme une offre, présentée à la libre détermination de l'être humain, en lui proposant de réaliser complètement l'image qu'il porte en lui et qu'il tient de Dieu comme une proposition permanente. La ressemblance est une capacité (*sposobnost'*)[74] que le Père accorde à l'être humain d'atteindre à l'image accomplie du Fils, en lui faisant « don » de l'Esprit. C'est dans l'Esprit, en effet, que l'être humain reçoit la ressemblance comme agent et animation intérieure, comparable à « l'eau vive » (cf. Ap 22, 17) qui irrigue et fertilise sa vie intérieure et lui permet d'épanouir l'image qui a été semée en lui par l'acte créateur. Si le don de l'image concerne la relation avec le Fils, la ressemblance se réfère directement à l'Esprit Saint. En créant l'être humain, Dieu lui fait don de l'image filiale, intégrée à sa nature ; le don qu'il fait de la ressemblance se présente comme une aptitude, le don offert à une libre coopération avec l'Esprit Saint, afin que la personne humaine, en réponse libre à ce don, parvienne à « incarner dans la vie »[75] l'image du Fils que le Père y a imprimée.

Fl. ne se pose pas la question du comment ; selon lui, l'important pour l'être humain, c'est de découvrir en lui l'image et de la dynamiser de telle sorte que, dans sa vie actuelle, il se conforme

---

[73] *Ib.*, p. 55.
[74] F l., *Ikona...*, *op. cit.*, p. 40.
[75] F l., *La colonne*, p. 55.

au contenu de cette image, c'est-à-dire au Fils. Voulu libre par son Créateur, continue notre théologien, l'être humain est confronté à un choix fondamental et constant : accueillir et épanouir, ou bien nier et anéantir le don de la ressemblance, l'assistance de l'Esprit Saint Paraclet, qui œuvre, avec l'être humain et en lui, pour que l'assimilation au modèle d'agir trinitaire atteigne son plus haut degré possible de réalisation. Chacun sera jugé sur la manière dont il aura, dans son effort de ressemblance, usé des moyens que l'Esprit Saint a mis à sa portée pour qu'il se conforme, au fil de ses jours terrestres, à l'image du Fils, dont le Père attendait qu'il reproduise les traits.

En réfléchissant sur tout ce que Fl. vient de nous dire à propos de l'image et de la ressemblance, nous pouvons mieux comprendre comment l'être humain est dans les mains de Dieu et y ressemble à de l'argile que la main du potier (cf. Jér. 18, 6) a façonnée en forme de vase ; ce qui fait sa nature en tant que vase, c'est sa possibilité de contenir ; son « vide » à remplir. De même, par sa nature, l'être humain est constitué par Dieu « en vase d'argile » (cf. 2 Co 4, 7) capable de se remplir des trésors que constitue pour lui le don de Dieu, c'est-à-dire Dieu lui-même en tant qu'il se donne. Cette capacité du vase à justifier sa nature par son contenu s'applique à l'être humain, en ce sens que celui-ci ne se définit pas principalement par ce qu'il est en sortant des mains du Créateur-Potier, mais par la manière dont il aura comblé le creux qui le constitue comme un être *capax Dei*. Il accomplit son « être homme-image », quand il se rend compte que « le vide » en lui, son désir de « s'infinitiser » au-delà de ses finitudes, ne peut être comblé que par l'accueil de Dieu, qui se donne et le remplit jusqu'à déverser son trop-plein au profit des autres, quand, plein de Dieu, il devient diffuseur de Dieu. Seules les personnes humaines qui ont rendu opérant le don de la ressemblance qui est en elles pourront, à leur tour, engendrer l'amour, diffuser la présence de Dieu autour d'elles[76].

C'est une pure illusion, affirme-t-il, de croire que nous possédons en nous-mêmes notre propre raison d'être et le principe de notre

---

[76] Cf. *ib.*, p. 63.

existence : cela nous enfermerait dans une autosuffisance stérile et coupable, puisque ne répondant pas à notre nature ; pour Fl., cet « enfermement » s'appelle « aséité » (*samost'*)[77]. Contraire à l'état vrai de l'être humain, qui est créé à l'image et à la ressemblance de Dieu, l'aséité est l'état où un être humain ne vit pas pour Dieu, mais uniquement « pour soi » ; l'existence vraie, c'est-à-dire l'existence selon l'image et la ressemblance, y cède la place à une existence égoïste, « pour soi » ou bien « selon soi ». Pour sortir de cet « enfermement » pécheur, la personne humaine doit reconnaître son état de dépendance à l'égard d'un Autre, puis collaborer avec Lui, en mettant à profit l'assistance offerte pour vivre sa vie à l'instar de la vie trinitaire.

Fl. présente ainsi Dieu comme l'Etre nécessaire grâce auquel tout ce qui est reçoit l'existence et la vie. Mais cette existence nécessaire de Dieu, notre auteur n'en fait pas le postulat d'une nécessité logique : il rejoint ici Kant, quand il y voit davantage le résultat de l'expérience humaine ; cependant il ne s'agit pas pour lui d'une expérience sensible ni spirituelle, mais de l'expérience ontologique, qui se fonde sur le don de l'image de Dieu et qui voit toute la réalité spirituelle non plus comme le postulat de la raison pratique, mais comme une exigence de la raison pure kantienne. La réalité spirituelle dépasse alors la raison, sans être pour autant déraisonnable : elle est « supra-rationnelle ». Si on la connaît, c'est par l'intuition, que N. Lossky[78] a présentée comme « la contemplation de la réalité vive comme elle est en elle-même ». Cela correspond bien au principe gnoséologique de notre auteur, pour qui « la vérité est intuition, la vérité est discours ; plus simplement : « la vérité est intuition-discours ». La vérité est une intuition qui se démontre, c'est-à-dire qu'elle est discursive »[79].

---

[77]	Je traduis *samost'* par « l'aséité » en suivant la traduction de C. A n c h o n i - k o f. Aséité (lat. : *esse a se* = être en soi) rend assez bien le sens profond du terme russe *samost'*, c'est-à-dire être seul, un certain isolement – cf. F l., *La colonne*, p. 147.

[78]	Cf. N. O. L o s s k y, *History of russian philosophy*, London 1952, p. 251-266, F l., *La colonne*, la note 86.

[79]	*Ib.*, p. 34.

On assiste donc à une « intuition rationnelle », ou bien, en d'autres termes, à la « rationalité de l'intuition », car « si donc la vérité existe, elle est une rationalité réelle et une réalité rationnelle ». Nous ne nous trouvons plus ainsi en présence d'une gnoséologie intellectuelle ou objective, basée sur la raison, mais d'une gnoséologie religieuse, subjective, fondée sur un principe psychologique[80]. Pour éviter qu'on en arrive à réduire la vérité à n'être que le résultat d'une émotion ou d'une vive impression, Fl. définit la personne humaine comme une ouverture ontologique : par le don de l'image divine, l'être humain est ontologiquement orienté vers l'Absolu qui s'identifie avec la vérité. La vérité est donc l'Absolu, l'Infini ; et la connaissance de la vérité est une intuition qui ne peut être qu'ontologique, de la part d'un être intelligent, naturellement aimanté vers la vérité. Notre théologien passe ainsi du domaine de la vie spirituelle au domaine de la connaissance, de l'expérience mystique au principe logique. Il perçoit pourtant la difficulté qu'éprouvera, pour atteindre à cette connaissance, un être humain que le péché a affaibli, en débilitant ses facultés, et qui requiert, dès lors, une forme objective, une règle objective de conduite pour rejoindre la réalité vraie ; cette forme, cette règle, c'est le dogme.

2. Le mystère de l'unité

De la réflexion précédente, il ressort que l'être humain est créé à « l'image de Dieu » et animé d'une énergie, que Fl. nomme « la ressemblance » et qui le pousse à réaliser, dans son histoire, la perfection dont sa nature porte l'empreinte. L'être humain porte, en effet, en lui le reflet de l'unité divine, comme un sceau du Créateur ; sa conscience y perçoit un appel à concrétiser sa propre unité, en coopération avec Dieu, par un échange d'amour et de connaissance avec les autres.

---

[80]   Cf. G. F l o r o v s k y, *op. cit.*, p. 495.

2.1. L'unité interne

Qu'est-ce qui distingue l'être humain d'une chose ? Qu'existe-t-il
de propre à la personne humaine qui la différencie d'une chose ? Fl.
semble être obligé de se poser cette question pour pouvoir engager
plus profondément sa réponse dans la nature de l'amour. Selon lui,
il y a une opposition très nette entre l'amour (*lioubov'*) et le désir
(*vozdelenié*)[81]. L'amour est possible à l'égard d'une personne, tandis
que le désir se porte sur une chose. Ainsi, souligne notre auteur, pour
comprendre en quoi consiste la différence entre l'amour et le désir,
il faut pouvoir faire une distinction entre la personne et la chose,
c'est-à-dire définir la nature propre de la personne et de la chose.
Son but latent est de contrer ainsi la philosophie rationaliste et son
insuffisance quant à la compréhension de la personne humaine, car
elle « ne distingue décidément pas, et n'est pas capable de distinguer, entre personne et chose ; plus exactement, elle ne dispose que
d'une seule catégorie, celle de chose ou de réité, par conséquent,
tout ce qui existe, y compris la personne, devient chose à ses yeux et
n'est plus considéré que comme *res* ». Notre théologien trouve nécessaire de s'opposer fortement à cette réduction simpliste de l'être
humain. Il fonde sa réponse sur la notion de l'unité (*iedinstvo*). C'est
par son unité interne que la personne humaine se différencie de la
chose ; c'est grâce à elle que l'être humain vit une auto-détermination. Fl. précise qu'il entend cette auto-détermination dans le sens
dont a parlé Fichte, c'est-à-dire comme « l'unité de l'activité par
laquelle elle (cette unité interne de la personne) se construit »[82]. Le
« moi », comme disait Fichte, s'auto-détermine en s'opposant à un
non-moi. La personne humaine forme elle-même sa propre unité :
c'est par sa propre activité qu'elle se pose elle-même.

---

[81]   Cf. F l., *La colonne*, p. 57. Les autres citations de Fl. auxquelles nous nous
       référons proviennent de la même page.
[82]   *Loc. cit.* Fl. renvoie ici à Fichte, mais il ne donne pas le titre de l'ouvrage cité.
       Il nous semble, pourtant, qu'il puise ses idées à J. G. F i c h t e, *La théorie de
       la science. Exposé de 1804*, trad., préface et notes par D. J u l i a, Paris 1967.

Totalement autre est l'unité des choses : celle-ci n'est qu'externe, « unité de la somme de ses éléments, signes »[83], et elle ne s'établit que par l'identité des concepts. Deux choses peuvent être semblables, mais non identiques, pareilles mais jamais les mêmes : leur identité peut être générique, spécifique, c'est-à-dire symptomatique « d'après le nombre de leurs signes distinctifs, y compris la coïncidence de ceux-ci en quantité transfinie et même, à l'extrême, d'après la totalité de leurs signes distinctifs »[84]. Il s'ensuit que l'identité de choses ne peut pas être « numérique ». Cette épithète n'est idoine que pour caractériser la personne humaine.

Parce que l'unité des choses est purement générique, il s'ensuit, pour Fl., que la chose est susceptible d'être comprise parce qu'elle est sujette à concepts, tandis que la personne demeure « incompréhensible ». Cette incompréhensibilité de la personne humaine résulte du fait qu'elle est créée à l'image et à la ressemblance de Dieu, et, par conséquent, qu'« on ne peut que former un symbole de la caractéristique fondamentale de la personne »[85]. Notre théologien est assez avare de qualifications plus détaillées sur la nature de ce symbole. Il semble pourtant que, selon lui, cette forme symbolique de la personne agit comme mécanisme de l'esprit, capable de transposer dans un ordre de réalités-signes des réalités d'un ordre inaccessible à la métaphysique, à l'expérimentation ou à toute autre connaissance. Elle établit des relations entre des réalités situées à des niveaux différents et agit par « médiation », comme l'écluse met en relation deux biefs, situés à des niveaux différents sur le cours d'une même rivière. La personne, qui échappe ainsi à toute définition parce qu'elle transcende tout concept, se révèle comme symbole en tant que créature relationnelle ; c'est cela qui permet de la connaître : elle s'éprouve directement dans « l'expérience de la création de soi »[86]

---

[83] *Loc. cit.*
[84] *Loc. cit.*
[85] *Ib.*, p. 59.
[86] « Quant au contenu de ce symbole, dit Fl., il ne saurait relever de l'entendement, il ne peut qu'être éprouvé immédiatement par l'expérience de la création de soi, par l'activité d'auto-construction de la personne, dans l'identité de la conscience spirituelle de soi », F l., *La colonne*, p. 60.

et elle peut constituer l'objet d'une étude intelligente qui la rende intelligible ; nous aborderons cette étude sous deux éclairages : la raison d'abord, puis la raison et l'être.

2.2. La raison

La raison humaine, dans la terminologie de notre théologien, est un organe de l'être humain, « réalité vivante, force effective de l'être humain, *logos* »[87].

Fl. emploie souvent ce terme et semble lui donner le même contenu que les Pères grecs, chez qui le *logos* s'entend dans un sens noétique, en tant que fondement de la connaissance de la vérité[88]. Cette vérité n'est toutefois pas une vérité quelconque, mais, bien au contraire, la vérité même. Par la médiation de la raison, dit Fl., nous participons à la vie divine, nous accédons à la vérité vraie. Mais le contenu du logos, dont parle notre auteur, même s'il ne l'explicite pas, a son équivalent déjà chez Platon. Pour celui-ci, il existe un organe approprié qui appréhende l'objet intelligible, le *noèton* ; cet œil spirituel est le *noûs*. Il n'y a que cet organe de l'âme qui soit capable de saisir le « beau en soi », c'est-à-dire « l'être en soi » qu'est le Bien.

Ainsi le logos humain, dans la perspective de Fl., se manifeste comme l'image du logos divin : il nous révèle Dieu. La raison humaine, déclare donc notre théologien, n'est pas autonome[89], et la vérité objective précède la faculté cognitive : la raison humaine n'est donc pas incapable de connaître l'objet intelligible. En outre, le logos, dans la pensée de Fl., ce qu'il nomme aussi « raison », correspondrait, dans son contenu, à l'*intellectus*, plus qu'à la *ra-*

---

[87] *Ib.*, p. 54.
[88] Cf. T. Š p i d l i k, *La spiritualité de l'Orient chrétien. Manuel systématique*, vol. I, Rome 1978, p. 315-316. Voir également L. T h u n b e r g, *Microcosm and Mediator, The theological anthropology of Maximus the Confessor*, Lund 1965, p. 76-84.
[89] Cf. F l., *La colonne*, p. 54.

tio, de saint Thomas d'Aquin[90]. La raison n'apparaît pas comme un moyen (*instrumentum*) de raisonner discursivement, de combiner des concepts et des propositions pour aboutir à la création d'une vérité ; au contraire, elle s'active (*facultas*) à découvrir une vérité qui préexiste à sa recherche, pour la suivre et s'y conformer.

Ainsi qu'on vient de le dire, notre auteur distingue, comme les slavophiles et les idéalistes avant lui, deux forces cognitives différenciées : « l'entendement » et « la raison », cette dernière plus parfaite que la première. Entre ces deux puissances, il existe une opposition, comme dit Fl. : « La raison s'oppose à l'entendement, et celui-ci à celle-là, car leurs exigences sont contraires »[91]. Quand la raison entre en activité, elle se laisse guider par les deux principes fondamentaux suivants : 1. le principe d'identité ($A=A$), qui entraîne les principes de contradiction et du tiers exclu ; 2. le principe de la raison suffisante. L'aide de ces seuls principes, si on les emploie séparément, ne rend pas la raison capable de comprendre quelque chose : elle n'en est pas rendue à même de saisir quoi que ce soit au niveau intellectuel. La situation n'est pas meilleure, si on emploie les deux principes ensemble ; elle est pire même, car la raison aboutit alors à une conclusion contradictoire, tiraillée qu'elle est entre son « axe statique » et l'autre « axe dynamique », qui s'excluent mutuellement, bien qu'ils ne puissent exister l'un sans l'autre. Il s'ensuit que l'être humain qui cherche la vérité et s'efforce de comprendre le monde dans lequel il existe, c'est-à-dire le monde d'ici-bas, doit nécessairement tomber dans le doute, dans l'état du sceptique, *épochè*. Dans la condition actuelle de l'humanité, la raison ne peut échapper à des antinomies ; celles-ci, bien qu'elles lui soient inséparablement liées, lui rendent très pénibles ses démarches vers la connaissance.

Cette conception antinomique de la raison et, finalement, de la vie du monde s'inscrit bien dans la tendance platonicienne de notre

---

[90] *Etsi intellectus et ratio*, dit saint Thomas, *non sint diversae potentiae, tamen denominantur ex diversis actibus : nomen enim intellectus sumitur ab intima penetratione veritatis ; nomen autem rationis ab inquisitione et discursu*, T h o m a s d'A q u i n, *Somme théologique*, IIa-IIae, 49, 5 ad 3.

[91] F l., *La colonne*, p. 26.

auteur ; cependant, à notre avis, son platonisme a été fortement
nuancé sous l'influence de Kant et surtout de Hegel, comme nous
aurons encore l'occasion de le remarquer.

Le philosophe de Kœnigsberg a souligné, à plusieurs reprises, que
les antinomies, comprises dans le sens des « contradictions structu-
relles », sont naturelles et, comme telles, indissolubles. Les antinomies, selon Kant, marquent le choc entre deux mondes : le monde
des phénomènes et le monde des noumènes[92]. Si notre auteur semble
accepter ce point de vue qui justifie positivement les antinomies, il
n'en est pas pleinement satisfait. Il est donc toujours à la recherche
de la cause la plus profonde de cette contradiction. D'après lui, elle
doit se situer dans la personne-même, et non pas à l'extérieur d'elle.
L'analyse de la vie spirituelle de l'être humain l'amène à considérer
comme une évidence que cette contradiction résulte de la cassure
introduite dans notre nature par le péché. Depuis la chute, la raison
ne peut plus trouver en elle-même l'unité, à laquelle pourtant elle
est ontologiquement destinée par l'acte créateur. L'être humain doit
donc chercher cette unité hors de lui-même, dans un objet où elle
existe déjà et où s'harmonise fini et infini ; c'est en se fixant sur cet
objet, et seulement ainsi, que l'être humain rend possible l'activité
de sa raison ; alors, son identité, sa (re)connaissance de soi, lui apparaît dans l'affirmation qu'un autre fait de lui-même, à la manière
de l'ombre et de la lumière qui se définissent l'une par l'autre. Dans
la postface de *La colonne*, Fl. se pose la question : « Comment la
raison est-elle possible ? » Et voici la réponse qu'il donne : « Elle
est possible non pas en elle-même, mais par l'objet de son activité,
à savoir : au cas, et seulement au cas où l'objet de son activité est tel
que les deux lois contradictoires de celle-ci, la loi d'identité et celle

---

[92] Nous lisons chez Reale et Antiseri : *Ora, le illusioni trascendentali in cui cade*
la ragione a questo riguardo e gli errori strutturali che commette quando vuol
passare dalla considerazione fenomenica del mondo a quella noumenica e rin-
venire l'unità incondicionata di tutti i fenomeni, mettono capo ad una serie di
'antinomie' in cui 'tesi' e 'antitesi' si elidono a vicenda. Eppure l'una e l'altra
sono difendibili a livello di pura ragione, e, inoltre, né l'una né l'altra possono
venir confermate e nemmeno smentite dall'esperienza, G. R e a l e, D. A n t i -
s e r i, *op. cit.*, vol. 2, p. 674-675.

de preuve suffisante, coïncident ; en d'autres termes, elle n'est possible que dans une pensée telle que les deux fondements de la raison,
le principe du fini et celui de l'infini, en forment 'effectivement un
seul'. Ou encore : la raison est possible au cas où, par nature de son
objet, 'l'auto-identité de la raison est aussi son altéro-affirmation'
et, inversément, au cas où son affirmation par un autre rejoint son
identité avec elle-même. Ou encore : la raison est possible quand le
fini qu'elle conçoit est l'infini et, inversément, quand l'infini conçu
par la raison est le fini. Ou enfin : la raison est possible si l'Infini Absolu Actuel lui est donné »[93]. Quel est donc cet Infini dont parle notre
auteur ? Rien d'autre que l'Unité tri-hypostatique : c'est elle qui est
justement l'objet de la pensée et aussi « la racine de la raison ».

Ainsi, l'exigence pénible d'une synthèse, permanente et im-
muable, la raison humaine ne peut la trouver qu'en Dieu (cf. Jc 1,
17). Celui-ci, objet de toute la théologie, apparaît à Fl. comme aussi
précepte de toute la vie et « racine de la raison » qui découvre l'unité
recherchée dans la clarté de l'Unité tri-hypostatique.

Jusqu'ici, nous avons exposé comment, selon Fl., c'est la vérité
à la fois statique et dynamique, intuition-discours, qui rend possible
la raison humaine, d'une possibilité que celle-ci ne puise pas en elle-
même, mais qu'elle tient de cet objet où ses deux lois fondamentales
évoquées plus haut, cessant de s'opposer, coïncident. Cette vérité
existe-t-elle ? N'existe-t-elle qu'au niveau d'une hypothèse ? Si elle
existe, puis-je entrer en contact avec elle ? Me voilà alors devant
un dilemme : ou bien rester dans les limites de ma propre raison et,
par là même, accepter son « époché » et professer le scepticisme,
ou bien, au contraire, accueillir l'hypothèse que la vérité existe. Si
l'intelligence humaine choisit cette seconde position, elle est amenée à dépasser nécessairement les limites de l'activité purement rationnelle. Mais est-elle capable de ce dépassement ? Est-il possible,
pour un être humain, de sortir de son inévitable emmurement dans
les antinomies ? Et de quelle manière ? Fl., refusant le scepticisme
absolu, voit une issue ; seulement, il ne la voit pas dans la raison

---

[93]   F l., *La colonne*, p. 309.

humaine, mais dans la foi. L'intelligence doit accepter des lois nouvelles qui ne sont plus celles de la raison, mais celles de la foi. Elle
seule nous permet de nous dégager du marécage des « antinomies
de la conscience » et de « leur couche étouffante »[94]. La foi nous introduit alors dans ce monde autre, où il n'y a plus de contradictions.

La position de notre auteur pourrait nous rappeler celle de la philosophie de B. Pascal[95]. Selon lui, l'être humain ne peut pas s'en
tenir au scepticisme, la preuve en est que, de fait, il n'y a jamais eu
de pyrrhonien effectif parfait. Pascal est conscient, lui aussi, que la
raison humaine est impuissante à réfuter l'argumentation sceptique,
mais que la nature nous empêche de douter de tout[96]. D'après lui, la
solution de l'antinomie, il faut la chercher dans le cœur, qui englobe
l'instinct, le sentiment, la volonté, l'amour. Contrairement à la raison, qui est discursive, le cœur est une faculté intuitive.

Notre théologien ne se contente pas d'indiquer la foi comme le
moyen qui lui garantit la sortie des antinomies, il se demande maintenant : comment peut-on accéder à cette foi ? Et il répond : par la
raison !

Echappant à un fidéisme exagéré, il soutient que la foi doit être
intellectuellement motivée et non pas un assentiment aveugle, que
la volonté ne pourrait agréer. Débilitée par la faute, la volonté se
sent désorientée entre de multiples sollicitations, déchirée entre désirs contradictoires ; elle est devenue incapable de se porter hors du
marécage des antinomies, de sortir de son aséité, de se mobiliser
pour conquérir l'objet propre du désir humain, l'objet qui constitue
la source de son être, le seul susceptible de réaliser son unité. La volonté, dont il parle, il la prend, semble-t-il, dans son sens le plus ordinaire, c'est-à-dire simplement comme une énergie plus ou moins

---

[94] « Par la foi, remarque Fl., qui vainc les antinomies de la conscience humaine
      et qui perce leur couche étouffante, nous acquérons une fermeté de pierre qui
      nous permet de travailler à surmonter les antinomies de la réalité », F l., *La
      colonne*, p. 306.
[95] Fl. connaissait B. Pascal. Il en parle souvent dans *La colonne*, cf. p. 49, 141, etc.
[96] Cf. B. P a s c a l, *Pensées*, introd. et notes Ch.- M. d e s G r a n g e s, Paris 1951,
      p. 395, 434.

grande, une disposition à agir dans un cas déterminé ou à l'égard de quelqu'un. L'être humain qui veut sortir de son état antinomique ne doit donc pas tabler sur sa seule volonté, trop faible pour le conduire à la foi. C'est la raison qui peut l'y amener, car elle n'a pas été totalement abîmée : elle garde son aptitude à découvrir l'objet par lequel l'unité d'être demeurera constante et stable[97]. Cet objet, c'est l'Unité tri-hypostatique, où fusionne éternellement tout ce qui, dans l'être humain, est contradiction et déchirement. Ainsi que le fait observer notre théologien, le Dieu trinitaire, qui se révèle et nous sauve, ne se donne que dans la foi, « qui vainc les antinomies de la conscience humaine ». Dans la foi, la raison accomplit sa fonction propre et parvient à la « colonne de la Vérité ». La foi, qui coïncidait avec l'objet de la raison, *fides quae creditur*, devient ainsi son sujet, *fides qua creditur*[98], comme le dit notre auteur : la raison épouse la foi, qui l'enracine dans sa source naturelle ; la raison « croit » donc, pourrait-on dire, qu'elle peut accéder à la Vérité même. Celle-ci se donne toujours gratuitement, pousse l'être humain à se mettre à sa recherche et « fait ce qui pour nous est impossible »[99]. Dès lors la foi ne s'oppose pas à la raison, mais elle constitue, selon lui, un degré plus élevé, dans l'ordre des réalités spirituelles de la connaissance, le niveau où la connaissance devient subjectivement aussi forte que la certitude, bien qu'elle ne soit ni démontrable ni transmissible objectivement. Sa vérité, souligne notre auteur, ne se vérifie que par « l'expérience vivante », dont l'intensité se manifeste dans la vie des saints.

Jusqu'ici nous avons vu que, dans son état actuel, la raison, telle que Fl. la conçoit, souffre de la blessure du péché originel. Ne pouvant plus trouver en elle-même sa propre racine, elle en est réduite maintenant à s'écarteler entre deux forces antinomiques : une énergie statique et une énergie dynamique[100]. Notre théologien ne caractérise pas en détail la nature de ces deux énergies, mais il semble

---

[97]   Cf. F l., *La colonne*, p. 306.
[98]   *Ib.*, p. 309.
[99]   *Ib.*, p. 310.
[100]   *Ib.*, p. 306-307.

qu'il faille les comprendre comme deux forces antagonistes, dont
l'une s'efforce de replier la personne humaine sur elle-même, de
l'enfermer dans sa propre finitude, tandis que l'autre la pousse vers
l'infini. Cette ambivalence de son caractère dramatise l'activité de
la raison, car même si ces forces s'excluent mutuellement, elles ne
peuvent exister l'une sans l'autre.

Cette situation, Fl. ne la juge pas totalement mauvaise ; il y voit
même une condition indispensable de la vie proprement humaine[101] :
même après le péché, l'être humain n'a pas perdu complètement
sa capacité de Dieu, sa possibilité d'effectuer sa ressemblance
à l'image, conformément au dessein de Créateur. Cet état antinomique, disait-il, n'est pourtant pas sans issue. Nous pouvons en sortir, mais pas autrement que par le moyen de la foi : en elle, l'antinomie n'existe plus. Loin de toute espèce de fidéisme, l'auteur dit que
la raison constitue l'approche de la foi, sans préciser cependant si
la raison est pour lui l'accès unique à la foi ou seulement un moyen
privilégié. Cette remarque n'est pas superflue, car notre théologien
semble voir également dans l'ascèse le moyen de vaincre des antinomies. La foi surmonterait, d'après lui, les antinomies dans l'ordre
spirituel ou rationnel, tandis que l'ascèse les dépasserait sur le plan
existentiel, au concret. Ainsi, seul serait capable de vaincre les antinomies l'être humain qui, agissant simultanément sur les deux
plans qui le constituent, assume l'unité des activités spirituelles et
de l'agir concret.

Par l'acte de foi, l'être humain refuse le monisme de la loi de
l'identité « moi » = « moi » et affirme le dualisme « moi » = « toi » : il
vainc ainsi l'égocentrisme où le péché le tenait enclos, et cette éva-
sion le lance sur la voie de la rencontre dualiste qui met en présence
une créature et le Créateur. « Puis il doit, ainsi que le dit Obolensky,
transférer le centre même du problème philosophique de soi-même
(du créé) dans la Vérité (dans le Créateur) »[102]. L'être humain dé-

---

[101]   P. A. F l., *Iz bogoslovskovo nasledia sviachtch. Pavla Florenskovo*, dans « Bo-
         goslovskié Troudy » 17 (1977), Moskva, p. 104.
[102]   S. O b o l e n s k y, *La Sophiologie et la mariologie de Paul Florensky*, dans
         « Unitas » 3 (1946), Roma, p. 66.

place le centre de sa propre existence et se transfère lui-même dans
le Créateur. Dès lors, il ne considère plus la créature et sa propre
personne comme vivant dans une indépendance absolue sans aucun
contact avec l'autre monde, mais au contraire, situant leur centre
dans le Créateur, il les voit en relation ontologique avec Lui. Cette
conviction n'engage pas seulement l'intelligence mais l'être humain
tout entier ; aussi faut-il, selon notre théologien, que la personne ait
recours à l'ascèse, car ce n'est pas autrement qu'elle pourra sortir de
son propre moi et opter pour l'hypothèse de l'existence de la Vérité.
Abandonnant la certitude qu'il trouvait pénible mais qui lui semblait
sûre, l'être humain entre dans l'incertitude pour une prière : « Si
Tu existes, aide mon âme insensée ! » Notre auteur continue : « Ce
cri d'un désespoir extrême est le début d'une nouvelle étape de la
connaissance, le début de la foi vivante. Je ne sais si la Vérité existe
ou non, mais je sens de tout mon être que je ne puis m'en passer et je
sais que, si elle existe, elle est tout pour moi : et la raison, et le bien,
et la force, et la vie, et le bonheur. Je la traite comme si elle existait,
et cette vérité, peut-être inexistante, je l'aime de toute mon âme et
de toute ma pensée. Pour elle, je renonce à tout, 'même à mes questions et à mon scepticisme'. Moi qui doute, je me comporte avec
elle comme quelqu'un qui ne doute point (...). Par le triple haut-fait
(*podvig*) de la foi, de l'espérance et de l'amour, l'inertie de la loi
d'identité est surmontée. Je cesse d'être *moi*, ma pensée n'est plus
ma pensée, un acte incompréhensible, je rejette l'auto-affirmation :
« moi »=« moi ». Quelque chose ou quelqu'un m'aide à sortir de
mon emprisonnement en moi-même »[103]. Il n'est pas possible d'atteindre autrement la vérité ; il faut consentir à un certain renoncement à soi-même et avoir confiance en l'Autre. Ce n'est que si l'on
entre ainsi en Dieu, en s'unissant à Lui, que l'on voit disparaître
les antinomies. On peut dire ainsi que, pour notre théologien, il n'y
a plus qu'une antinomie : Dieu-Homme, ou bien homme-dieu. Si
l'être humain entre en communion avec Dieu, toutes les antinomies
sont résolues ; au contraire, si une personne, formant un centre au-

---

[103]   F l., *La colonne...*, *op. cit.*, p. 50.

tonome, s'enferme dans son propre « *ego* » et se pose comme une
sorte d'homme-dieu, alors les antinomies font éclater son être.

2.3. La raison et l'être

Dans la connaissance nouvelle dont il vient d'être question, on
constate que la raison n'est pas seule à plonger dans l'Absolu, mais
que toute la personne humaine est invitée à y entrer. Serait-ce que
Fl. ne perçoit aucune séparation, aucune opposition entre la raison
et l'être ? Pour lui, la raison participe-t-elle à la vie de l'être, ou bien
l'être relève-t-il de la raison ? La réalité de l'être, selon notre auteur,
ne fait qu'un avec la raison, laquelle n'est pas à part, séparée de
l'être, mais constitue « un organe de l'être humain, réalité vivante,
une force effective de l'être humain »[104]. Il existe donc une union
étroite entre la raison et l'être. Notre auteur semble dépasser tout
dualisme. Selon lui, il existe une unité foncière, car toutes les activités de l'être humain n'appartiennent qu'au même sujet, l'être humain individuel. Cette unité de la raison et de l'être s'opère non seulement au niveau de la perception intellectuelle : je suis conscient de
penser et de vouloir, mais aussi au plan physique dans l'acte de voir,
d'entendre, de respirer, de se nourrir, de souffrir corporellement.

Cela s'ajuste exactement au double principe de l'auteur : d'une
part, Dieu et l'être ne forment qu'un et, d'autre part, l'être est la
Vérité. Ainsi donc connaître la vérité ne veut dire rien d'autre que
connaître Dieu, car c'est Dieu qui est la Vérité ; « Qu'est-ce que la
vérité ? » demandait Pilate à la Vérité. Il ne reçut pas de réponse.
Sa question était vaine. La Réponse vivante se tenait devant lui,
mais Pilate ne vit pas la vérité de la Vérité[105]. Ce texte exprime bien
son opinion que la vérité, ce n'est pas seulement l'idée, mais bien
davantage l'être, et, plus explicitement encore, l'être personnel. Il
s'ensuit qu'il faut en parler en des termes nécessairement ontolo-

---

[104] *Ib.*, p. 54.
[105] *Ib.*, p. 22.

giques ; cela apparaît déjà à l'analyse étymologique du mot *istina*
(vérité) à laquelle procède Fl. et d'où il dégage que ce terme signifie
« une auto-identité absolue et, donc, une égalité avec soi-même, une
exactitude, une authenticité absolue »[106]. De cette réflexion, il résulte
que la connaissance n'est pas uniquement logique, mais ontologique.
En opposition symétrique avec la connaissance physique ou éthique,
une connaissance purement logico-abstraite n'est plus concevable ;
la connaissance doit être conçue comme « une communion morale
et vivante », ontologique, liée à l'ontologie[107]. Pour notre auteur, ce
n'est jamais la raison seule, le *logos*, qui reconnaît son objet, mais
c'est en synergie avec l'être qu'elle s'approprie cet objet, car « la
connaissance est l'union 'réelle' du connaissant et du connu ». L'ad-
jectif « réelle » traduit bien ce qu'il faut entendre par « ontologique ».

La philosophie scolastique disait aussi qu'entre la raison et l'être
il existe une réalité, mais elle envisageait celle-ci plutôt comme une
unité spirituelle, intentionnelle : l'intelligence en acte, avec l'intelligible en acte, forme une unité (*intellectus in actu et intellectum in
actu idem sunt*) mais il ne s'agit pourtant pas d'une unité entitative
(*idem nec unum sunt*)[108]. Notre théologien va plus loin ; pour lui,
« connaître consiste pour le connaissant à *sortir* de soi ou, ce qui
revient au même, pour le connu à *entrer* réellement dans le connaissant ». Le « moi » qui sort et le « toi » qui entre ne vivent pas dans
une union qui resterait statique, mais plutôt dans une communion

---

[106] *Ib.*, p. 17.
[107] Fl. entre ainsi dans l'école ontologique de la théologie russe. A l'origine de
cette école, on trouve des professeurs de philosophie de l'Académie Théologique de Moscou : le protoïeri Fiodor Gouloubinsky (1818-1854), Viktor
Dimitrievtch Kudriavtzev-Platonov (1852-1891) et Alekseï Ivanovitch Vedensky (1896-1913). Selon ces philosophes, la connaissance de Dieu est possible uniquement par la révélation, l'autorévélation de Dieu à l'être humain
et par la foi. Cette idée, ainsi que le dit l'évêque Anatoli, se développait dans
deux directions : la connaissance de Dieu par l'être humain individuel et la
connaissance de Dieu dans l'histoire de l'humanité (cf. A n a t o l i ï (K o u z -
n e t s o v) évêque, *Mirosozertsané sviachtchennika Pavla Florenskovo i nacha
sovremennost'*. L'exposé présenté au colloque *P. A. Florenskij et la culture...*,
op. cit., p. 7-8 ; N. O. L o s s k y, *History...*, *op. cit.*, p. 10, 73-74, 163-166, etc.).
[108] T h o m a s   d' A q u i n, *Opusculum II (Compendium theologiae)* cap. 83.

organico-dynamique : le « moi » est en continuelle construction de soi-même, à condition qu'il ne cesse d'entrer réellement dans un dialogue vivant avec le « toi » de Dieu et du prochain. C'est seulement quand la personne sera parfaitement une avec autrui qu'elle accomplira pleinement sa vocation ; en attendant cet accomplissement, elle est toujours en tension vers lui. Il en résulte que la connaissance ne peut avoir pour objet que des personnes, puisqu'il n'y a que des personnes pour disposer de cette capacité de « sortir » et d'« entrer », d'abandonner, en quelque sorte, son *ego* pour pénétrer dans son *alter ego* ; mais cela n'est possible que par une *ek-stasis*, à proprement parler, une extase. Pour Fl., cette sortie hors du « moi » constitue précisément l'acte de la foi qui se réalise dans l'amour.

Une telle conception de la connaissance paraît à la fois riche et réductrice. Riche, parce qu'elle atteste qu'aimer quelqu'un, c'est entrer en communion avec lui, ne plus faire qu'un avec lui ; mais cette façon de concevoir la connaissance n'est-elle pas excessivement idéaliste et cette extase est-elle à la portée de tous ? Réductrice aussi, puisqu'elle n'admet que la connaissance des personnes, excluant la possibilité, du moins notre auteur n'en parle pas, de connaître les autres êtres et tout le monde inanimé.

En qualifiant l'être de logique et la connaissance d'ontologique, Fl. s'éloigne de la vision médiévale de la vérité. Le thomisme, par exemple, définissait la vérité comme la conformité du jugement à l'objet qu'il exprime, par opposition à l'erreur, où le jugement n'est pas en conformité avec l'objet qu'il prétend connaître[109]. En latin, ce schéma se présente ainsi : *adaequatio rei et intellectus* ; l'intellect est en pleine harmonie avec l'objet, et non pas, notons-le, l'être connaissant avec l'objet connu. Fl. élargit donc cette perspective, en présentant cet autre schéma : *adaequatio ad Deum* ou *adaequatio ad hominem*[110] ; la connaissance de la vérité est la pleine communion avec Dieu ou bien avec l'autre être humain, qui viennent en nous

---

[109]   Cf. F. v a n S t e e n b e r g h e n, *Philosophie fondamentale*, Longueuil (Québec) 1989, p. 142.

[110]   Cf. F. M a r x e r, *Le problème de la vérité et de la tradition chez Pavel Florensky*, dans « Istina » 3, p. 223.

par le don de leur amour. Il ne s'agit plus d'une unité réalisée entre l'intellect et l'objet de la connaissance, mais bien d'une communion réelle entre la personne humaine et Dieu, ou entre des humains. Fl. ne précise pas si cette communion se réalise avec les Hypostases de la Trinité et/ou avec l'essence divine ; il se montre pourtant satisfait d'avoir trouvé là une base ferme pour fonder son onto-théologie. Ce qu'il laisse aussi de côté, c'est la question de l'analogie, pourtant nécessaire dans tout discours sur Dieu, particulièrement à propos de notre union avec Lui.

Le *cogito* de Descartes, disions-nous, est la source de tout l'idéalisme moderne[111], car il signifie que la pensée est la seule réalité qui soit immédiatement donnée à l'esprit et que toute réalité autre doit se réduire à celle-ci. Fl. ne s'éloigne pas vraiment de cette perspective. Son idéalisme se fonde sur sa propre expérience spirituelle, tout d'abord, et prend appui ensuite sur son esprit mathématique et sur l'ensemble de sa culture, influencée par le platonisme et la philosophie de son temps et de son pays. C'est la somme et l'interaction de ces éléments qui se conjuguent pour donner naissance, en lui, à un certain « réalisme spirituel ». Cela apparaît particulièrement dans sa conception de la connaissance : l'être et la raison ne formant pour lui qu'un tout, une unité ontologique, il s'ensuit que la connaissance, elle aussi, devient une connaissance ontologique, et que s'établit une unité réelle entre le connaissant et le connu. Fl. semble transposer un état de la vie spirituelle, voire mystique, dans les termes de l'epistémologie philosophique, en oubliant en même temps le sens de l'histoire, de la médiation historique. Il paraît très probable que cette connaissance ontologique dont il parle, notre auteur en ait focalisé l'origine dans la Trinité même ; il semble vouloir établir, parmi les humains, les mêmes relations que celles qui régissent la communion intratrinitaire.

Le *cogito ergo sum* de Descartes ne pourrait convenir à Fl. S'il utilisait cette expression, elle signifierait pour lui : « Si je suis, c'est en tant qu'être créé, dépendant ontologiquement de Dieu, lequel est

---

[111]   R. V e r n e a u x, *op. cit.*, t. 10, p. 34.

la source de mon *cogito* », ou encore : « Je peux penser parce que
je suis pensé par Dieu et que je suis dans la pensée de Dieu ». Il ne
pourrait inverser les termes et affirmer : « Je pense, donc j'existe, et
alors Dieu existe aussi ». Mon *cogito* n'est pas créateur, mais uniquement et exclusivement passif. Dieu est à l'origine de ma pensée.
Il est l'origine ontologique de mon *cogito*. C'est Dieu qui assure
toute la perfection de mon acte de penser.

Descartes parle également du *cogito* comme d'une « substance
pensante ». Dans ce cas, le *cogito* pourrait être assimilé au contenu
de la conscience, avec ses idées inées. Si nous prenons le *cogito*
dans ce sens, nous pouvons alors parler d'une certaine similitude
entre le *cogito* de Descartes et la « pensée-raison » de Fl.

2.4. L'unité externe

L'unité de l'activité par laquelle l'être humain se construit, s'autodé-
termine, notre auteur l'appelle « l'unité interne », et il lui reconnaît
un rôle important dans la vie de l'être humain, bien qu'elle ne soit
pas unique ni exclusive. S'il est juste d'établir une nette distinction
entre la personne humaine et la chose, Fl. semble persuadé qu'il
existe cependant certains éléments qui soudent la personne avec le
monde, avec tout le créé. Il l'envisage de deux manières. Premièrement, cette unité, il la voit au plan du corps et, par lui, également au
niveau de toute la création.

« L'être humain nous est donné sous différents aspects. Il est
avant tout en tant que 'corps'. Ce que d'abord nous appelons être
humain est le corps humain »[112]. A lire cette phrase, on a l'impression que notre théologien ouvre une voie vers l'existentialisme et la
phénoménologie de Merleau-Ponty. Pour celui-ci, comme le répète
l'anthropologie philosophique d'aujourd'hui, le corps est « l'être-
au-monde »[113].

---

[112] F l., *La colonne*, p. 174.
[113] G. F l o r i v a l, *Cours d'anthropologie philosophique*, Louvain sd., p. 29-31.

D'après ce qu'il dit, on pourrait même désigner l'être humain comme « le corps humain »[114] ; chacun pourrait dire : « Mon corps c'est moi », car il détermine objectivement mon identité, me situe dans le temps et l'espace, me conditionne comme individu par rapport à mon origine, me permet de me connaître et d'être connu ; il détermine aussi mon devenir, mon développement. Fl. souligne que le corps est une réalité que l'on constate immédiatement, au premier regard ; son objectivité n'exige pas d'être (é)prouvée, mais ce qu'il entend par ce terme, le corps, ne coïncide pourtant pas toujours avec le contenu que nous lui donnons habituellement.

Se pose la question : « Qu'est-ce donc que le corps ? » La réponse de notre théologien n'est pas tout à fait la nôtre. Pour lui, le corps (*telo*) n'est « pas la substance de l'organisme humain », comme généralement l'entendent les physiciens ; ce n'est pas seulement une matière organique située dans l'espace et opposée à l'esprit. L'étymologie du terme russe *telo* et du mot grec *sôma*[115] le révèle comme « quelque chose d'entier, d'individuel, de singulier ». Il en résulte que le corps n'est pas la matière mais la forme, non le contour extérieur de l'être humain mais, bien au contraire, « l'organisation de son ensemble », comme figurant la vie de son esprit. Il ne pourrait, d'après lui, en être autrement : la multiplicité d'organes et d'activités qui marque notre existence n'empêche pas que se constitue une unité d'être. Celle-ci ne peut sourdre que d'une réalité plus profonde que notre corps empirique : il faut donc trouver le corps qui est la

---

[114] F l., *La colonne*, p. 174.

[115] Fl. dit : « Il est possible que le terme même de *têlo*, corps, soit apparenté au mot *tsêlo*, entier, intact, *integrum* ; selon A. S. Khomiakov, *têlo* provient du sanscrit *tal*, *til*, être plein, gras ; c'est-à-dire, dans l'acception antique, bien portant. Pareillement, le grec, *sôma* est de même racine que *saos*, *soos*, sain, entier ; *sôos*, *sôs*, sain et sauf ; *sôkos*, puissant, salutaire ; *saoô*, *sôzô*, ou plutôt *sô(i)zô*, je sauve, je guéris ; *sôtèr*, sauveur, guérisseur. En juxtaposant *sôma* avec *sôter* et *sôzo*, l'on peut dire que ces termes se rapportent l'un à l'autre comme le résultat ou l'instrument de l'opération (*energèma*, *effectus*, *vis*) à l'auteur (*ho energôn*). Ensuite, puisque la désinence *tèr* équivaut à *tès*, l'on peut écrire cette relation complexe : *sôma* : *sôter* : *sôzô* = *poièma* : *poiètès* : *poieô* = *ktisma* : *ktistès* : *ktizô*... Ainsi *sôma* désigne quelque chose de passif, un produit qui possède l'intégrité », cf. F l., *La colonne*, p. 174-175.

source de l'unité d'être, le corps « vrai », le corps par excellence, « le corps dans le corps ».

Comment découvrir cette source profonde, d'où jaillit l'unité des activités de l'être humain ? Est-il même possible de la découvrir ? Notre auteur soumet longuement le corps à une sorte d'examen radiographique ; il en retire, en fin d'analyse, le constat suivant : le corps humain s'organise autour de trois pôles : la tête, la poitrine et le ventre. Située au milieu, la poitrine rejoint « la mystique normale », « la mystique du centre de l'être humain » qui assure « l'équilibre de la personne »[116], parce qu'y bat le cœur et que c'est finalement le cœur qui est le garant de la densité humaine de chacun.

La distinction tripartite de l'être humain adoptée par Fl. ne constitue pas une innovation : l'anthropologie chrétienne, dès le début, distinguait aussi divers aspects de la personne humaine et adoptait cette « trichotomie », déjà présente chez les philosophes classiques de l'Antiquité grecque, si bien que la première terminologie chrétienne s'est placée dans la dépendance plus ou moins directe de celle de Platon et des milieux platoniciens. Pour ces derniers, cependant, ce n'est pas l'être humain qui se divise en trois parties : *sôma, psukè, noûs* mais c'est dans la structure de l'âme même que nous trouvons la triade : *noèton, thumikon, épithumétikon*. Cela devient particulièrement visible chez Clément d'Alexandrie, comme l'observe T. Špidlik[117].

Fl., à son tour, accepte cette division trichotomique, mais il semble opter pour une trichotomie psychologique qui ne serait pas une division de l'âme humaine, mais qui affecterait tout l'être humain. Nous pourrions donc soutenir que nous trouvons chez lui la formule trichotomique de la Bible (cf. 1 Th 5, 23) : « *pneuma, psuchè, sôma* ». Même si cette dépendance semble très claire, notre théologien, dans une note, se réfère plutôt à la Kabbale, selon laquelle l'être humain a trois parties : le « corps », l'« âme », qui est

---

[116] *Ib.*, p. 176.
[117] T. Š p i d l i k, *La spiritualité...*, *op. cit.*, p. 71-92. Cette division trichotomique
       de l'être humain, avec certains changements de termes, est devenue constante
       chez presque tous les Pères (cf. L. T h u n b e r g, *op. cit.*, p. 187-220).

le signe de la volonté, et l'« esprit ». « Selon la Kabbale, l'organe de
la volonté, *mah*, forme proprement la personne humaine. Son siège,
le cœur, qui constitue donc la racine de la vie, est le roi (*melek*), le
point central entre le cerveau et le foie »[118].

Pour notre théologien, le cœur n'est pas seulement un organe
physiologique ; il reçoit en outre une signification particulière, symbolique : il constitue, au sens figuré, le milieu ou la source d'où tire
sa force toute la vie de l'être humain. Poussant plus loin encore,
notre auteur ne trouve pas excessive ni sur-évaluée l'étonnante affirmation que le cœur est notre vrai corps. On a l'impression que, par
une sorte d'idéalisme hors de propos, il transforme ainsi la réalité
du corps en une simple apparence phénoménologique ou en un produit de l'esprit. Dans cette perspective, le cœur, assumant le rôle de
l'esprit, semble se diviser intérieurement : se posant comme sujet,
il « projette » en face de lui-même sa propre réalité comme objet
(*ob-jectum*) d'intuition et de connaissance, en tant que réalisation de
son identité. Tout ce qui est corporel risque alors de ne plus être que
l'aspect extérieur de l'esprit, sa projection, un moment, une phase,
une partie médiatique qui se dépasse et se supprime.

Comme nous venons de le voir, c'est le cœur, au dire de Fl. qui
effectue la tâche qui revient au centre de l'être humain ; sa réalité
est ainsi bien éloignée d'une espèce d'allégorie. Le cœur n'a rien de
symbolique ni de mythique pour notre auteur, qui utilise, pour le désigner, le néologisme créé par Schelling : le cœur est une « tautégo-
rie »[119]. Pour l'auteur, comme pour l'ensemble des auteurs spirituels
de l'Orient chrétien, le cœur est le centre de l'existence personnelle,
du « moi »[120] : c'est du cœur que partent toutes les manifestations de
notre vie corporelle et spirituelle. Il est le « nœud » qui « lie notre
personne »[121], qui réunit en faisceau les diverses composantes de
notre existence d'être humain. Par son étymologie, le terme russe
(*serdtse*) fait image, car sa racine indique l'idée de centre, de milieu,

---

[118] F l., *La colonne*, la note 462.
[119] *Ib.*, p. 176.
[120] F l., *Iz bogoslovskovo naslediïa...*, *op. cit.*, p. 129.
[121] Id., *Khristianstvo i koultoura,* dans « JMP » 4 (1983), p. 53.

de « dedans ». A ce sujet, Fl. fait remarquer qu'il en va de même dans les langues sémitiques : le mot hébreu (*leb*) qui désigne le cœur évoque « le point le plus intime, ferme et nodal »[122].

Le cœur est « le foyer de notre vie spirituelle » ; cela entraîne pour notre théologien des conséquences concernant la conduite de notre vie. Se spiritualiser ne veut rien dire d'autre que rendre le cœur « intègre », incorruptible. Si le cœur est saint, sa frontière avec le monde extérieur, la chair, est sanctifiée, pénétrée par la lumière de l'amour divin. La vocation chrétienne consiste à renouveler notre cœur, à restaurer notre intégrité spirituelle sous l'action de l'Esprit Saint[123].

Par cette insistance sur le cœur, comme constituant le vrai corps, Fl. semble s'approcher du monisme anthropologique qui, propre à la pensée sémitique et biblique, faisait aussi du cœur le principe de la vie. Entre le corps et l'âme, il n'y a pas une séparation, mais une unité. Selon la pensée sémitique, l'être humain n'a pas un corps, mais il est un corps : « Il est une chair-animée-par-une-âme, le tout conçu comme une unité psycho-physique : le corps, c'est l'âme sous sa forme externe »[124]. La pensée grecque, elle, opposant la matière et la forme, considérait le corps comme le résultat et l'union d'une certaine forme à une certaine matière que la forme détermine. Avec une telle conception, il est facile de distinguer le corps de la matière, de la chair et des autres éléments dont il est constitué. Face à cette distinction qu'avait établie la terminologie philosophique chez les Grecs, la langue hébraïque ne disposait que d'un terme unique (*bâs'âr*) pour désigner toute la substance vivante de l'être humain ou de l'animal, en tant qu'elle est organisée en une forme corporelle. La pensée sémitique n'a pas non plus de mot pour exprimer le « tout », totalité de l'être humain : les Hébreux pouvaient nommer presque n'importe quelle partie de la personne pour la désigner toute, tandis que, dans la culture hellénistique, on avait la coutume d'établir une distinction entre l'« un » et le « multiple », le tout et ses parties.

---

[122] Id., *La colonne...*, *op. cit.*, p. 178.
[123] Id., *Doukh i plot'*, dans « JMP » 4 (1969), p. 74.
[124] J. A. T. R o b i n s o n, *Le corps, étude sur la théologie de saint Paul*, Paris 1966, p. 26.

En insistant sur l'unité de l'être humain, sur le rôle du cœur dans la vie de la personne, notre théologien donne l'impression de prendre ses distances à l'égard du dualisme de la pensée grecque. Non ouvertement, mais tacitement, Fl. semble récuser la vision platonicienne de l'être humain. Ce refus n'est pourtant pas clair : comme nous le verrons, ne manquent pas chez lui des expressions qui rappellent plutôt la position platonicienne ; par exemple, il appelle le corps uniquement « la surface ontologique », « l'enveloppe » (*obolotchka*), « la surface de séparation des deux profondeurs de l'être : celle du moi et celle du non-moi »[125]. La réalité corporelle empiriquement saisissable, sujette au changement, à l'apparence et finalement à la corruption, avec ses caractères accidentels incompréhensibles, se trouve ainsi opposée, dans la pensée de Fl. comme dans la philosophie grecque, à l'esprit-logos qui contemple l'être même, l'éternel, et tout, l'universel, le parfait. D'après l'enseignement de Platon, par exemple, l'âme était dans le corps comme dans une prison, en vertu d'une punition : le corps, avec sa fantasmagorie sensible, paraissait un fond inconsistant et ténébreux, source de tendances obscures, dont l'âme doit se détacher pour s'envoler vers le parfait.

En disant, du cœur, qu'il est le vrai corps, notre théologien court le risque d'être mal compris et qu'on lui attribue l'opinion que l'être véritable d'une personne, c'est son esprit capable de l'éternel, tandis que le corps appartient à la sphère du non-être de la matière, se dissipant dans le chaos. S'il en était ainsi, on comprendrait qu'il y a de quoi être honteux d'avoir un corps et l'on ne serait pas loin de considérer que le monde physique et le monde psychique sont l'œuvre et le rejeton des ténèbres et n'ont donc aucune importance : l'être humain qui demeure dans le monde, n'aurait à accorder aucune valeur à ce monde. Pour sa part, notre auteur reste pourtant indécis : « Est-il impossible de décider si notre 'corps' appartient au moi ou au non-moi ? » Est-il seulement un fait accidentel qui freine notre entrée dans le Royaume ? Ou bien a-t-il un sens qui le rende digne d'estime, désirable ? En quoi dès lors faut-il chercher sa valeur ?

---

[125]   F l., *La colonne*, p. 175.

Dans l'image de Dieu (cf. Gn 1, 27), notre auteur aperçoit notre corps empirique ; celui-ci lui apparaît, contrairement à Origène, comme l'extériorisation de la gloire divine[126]. D'après lui, c'est cette réalité charnelle qui constitue la beauté de la création, « l'image de la gloire indicible de Dieu ». Fl. se réfère ici à Tertullien[127] et à saint Augustin[128] pour fonder son opinion : pour eux aussi, le corps humain est considéré comme « l'image de Dieu », la similitude de l'être humain avec Dieu.

A première vue, on pourrait croire que notre théologien se contredit et qu'il affirme maintenant le contraire de ce qu'il disait dans la section précédente : c'est le corps qui semble ici devenir le support et le producteur de l'esprit, en sorte que tout ce qui est spirituel apparaît comme un « épiphénomène » du matériel, le résultat et la suite d'une synthèse chimique, la matière elle-même devenant le sens fécond et divin où s'élaborent la vie et l'esprit. Le donné matériel mesurable semble alors constituer le fond de toutes choses, avec la conséquence que la science de la nature se perçoit ainsi comme la prise de possession par elle-même de la masse divine corporelle, fluide et chaotique, ou comme le retour définitif du fond de la nature à lui-même après les âges de combat : vision mécaniste du passé que la science positiviste attribuait à la déchéance illimitée de la pensée.

Pourtant Fl. n'est pas en contradiction avec lui-même. Le corps dont il affirme qu'il joue un rôle important, c'est le corps déjà spiritualisé, le corp engagé sur la voie de l'ascèse. La position de notre théologien ne constitue alors qu'une redécouverte de cette idée très riche du corps en tant qu'image de Dieu, idée qu'il présente comme un emprunt à des penseurs qui l'ont déjà exprimée dans l'Antiquité. Mais alors, quel rapport y a-t-il entre le cœur et le corps ? Fl. répond à la manière hégélienne, c'est-à-dire par la thèse et l'antithèse. D'après lui, par rapport au cœur, le corps apparaît antinomique. Cette antinomie se révèle pourtant, à mesure que l'on progresse dans

---

[126] *Ib.*, p. 196.
[127] *Loc. cit.* ; T e r t u l l i e n, *Adversus Praxeam* II, PL II, XII, 168 A ; id., *De resurrectione carnis*, PL II, V, 802 B-803 A.
[128] Cf. A u g u s t i n, *De Genesi contra manichaeos*, PL 34, XVII, 186.

la vie spirituelle et dans la lumière, de moins en moins compatible avec la raison : la conjonction du corps-thèse et du cœur-antithèse devient le terrain d'un enrichissement, de l'éclosion d'une beauté que la contemplation met en relief. Pour la conscience religieuse supérieure, dit-il, l'antinomie apparaît comme une valeur spirituelle, entièrement unifiée et integrée[129]. C'est particulièrement la liturgie qui révèle, avec le plus de justesse et de vérité, « l'idée du corps en tant que principe et valeur absolue »[130]. La liturgie, telle que la vivait et la comprenait notre auteur, n'est rien moins que « la conscience vivante que l'Eglise a d'elle-même », non seulement la fleur, mais aussi la racine et la semence de la vie écclésiale et de toute la théologie : « Quelle richesse d'idées et de notions nouvelles en dogmatique, dit-il, quelle abondance d'observations psychologiques »[131] s'offrent à tous et n'attendent qu'un regard attentif, sensible, cordial pour les recueillir ! Au cour des célébrations, en référence à Celui qui nous « a sanctifiés par l'offrande de son Corps » (He 10, 10), quand, nous mettant à l'écoute de sa parole, nous mangeons son Corps et buvons son Sang, le corps humain revêt une valeur porteuse du sacré ; de là, sa dignité méritant toute estime.

Chercher une définition univoque du corps, dans les écrits de notre théologien, appauvrirait et même fausserait, à notre avis, sa pensée. Pour conserver toutes les harmonies suscitées dans son œuvre par ce terme, il faut lui garder cette double résonance : le corps est, d'une part, l'image et la beauté du créé sorties des mains de Créateur et, tout à la fois, d'autre part, quelque chose de neutre, dépendant totalement du cœur. Il semble que nous nous trouvons devant deux anthropologies : l'une biblique et l'autre platonicienne, avec la terminologie spiritualiste d'Evagre. Même si nous parlons à bon droit de ces deux approches différentes de la réalité de l'être humain, il nous paraît bien légitime d'affirmer que l'anthropologie biblique occupe la première place. Comme nous avons pu le voir

---

[129]   F l., *La colonne*, p. 196.
[130]   Cf. *ib.*, p. 193-194.
[131]   *Ib.*, p. 196.

dans les parties précédentes, l'être humain n'est pas pour Fl. une
intelligence emprisonnée dans la matière et aspirant à la libération,
mais il forme un tout psycho-physiologique auquel Dieu a apporté le
salut en s'incarnant. La grâce ne touche pas uniquement le *noûs*, elle
ne purifie pas de toute « passion », ni encore moins de toute attache
matérielle, mais, d'après Fl., elle se réfère à tout l'être humain qui,
en elle, reçoit les prémices de la résurrection corporelle. Il s'ensuit
que notre auteur se rapproche de la spiritualité de saint Maxime, qui
pouvait écrire : « L'homme reste homme tout entier dans son âme et
dans son corps, et devient Dieu tout entier, dans son âme et dans son
corps, par la grâce »[132]. Cette spiritualité se continuera et s'épanouira
dans l'œuvre théologique de Grégoire Palamas.

Ce n'est pas seulement au niveau de sa personne, englobant vie
intérieure et vie extérieure, que l'être humain apparaît comme une
unité, accomplie et parfaite ; celle-ci s'étend aussi à tout le créé, avec
lequel il compose une union très profonde et très étroite, sans que
disparaissent toutefois les différences qui le distinguent du monde et
l'y situent à un étage supérieur, accessible à lui seul.

L'être humain, dit notre théologien, au même titre que tout ce qui
existe, est l'œuvre de la puissance créatrice de Dieu. Tout est sorti de
ses mains comme « beau et bon » (Gn 1, 31). C'est avec la création
entière que Dieu a conclu son alliance[133] et dans son cheminement
vers Dieu, l'être humain ne peut se dégager de sa solidarité ontologique avec le monde, solidarité originelle découlant de l'acte divin
de création. Toute l'œuvre ascétique consiste à restaurer, à réintegrer
cette connivence foncière. En réussissant cette communion personnelle avec le cosmos, en s'imprégnant de la lumière, l'ascète rayonne
sur d'autres êtres humains non encore « spiritualisés » et leur permet
ainsi « d'assumer une meilleure attitude devant le créé »[134]. Dans la
création, l'être humain paraît semblable au levain de la parabole de

---

[132] Maxime le Confessor, *De variis difficilibus locis*, PG, 91, 1088 C ; cf.
       aussi : J. Meyendorff, *Introduction à l'étude de Grégoire Palamas*, Paris
       1959, p. 200.
[133] Cf. F l., *La colonne*, p. 179-180.
[134] *Ib.*, p. 180.

Jésus (cf. Mt 13, 33). Si le levain est bon, toute la pâte est bonne ;
si l'être humain est bon, s'il vit dans la lumière, il devient lui-même
lumière et spiritualise le créé, portant tout le cosmos vers sa beauté
finale, vers le point final où s'accomplira, dans l'harmonie totale,
l'ordre voulu par le Créateur. Mais si le levain n'est plus bon, s'il
est inerte, la pâte ne lèvera pas ; si l'être humain ne se réalise pas
à l'image et à la ressemblance de son Modèle, il n'est plus en mesure
de spiritualiser le monde ni de le conduire jusqu'à son accomplissement.

On ne pourrait, sans tronquer la vérité, se limiter à relever, entre
l'être humain et le reste du créé, les points qui leur sont communs.
Pour notre théologien, il existe aussi entre eux, très clairement, des
différences. A l'intérieur du cosmos, au sommet du monde sensible,
l'être humain apparaît comme la créature la plus achevée. Doué de
raison, il est capable de découvrir, dans l'univers où il vit, les traces
du Créateur (cf. Sg 13, 1-9 ; Rm 1, 19-20) et, s'il en tire profit, il est
supérieur aux animaux mais, s'il y manque, il leur est même inférieur, puisqu'il ne réalise pas la finalité de son être[135].

Avant tout, l'être humain est une créature « *libre, autonome* »,
qui se développe suivant ses propres lois : c'est un être presque « indépendant » de Dieu mais, en même temps, destiné à partager avec
Lui « le tourment d'une responsabilité libre » pour lui-même et pour
l'ensemble du créé[136]. C'est à l'être humain seulement qu'est per-
mise la vie avec Dieu, par le moyen d'une intégration progressive
dans l'ascèse, jusqu'à réaliser sa « *déification* ».

L'unité qui existe à l'intérieur de la Trinité, notre auteur essaie de
montrer qu'elle existe également à l'intérieur de l'être humain, ainsi
que dans son rapport avec le créé : l'être humain, créé à l'image et
à la ressemblance de Dieu doit, à son tour, reproduire son unité. La

---

[135]   « Si l'être humain, dit Fl., réfléchit aux principes de la sagesse divine et s'il
        étudie les signes de celle-ci, sa supériorité sur les animaux sera à la mesure de
        celle dans laquelle il réalise la faculté de connaissance qui lui est donnée. S'il
        y manque, non seulement il n'est pas supérieur aux bêtes, mais il leur est même
        inférieur de beaucoup... », cf. F l., *La colonne*, p. 184.
[136]   Cf. *ib.*, p. 190.

cohésion de l'être humain avec le créé n'est cependant pas unifica-
tion. Entre la personne humaine et le créé, notre théologien constate
des similitudes mais n'oublie pas les différences.

3. L'être humain – image de la Trinité

Voilà un terme que Fl. charge d'un contenu particulier et où il
condense en quelque sorte sa pensée au sujet des rapports de l'être
humain avec Dieu, un terme propre à son vocabulaire qui emprunte
à la philosophie des notions qu'il adapte à sa réflexion théologique,
un terme qui demande à être élucidé : *homoousios*.

Nous n'allons pas suivre l'histoire de ce terme théologique[137], qui
combine deux mots grecs : *homos* = le même et *ousia* = l'essence ;
le latin l'a rendu par *consubstantialis*. Les 318 Pères réunis à Nicée
en 325 ont canonisé ce terme, l'utilisant pour définir que le Fils est
de la même essence que le Père et donc qu'il lui est consubstantiel,
homo ousios[138]. Dans la confirmation de cette vérité dogmatique, Fl.
voit les conséquences qui émanent de la vie trinitaire et rayonnent
d'un flux lumineux sur sa vision de l'être humain et sur sa théorie de

---

[137] Pour suivre le débat sur l'*homoousios*, on peut consulter : E. B o u l a r a n d,
L'hérésie d'Arius et la 'foi' de Nicée, Paris 1972, p. 331-353 ; G. L. Dossetti,
Il simbolo di Nicea e Costantinopoli, éd. critique, Rome 1977 ; A.-M. R i t t e r,
*Das Konzil von Konstantinopol und sein Symbol. Studien zur Geschichte und
Theologie des II. ökumenischen Konzils*, Göttingen 1965, p. 270-293.

[138] A l'*homoousios* Fl. oppose le terme *homoiousios* (*homoios* = semblable, *ousia*
= essence) pour désigner quiconque met l'entendement à la place de la foi et
de l'amour, quiconque prétend comprendre avant d'adorer la vérité antinomique, signifiée par le dogme de Nicée et Constantinople. Selon Fl., celui qui
fait cela ne peut que se perdre, car, incapable de réaliser l'acte d'abnégation
de l'entendement, il tombe dans une « incroyance maligne ». L'*homoiousie* ne
s'ouvre pas à la foi, à cette « norme nouvelle » de la connaissance, mais elle
se fonde uniquement sur l'entendement, que Fl. présente comme blessé par le
péché et incapable de discerner les traces de Dieu dans le cosmos ; le terme
homoiousios caractérise, d'après Fl., « la philosophie moderne en Europe occidentale », le rationalisme; tandis que l'*homoousios* est « la nature particulière
de la philosophie russe », cf. F l., *La colonne*, p. 45-101.

la connaissance ; son anthropologie en est aussi marquée. Il y voit la victoire sur les antinomies acquise par ce principe nouveau de la connaissance que, d'après lui, constitue la foi. Il y voit encore la conception trinitaire de la vie spirituelle du chrétien et notre propre *homoousia* avec Dieu et avec autrui.

3.1. Antinomies

Dans les points précédents, nous avons eu l'occasion de faire état d'antinomies que Fl. constate dans notre existence, à propos de la raison, de sa nature et de sa tâche. Ce thème des antinomies paraît tellement important chez notre auteur qu'il nous semble nécessaire de le développer davantage et de l'approfondir.

Heidegger prétendait qu'il faut chercher, dès avant Socrate, des antinomies dans la pensée[139] ; de même, Fl. fait commencer l'histoire de la pensée antinomique, en philosophie et en théologie, à partir de l'Antiquité grecque, même si le terme « antinomie », souligne notre auteur, n'apparaît qu'avec Kant. Selon Fl., l'idée même du caractère « autocontradictoire » de la raison est ancienne et remonte à Héraclite, qui aurait été le premier « à sentir avec netteté que Dieu le Verbe existe », à découvrir « l'harmonie supérieure et l'unité supracosmique de l'être ». Fl. cite Héraclite : « Le monde est tragiquement beau dans sa division. Son harmonie est dans sa disharmonie : son unité est dans ses oppositions »[140]. Cette loi des paradoxes réapparaîtra, dit Fl., dans la théorie nietzschéenne de « l'optimisme tragique »[141].

Les philosophes de l'Ecole d'Elée, que Fl. aborde après Héraclite, « pensaient que la raison s'embrouille dans des contradictions insolubles, dès qu'elle veut s'attacher définitivement à ce monde égoïstement fractionné dans le temps comme dans l'espace ». Pla-

---

[139] Cf. H.-J. R u p p e r t, *Vom Licht der Wahrheit. Zum 100. Geburtstag von P. A. Florenskij*, Göttingen 1982, p. 200.
[140] F l., *La colonne*, p. 106.
[141] *Ib.*, p. 107. Les citations qui suivent sont empruntées à la même page.

ton aussi, toujours suivant notre auteur, fut un défenseur de la nature
antinomique de notre raison. La forme même de ses écrits philosophiques, leur développement par dialogues, « suggère déjà la nature antinomique de sa pensée » ; « presque chaque dialogue ne fait
qu'aggraver la contradiction et rendre plus profond l'abîme entre le
'oui' et le 'non', entre la thèse et l'antithèse ».

Dans son énumération des esprits sensibles à l'antinomie, Fl.,
étrangement, ne mentionne point des antinomies chez Denys l'Aréo-
pagite, mais passe directement au cardinal Nicolas de Cuse, lequel
est, d'après Fl., « parmi les représentants les plus créateurs de l'antinomie et qui y sont allés le plus loin »[142]. Avec sa doctrine de la
coïncidence en Dieu de définitions opposées (*coincidentia opposi-
torum*), ce cardinal a donné une lumière originale et fructueuse sur
les antinomies.

Dans « le livre d'or de l'antinomie », Fl. place ensuite Fichte, Hegel, Schelling, Renouvier et des « pragmatistes contemporains »[143] ;
parmi ces derniers, il cite W. James, pour qui « l'univers est construit
selon un plan qui surpasse infiniment la raison humaine »[144], son
opinion rejoignant ainsi la thématique du livre de Job, lequel, selon
notre théologien, « est bâti sur l'idée de l'antinomie », puisque pour
ce sage biblique, en effet, les actes de Dieu sont essentiellement in-
connaissables (cf. Jb 23).

De Dostoïevsky, notre auteur cite : « Tout est mystère ; en tout,
il y a le mystère de Dieu (...) et qu'il y ait mystère, cela vaut même
mieux : c'est effrayant pour le cœur et aussi merveilleux ; cette
crainte conduit à la joie du cœur (...). C'est d'autant plus admirable
qu'il y a mystère »[145]. Mais c'est particulièrement la Lettre de saint
Paul aux Romains que Fl. appelle « l'épître la plus dialectique et la

---

[142]   *Loc. cit.*
[143]   *Loc. cit.*
[144]   *Ib.*, p. 108.
[145]   *Loc. cit.* Dans la note 236 de *La colonne*, F l. renvoie à l'œuvre de D o s t o ï e -
v s k y, *Les démons*, Sankt-Peterbourg 1871-1872. Pour l'éd. française voir :
F. M. D o s t o ï e v s k i, *Les démons. Carnets des démons. Les pauvres gens*,
introd. par P. P a s c a l, trad. et notes par B. d e S c h l œ z e r et S. L u n e a u,
Paris 1955.

plus enflammée (...) cette bombe explosive contre la raison »[146] et qu'il trouve la plus chargée d'antinomies.

Voici comment il les détaille, en les faisant précéder par les formules dogmatiques trinitaires et christologiques :

THESE	ANTITHESE

La Divinité :

unisubstantielle	trihypostatique

Les deux natures du Christ sont unies :

sans confusion (*asugchutos*)	sans division (*adiairetos*)
ni changement (*atreptos*)	ni séparation (*achoristos*)

Relation de l'être humain à Dieu :

prédétermination (Rm 9)	libre arbitre (Rm 9, 30-10, 21)

Le péché :

Par la chute d'Adam, c'est-à-dire, comme un phénomène contingent de la chair (Rm 5, 12-21).	Par la limitation de la chair, c'est-à-dire, comme nécessairement inhérent à la chair (1 Co 15, 50 ss.).

Le jugement :

Le Christ, Juge de tous les chrétiens, lors de son	Dieu juge définitivement toute l'humanité par le Christ

---

[146] F l., *La colonne*, p. 111.

deuxième avènement (Rm 2, 16 ; 14, 10 ; 1 Co 3, 13 ; 2 Co 5, 10).	(1 Co 4, 5 ; 15, 24-25).[147]

La rétribution :

A chacun selon ses œuvres (Rm 2, 6-10 ; 2 Co 5, 10).	Libre pardon des rachetés (Rm 4, 4 ; 9, 11-12 ; 11, 6).

Fins dernières :

Rétablissement et béatitude universels (Rm 8, 19-23 ; 11, 30-36).	Double fin (Rm 2, 5-12) « la perdition » (2 Co 2, 15).

Mérite :

Nécessité de l'ascèse pour l'homme (1 Co 9, 24 : « Courez de manière à le gagner »).	Inefficacité de l'ascèse humaine (Rm 9, 16 : « Ainsi donc, cela ne dépend ni de celui qui court, mais de Dieu qui fait miséricorde »).
« 'Accomplissez' votre salut avec crainte et tremblement, et le vouloir et le faire » (Ph 2, 12-13).	car c'est Dieu qui 'produit' en vous
Cf. « L'âme du Seigneur 'voulait en liberté' ; mais elle voulait librement la volonté de Sa Divinité » (J. Damascène,	ce qu'elle 'devait vouloir' par

---

[147] Même si Fl. dans la première colonne emploie le terme « chrétiens » et dans la seconde « humanité », il ne semble pas opposer les chrétiens et l'humanité.

*Exposé précis de la foi
orthodoxe*, 3, 18).

La grâce :

Quand le péché s'est multiplié, la grâce a surabondé (Rm 5, 20).	« Allons-nous demeurer dans le péché pour que la grâce abonde ? Que non pas ! » (Rm 6, 1. 15).
« Quiconque demeure en Lui (le Christ) ne pèche point » (1 Jn 3, 6).	« Si nous disons que nous n'avons pas de péché, nous nous trompons nous-mêmes et il n'y a point de vérité en nous » (1 Jn,1,8).
« Quiconque est né de Dieu ne commet pas le péché, et il ne peut pas pécher » (1 Jn 3, 9).	

La foi :

« Elle est libre et elle dépend du bon vouloir de l'homme » (Jn 3, 16-18).	Elle est un don de Dieu, elle ne dépend pas de la volonté humaine, mais de la volonté du Père qui attire au Christ (Jn 6, 44).

L'avènement du Christ :

Pour juger le monde : « C'est pour un jugement que Je suis venu dans ce monde » (Jn 9, 39).	Non pas pour juger le monde: « Je ne suis pas venu pour juger le monde » (Jn 12, 47).[148]

---

[148]   F l., *La colonne*, p. 112-113.

Fl. se contente d'une simple énumération d'antinomies dogmatiques et ne s'efforce point de nous donner aussi une solution : pourquoi ?

Il est vrai qu'il ne répond pas directement à notre question, mais,
dans la même lettre de *La colonne*, aux pages précédentes, il affirme
que la « vérité est une contradiction », elle accompagne son autoné-
gation d'une affirmation. Dans la vérité, il y a place pour chacun des
jugements contradictoires. On peut démontrer l'existence de chacun
d'entre eux avec un même degré de conviction, avec nécessité. « La
thèse et l'antithèse ensemble constituent l'expression de la vérité.
En d'autres termes, la vérité est une antinomie ; elle ne peut pas ne
pas l'être »[149]. La vérité, qui a une existence nécessaire découlant de
l'existence de la Vérité même, se révèle comme une antinomie. Est-
ce que cette antinomie concerne l'objet « en soi » ou uniquement
notre perception ? A la suite de Kant, Fl. semble dire que l'antinomie
ne concerne pas l'objet comme tel, mais uniquement notre raison.
C'est seulement pour celle-ci que la vérité d'objet est une vérité antinomique, et, tandis que « là-haut, au ciel, il y a la Vérité unique,
chez nous, il y a une multitude de vérités, de fragments de la vérité,
l'un à l'autre incongrus »[150]. Kant « qui a enfreint les convenances
de la pseudo-unité », mérite, selon Fl., une gloire impérissable. Mais
si Fl. reconnaît le mérite de Kant, il déplore quand même « que ses
propres antinomies ne soient guère réussies »[151]. Kant, qui ne voyait
que quatre antinomies et cela uniquement dans le cosmos, est dépassé par Fl. Celui-ci, comme déjà Hegel, les voit partout dans le
monde et, en plus, pas exclusivement dans le monde créé mais aussi
dans l'être humain, dans la Divinité, etc. Selon Fl., on pourrait dire
que tout ce que l'être humain considère uniquement par l'intermédiaire de la raison apparaît comme antinomique. Dans ce sens, « les
antinomies sont inévitables », car la raison n'est pas capable de saisir la vérité dans sa plénitude : elle prend une partie de la vérité et la

---

[149] *Ib.*, p. 100-101.
[150] *Ib.*, p. 108.
[151] *Loc. cit.*

considère comme un tout. Existe-t-il un moyen de sortir de cet état antinomique de la raison ? Contrairement à Kant et aux autres philosophes, Fl. n'en estime pas que nous nous trouvons dans l'impasse. D'après lui, pour le répéter encore une fois, c'est même un bien qu'il y ait des antinomies, car « si la vérité était non antinomique, la raison, tournant toujours dans son propre plan, n'aurait pas de point d'appui, ne verrait pas d'objet non rationnel ; par conséquent, rien ne la pousserait à commencer l'ascèse de la foi »[152]. Ainsi donc, Fl. juge les antinomies positivement, car elles interpellent la raison, l'inquiètent, ne la laissent pas tranquille. La raison se sent obligée de chercher ailleurs son point d'appui. Elle le trouve finalement dans la foi (*vera*). Celle-ci, qui était également la base de la doctrine slavophile, devient ici l'accès privilégié et même unique à l'antinomie. Dans la foi, l'antinomie disparaît.

Dès lors, l'enjeu de notre raison c'est la foi. Mais pourquoi la foi ? La raison est-elle incapable de sortir de cet état antinomique ? La réponse de Fl. est claire : « Si le péché existe, tout notre être et le monde entier sont fractionnés »[153]. C'est le péché qui emprisonne la raison et qui ne lui permet pas de sortir de cet état des contradictions ; mais si la même raison renonce à sa propre autonomie pour s'appuyer sur l'enseignement des Conciles et professer la foi authentique, elle pourra échapper à ce marécage des antinomies. La foi, qui est une « raison orthodoxe, synodale (*soborny*) », constitue ainsi le moyen d'en sortir. D'après Fl., l'antinomie est même la condition de la foi, car « là où il n'y a pas d'antinomies, il n'y a pas de foi »[154].

Tandis que la foi, c'est-à-dire la raison orthodoxe, constitue, selon notre auteur, le moyen, le dogme, par contre, est l'état où l'antinomie est déjà vaincue : « C'est à partir du dogme que commence notre salut, car seul le dogme, étant antinomique, n'opprime pas notre liberté et donne libre cours soit à la foi bénévole soit à l'in-

---

[152]   *Ib.*, p. 101.
[153]   *Ib.*, p. 108.
[154]   *Ib.*, p. 111.

croyance maligne ». On ne peut forcer personne à croire, pas plus qu'à ne pas croire. Selon saint Augustin, *nemo credit nisi volens*[155]. Antinomique du point de vue de la raison humaine, le dogme se dresse à la limite entre les formules rationnelles et les faits vivants, limite où l'antinomie se résout dans l'expérience spirituelle. La solution de l'antinomie dogmatique n'apparaît, selon Fl., qu'aux saints qui participent à la lumière divine. De là vient également l'importance que notre auteur attribue à la doctrine des Pères.

La facilité avec laquelle Fl. passe d'un domaine à l'autre nous surprend. Il n'éprouve aucune difficulté à passer du champ d'une épistémologie philosophique de la raison à l'épistémologie de la foi. Ce n'est pas seulement le cas ici, à propos des antinomies ; il s'agit plutôt d'une constante, et même d'une caractéristique de la pensée de notre auteur. C'est que, pour lui, la foi n'est pas seulement égale à la raison, comme moyen de connaissance, mais elle est même appréciée beaucoup plus hautement que la raison, car elle communique directement avec la Vérité même, avec la Vérité originaire.

Dans l'adoption par l'Eglise du Symbole de Nicée-Constantinople comportant l'*homoousios*, Fl. voit le triomphe de « la foi sur l'entendement (*razsoudok'*), « l'entendement y a été mis à mort »[156], car, explique-t-il, l'entendement n'était pas capable de résoudre l'impossible compréhension, par la réflexion purement rationnelle, de la Vérité trinitaire exprimée par le dogme de la consubstantialité du Fils et du Père. Nous en parlerons davantage, mais dès maintenant, il faut savoir que Fl. oppose la raison à l'entendement, car « leurs exigences sont contraires »[157]. Il juge l'entendement beaucoup moins positif que la raison. Il exclut totalement l'entendement de la connaissance de la vérité et de l'approche des antinomies. Selon lui, c'est seulement en s'appuyant sur la foi que les Pères conciliaires ont pu formuler, « avec précision purement terminologique, l'inexprimable mystère de la Trinité », mettant ainsi en œuvre, pour

---

[155] *Ib.*, p. 101.
[156] *Ib.*, p. 41-42.
[157] *Ib.*, p. 26.

la première fois, comme le souligne Fl., « le principe nouveau de l'activité rationnelle ». L'*homoousios* nicéen ne cernait pas seulement le mystère de la vie intratrinitaire et, en particulier, celui de la deuxième Hypostase, mais il dégageait également « une évaluation spirituelle des règles de la raison »[158]. Telle une bonne semence pour la vie spirituelle du chrétien, l'*homoousios* contenait une sorte de dynamisme vital, un agent de développement potentiel : « Ce grain antinomique de la pensée chrétienne », pour le dire avec Fl. Accueilli dans un cœur généreux, ce germe se déploie et se fortifie, il rend capable de surmonter toutes les autres antinomies de la raison évoquées plus haut.

Le concile de Nicée a donc inauguré, selon notre théologien, une nouvelle ère de la connaissance, dans laquelle « la raison doit renoncer à ses limites dans le cadre de l'entendement, refuser de rester enfermée dans les constructions de celui-ci et se tourner vers une norme nouvelle, devenir une raison nouvelle »[159]. Affaiblie à la suite du péché, la raison est devenue elle-même trop débile pour connaître le monde en Dieu et Dieu dans le monde, pour reprendre les termes de Théophane le Reclus[160]. Créée libre, la raison aurait pu faire l'effort de s'élever au-dessus des réalités purement « chosales », accidentelles, pour remonter jusqu'à la Réalité qui est son « origine » et qui la justifie. Mais, comme l'affirme Fl., la raison n'a pas fait cet effort et elle s'est contentée du « bien » limité et conditionnel. Elle s'est constituée prisonnière de l'entendement. C'est de cet enfermement précisément que la foi libère, car elle permet de dépasser les antinomies et de vivre déjà, ici sur la terre, dans la communion avec la Réalité tri-unique. Dans la lumière de cette Vérité, « les frontières de la connaissance et de la foi se confondent »[161] ; la foi, souligne

---

[158] *Ib.*, p. 42.

[159] *Ib.*, p. 45.

[160] Cf. T. Š p i d l i k, *La doctrine spirituelle de Théophane le Reclus. Le Cœur et l'Esprit*, dans : Rome 1965, p. 21. Fl. parle de Théophane le Reclus comme du traducteur de *Philocalies*. Cf. F l., *La colonne*, p. 70, aussi la note 134 et la note 563.

[161] F l., *La colonne*, p. 46. La citation qui suit vient de la même page.

notre auteur, devient ainsi un savoir : « Je vois ma foi avec ma raison » et je constate « non seulement que je crois mais encore que je
sais ». Dans la foi, je connais déjà « le mystère resté caché depuis
des siècles et les générations (Col 1, 26), car la foi est « une manifestation des choses invisibles » (cf. He 11, 1)[162].

La foi, l'objet de la théologie, devient ainsi, chez notre théologien,
le moyen de la vraie connaissance ; le croyant ne pourra pas seulement dire : « Je crois », mais il sera en droit de dire aussi : « Je sais,
je connais, dans ma foi ». Celle-ci reçoit alors les connotations de la
raison et devient, d'une certaine façon, la foi raisonnable : c'est la
pistis épistémonikè dont parlait déjà, dans l'Antiquité chrétienne, Clément d'Alexandrie[163] qui, d'après l'évêque Anatoliï, exerça une forte
influence sur notre auteur[164]. Celui-ci insiste fort sur ce point : il s'agit
de la foi qui se fonde sur la tradition ecclésiale et sur les déclarations
des Conciles, car cette foi-là seule permet d'entrer dans la lumière de
la Vérité, de posséder la vraie science, la vraie gnose, qui constitue
précisément, dira Fl., le but de toute notre connaissance. Il n'y a que
la foi qui puisse nous faire atteindre cette finalité, car elle seule accède
aux lieux supérieurs où, par la contemplation de la divinité elle-même,
on peut connaître Dieu, le voir ou le posséder. Une telle terminologie
indique clairement que notre auteur s'inscrit dans la lignée des gnos-
tiques, à la suite des Pères[165]. C'est saint Irénée, par exemple, qui définit la gnose véritable comme celle du croyant qui, « ayant reçu à son
baptême et retenant sans l'infléchir le canon de la vérité, reconnaîtra
les noms et les formules qui viennent de l'Ecriture mais ne reconnaîtra
pas cette hypothèse blasphématoire qui vient des hérétiques »[166].

---

[162] F l., *Iz bogoslovskovo nasledia...*, *op. cit.*, p. 129.
[163] Cf. C l é m e n t d ' A l e x a n d r i e, *Stromate, en 8 livres*, dans : *Les Pères de
l'Eglise traduits en français*, trad. par M. d e G e n o u d e, T.5, Paris 1839,
p.1-681 (I-VIII), II, 11, 48.
[164] Cf. A n a t o l i ï (K o u z n e t s o v) évêque, *op. cit.*, p. 16.
[165] Cf. W. V o l k e r, *Der Wahre Gnostiker nach Clemens Alexandrinus*, Berlin
1952 ; H. U r s V o n B a l t h a s a r, *Le « Mysterion » d'Origène*, dans « Recherches de Science Religieuse » XXVI (1936), p. 513-562.
[166] I r é n é e d e L y o n, *Contre les hérésies*, éd. critique par A. R o u s s e a u et
L. D o u t r e l e a u, Paris 1979, livre I, 1, 10.

Fl. se sent très proche de cette gnose que l'Eglise a agréée comme sienne; il dira d'elle que, comme la vraie science, elle ne se développe pas seulement sur la base unique de la foi, mais que la charité lui est aussi nécessaire, car c'est par le développement de la charité et pour la croissance de cette charité qu'il convient de rechercher la gnose et non pour elle-même. A la suite de saint Paul, notre théologien estime la charité indispensable pour que la gnose soit la véritable connaissance, car « la gnose enfle mais la charité édifie ». La connaissance est ainsi inséparable de l'amour.

C'est donc en conformité avec l'enseignement des Pères et dans la mouvance des penseurs slavophiles que Fl. présente la foi comme un outil élevé de la connaissance et comme le moyen privilégié de la compréhension du donné de la Révélation. Mais il ne semble pourtant pas la considérer comme le moyen unique et exclusif de la connaissance de Dieu, de la vraie science, puisqu'elle doit nécessairement, d'après lui, faire équipe avec la charité. En outre, s'il attribue à la foi conjuguée avec la charité une importance primordiale pour atteindre la connaissance de Dieu, il ne récuse pas, semble-t-il, la possibilité d'une certaine connaissance de Dieu par la raison, connaissance que nous qualifions de naturelle. Mais quand il parle de la connaissance dans la foi, il s'agit alors d'une autre espèce de connaissance, celle-là même que la tradition patristique définit comme la gnose. Plutôt que comme connaissance logique, elle se présente comme une connaissance psychologique ; plutôt que comme raisonnée, elle se révèle comme une connaissance vivante. C'était bien l'une des marques de la pensée des Pères et de la pensée slavophile. Cette dernière a trouvé dans l'amour universel le fondement de la religion, de la philosophie, de toute la civilisation. Fl. reprend ce principe slavophile, l'approfondit et se l'approprie, car il ne s'est pas uniquement inspiré du mouvement slavophile, mais aussi de toute la tradition de son Eglise, où il a puisé la conception du dogme, en tant que point de rencontre de la raison et de la foi.

3.2. La valeur du dogme

La tradition de l'Orient chrétien, davantage que celle de l'Eglise d'Occident, voit le dogme avant tout comme source de vie, de spiritualité, plutôt que comme un système de vérités abstraites. Le rapport d'un croyant orthodoxe avec le dogme ne se conçoit pas d'abord en termes d'appartenance ou non à l'Eglise-Institution, mais se situe au niveau existentiel d'une question de vie ou de mort. Le dogme que l'Eglise propose à la libre adhésion du croyant actualise pour le chrétien orthodoxe l'intention apostolique du quatrième Evangile : « Pour que vous croyez que Jésus est le Christ, le Fils de Dieu, et qu'en croyant vous ayez la vie en son nom » (Jn 20, 31)[167].

Fl. définit le contenu du dogme comme « l'œil de l'intelligence » (*oko ouma*)[168], c'est-à-dire comme une faculté très précieuse. Le contenu du dogme devient, pour Fl., l'exemple parfait d'une nouvelle norme épistémologique. Ainsi, ce n'est plus la raison telle qu'elle est au centre de l'épistémologie kantienne, mais c'est la foi et, à l'intérieur d'elle, le dogme qui sont considérés comme des principes d'une nouvelle connaissance, connaissance parfaite qui ne s'arrête pas aux antinomies, mais les résout, en les acceptant. Fl. semble dire que le contenu du dogme n'est pas seulement la norme épistémologique, mais qu'il est presque l'intelligence même. Le croyant utilise le contenu du dogme pour l'incarner dans sa vie, pour incarner dans son existence la vérité que le dogme porte. Fl. définit le croyant comme « l'œil de l'humanité » (*oko tchelovetchestva*), c'est-à-dire comme un saint, comme celui qui communique avec la Vérité même. Il ne s'agit donc pas de la sainteté éthique, morale, mais plutôt d'une

---

[167] Cf. P. E v d o k i m o v, *L'Orthodoxie*, Paris 1959, p. 173-176 ; I. H a u s h e r r, *Dogme et spiritualité orientale*, dans *Etudes de spiritualité orientale*, Rome 1969, p. 145-179 ; P. J. B r a t s i o t i s, *La signification du dogme dans la théologie*, dans *1054-1954. L'Eglise et les Eglises, neuf siècles de douloureuse séparation entre l'Orient et l'Occident. Etudes et travaux offerts à Dom Lambert Beauduin*, t. II, Chèvetogne 1955, p. 197-206.

[168] F l., *La colonne*, p. 75.

sainteté théologale, fondée sur la vérité de la foi que nous confessons dans le dogme. D'après Fl., la formulation dogmatique, lorsqu'on la confesse, « permet aux humains de contempler la lumière inaccessible de la Gloire indicible de Dieu »[169]. Athanase le Grand, défenseur du dogme nicéen de la Trinité, est appelé par saint Grégoire le Théologien, ainsi que le souligne Fl., « l'œil très saint de l'univers »[170].

Le pouvoir « illuminatif », en quelque sorte, que le dogme exerce sur l'intelligence du croyant, ne se manifeste, souligne Fl., que chez celui qui a déjà renoncé à son « moi » égoïste, qui a déjà soumis son entendement à l'ascèse, qui a effectué l'acte d'abnégation de l'entendement (qui) consiste précisément à reconnaître une antinomie. Tandis que, pour celui qui croit, le dogme constitue déjà le pouvoir illuminatif, pour celui qui n'a pas encore dépassé « la frontière de l'individualité égoïste de la raison », le dogme peut déjà constituer « un point d'appui » (*totchka opory*) : étant en effet antinomique, sa formulation inquiète notre raison, la trouble et l'incite à commencer l'ascèse de la foi.

Le dogme témoigne de lui-même, mais il ne se prouve lui-même qu'aux yeux de l'ascète, du saint ; et c'est comme s'il parlait en son nom que Fl. écrit : « Tu vois ma véracité ainsi que ma nécessité interne d'être antinomique dans l'entendement : et si, pour l'instant, tu vois confusément, tu verras clairement par la suite, quand tu te seras purifié davantage »[171].

Alors que la théologie scolastique parle plutôt de la perfection de notre intelligence et de nos facultés cognitives qu'elle affirme capables de saisir la vérité du dogme, si nous suivons Fl. et si nous entrons avec lui dans la tradition orientale, nous dirons que ce n'est que dans une *katharsis* ascétique que le croyant peut saisir Celui qui est insaisissable et dont le dogme balise l'approche dans « la nuit de la foi », bien connue dans l'expérience mystique des saints. Pour amener les fidèles à communier ontologiquement à la vérité, l'Or-

---

[169] *Loc. cit.*
[170] Cf. G r é g o i r e   d e   N a z i a n z e, *Oratio XXV, in laudem Heronis philosophi*, PG, 35, 1213 A ; F l., *La colonne*, p. 75.
[171] *Ib.*, p. 109.

thodoxie et aussi Fl. posent comme voie indispensable la prière, en
tant que celle-ci suppose l'exercice ascétique du renoncement à soi-
même et à son propre entendement, pour professer et incarner, dans
son existence quotidienne, le contenu du dogme. Celui-ci n'a pas un
caractère « objectal » et passif : il n'est pas qu'un « donné », il n'est
pas seulement le point d'aboutissement d'un lent et long processus
historique, cristallisant de minutieuses investigations de l'Ecriture et
du *sensus fidei*, condensant en des formules précises une vérité divine déjà consignée, en germe, depuis toujours. Pour Fl., le dogme,
c'est cela, mais aussi bien davantage. Pour lui, le dogme est toujours
actif, agissant, efficient dans l'éternel présent de notre mémoire.
Il n'interpelle pas seulement notre intelligence, il ne concerne pas
seulement notre savoir ; il ne sème pas uniquement, par son caractère antinomique, l'inquiétude dans notre entendement : le dogme
s'adresse aussi, et même davantage, à notre vie spirituelle, à laquelle il se propose comme une exigence, comme une règle de vie
et comme une stimulation à renoncer à soi-même, à l'égocentrisme.
Vivre chrétiennement, ce n'est pas avant tout vivre selon le dogme,
le côtoyer, le suivre ; c'est surtout vivre dans le dogme, c'est-à-dire
dans la vérité qu'il révèle. Cette façon de voir peut nous paraître
surprenante ; elle est pourtant conforme à la mentalité ecclésiale
dans laquelle Fl. a puisé sa conception du dogme, jusqu'à faire de
l'adhésion au dogme et de l'effort pour conformer sa vie à ce qu'il
proclame la mesure de la sainteté du chrétien.

Toutes les formulations dogmatiques sont certes très importantes
pour Fl. ; c'est toutefois, selon lui, la vérité de l'*homoousios*, le
dogme de la consubstantialité des trois Hypostases divines (du Père,
du Fils et du Saint Esprit), c'est-à-dire le symbole de la foi, qui est
le plus éminent, car c'est sur lui que reposent et se fondent tous
les autres[172]. Il en résulte que la vie chrétienne, elle aussi, s'enracine dans le dogme trinitaire : par le baptême « au nom du Père, du
Fils et du Saint Esprit », auquel Fl. fait allusion, l'être humain entre
dans la vie nouvelle, se greffe sur la vie trinitaire, qui suscite notre

---

[172]   *Ib.*, p. 42.

être chrétien. Nous ne pouvons pas dire qu'il appelle le baptême
« illumination ». Cette expression n'apparaît pas dans le contexte
baptismal, mais il nous semble justifié de dire que, d'après lui, par
le baptême nous entrons dans la lumière, car nous sortons de notre
égoïsme et entrons dans la Trinité, qui est la lumière et la source de
la lumière[173]. Dès lors, implicitement, Fl. voit aussi dans le baptême
une « illumination » ; il ne s'agit cependant pas d'une illumination
subjective, car elle ne vient pas du rite baptismal, mais d'une illumination objective. Par le sacrement du baptême, nous entrons dans
la lumière trisolaire, nous devenons ontologiquement aptes, pour
ainsi dire, à connaître la vérité, qui nous amène au salut si nous la
professons par notre vie. Celle-ci est ainsi tout entière cachée dans
le mystère de l'Amour tri-hypostatique qui trouve son expression
parfaite et irremplaçable dans l'*homoousios*, non sans se répercuter
dans toute la vie des croyants qu'elle insère dans l'*homoousios* avec
Dieu et avec le prochain.

C'est uniquement ainsi que l'être humain peut vaincre les antinomies : il n'est plus un être égocentrique, séparé de Dieu, mais il est
comme immergé en Lui.

Créé à l'image et à la ressemblance de Dieu, l'être humain doit
refléter, lui aussi, et reproduire dans son existence la vie intradivine ;
il doit également vivre dans une relation semblable avec autrui. Et
parce que, dans la vie divine, cette relation est centrée davantage sur
l'amour, l'être humain qui accepte et professe ce dogme de la nature
de la vie intradivine, c'est-à-dire le croyant, doit nécessairement demeurer dans l'amour et communier avec autrui dans l'amour, car
« la connaissance de Dieu apparaît et se manifeste chez l'être humain immanquablement comme un amour »[174]. Il ne s'agit pas d'un
amour « en tant qu'état psychologique », mais de l'amour ontologique, à l'image de l'amour intratrinitaire. Cet amour qui n'unit pas
d'abord avec autrui, mais principalement avec l'Autre. Toutefois la
« communion avec l'Etre divin » doit s'actualiser nécessairement

---

[173] Cf. *ib.*, p. 68-75 et les notes 125-150.
[174] *Ib.*, p. 60. La citation suivante vient de la même page.

dans la communion du croyant avec son prochain : le croyant doit
devenir « consubstantiel » au frère[175]. La consubstantialité avec le
prochain dans l'amour porte aussi, d'après Fl., à « l'unanimité »
(*iedino-myslié*), à « l'unité de pensée » de ceux qui « s'aiment les
uns les autres »[176] et cette unanimité se réalise dans l'Eglise (cf. Ac
5, 33). Dans l'*homoousia* d'amour du croyant avec son prochain,
Fl. voit, semble-t-il, se refléter la beauté que réalise sa communion
avec Dieu, car il écrit : « Ma vie spirituelle, ma vie dans l'Esprit,
mon 'assimilation à Dieu' qui s'accomplit en moi sont beauté, cette
même beauté de la créature originelle dont il fut dit : 'Dieu vit tout
ce qu'il avait fait' *: et voici* : cela était très beau »[177].

Ainsi, le chrétien paraît demeurer dans la vérité et la beauté,
s'il communie avec son prochain dans l'amour, s'il est *homoousios*
avec lui, à condition que cet amour s'enracine en Dieu, dans son
Amour, car « il y a là une dépendance directe entre la connaissance
et l'amour du créé : leur source commune est le séjour de Dieu en
moi et de moi en Dieu ». En effet, aimer une créature visible, c'est
permettre à l'énergie divine (*bojestvennoï energii*) reçue de se manifester par celui qui l'a reçue et tout autour de lui, de même qu'elle
agit dans la Divinité tri-hypostatique elle-même ; c'est lui permettre
de passer à un autre, de se transporter sur un frère (1 Jn 1, 6-7).

✳✳✳

Fl. se présente à nous comme théologien et philosophe, infatigable
promoteur d'un dialogue entre son Eglise et la philosophie contemporaine. Le caractère même de son exposé, par lettres, montre bien
cette inclination. Quelquefois on a même l'impression que le des-
tinataire de ces lettres n'est personne d'autre que lui-même. C'est
l'auteur qui semble dialoguer avec son passé culturel : le converti

---

[175] *Ib.*, p. 65.
[176] *Ib.*, p. 62.
[177] *Ib.*, p. 60. Les citations qui suivent viennent de la même page.

qui adresse ses lettres à l'ancien mathématicien positiviste. On n'y trouve donc pas une répudiation de la raison, mais la reconnaissance de ses limites. Il laisse ainsi parler Kant, les idéalistes et les autres philosophes, mais, en même temps, il se met à l'écoute de la tradition de son Eglise et, en particulier, du mouvement slavophile. Celui-ci lui offre les débuts d'une synthèse entre ces deux courants, synthèse qu'il va approfondir à sa propre façon. Par exemple l'anthropologie, qu'il fait découler du mystère de la Trinité, prend la forme d'une anthropologie communautaire : selon cette vision, l'être humain n'est pas un être pour soi, mais, au contraire, un être pour l'autre, un être relationnel. Comme chaque Hypostase au sein de la Trinité, de même Fl. envisage la personne humaine, à son niveau proprement humain, comme une relation-substance, une relation substantielle. Il se rend bien compte que, pour la raison humaine, cette vérité d'une identification substantielle avec Autrui, c'est-à-dire avec Dieu et avec le prochain, est impossible ; c'est pourquoi il fait intervenir sa doctrine de l'antinomie. La raison humaine perçoit comme vérité à la fois l'affirmation et la négation de l'identification : cette antino-mie, c'est uniquement par l'expérience spirituelle qu'il est possible de la surmonter. Celle-ci conduit l'être humain à l'union avec Dieu ; alors, et alors seulement, disparaissent les antinomies. On peut donc avancer qu'au fond, pour Fl., il n'y a qu'une seule antinomie, celle qui oppose à Dieu une personne qui existe *a se* et non *ad Deum* ; une telle personne voit des antinomies partout, alors que, pour qui-conque vit en Dieu, ces antinomies n'existent même pas.

En insistant sur la nécessité de l'expérience spirituelle, Fl. court le risque de réduire la personne humaine à une pure spiritualité, comme si l'esprit était le seul principe de toute activité et s'iden-tifiait avec les résultats de cette activité. On retrouve là, chez notre auteur, l'empreinte dont l'idéalisme allemand a marqué toute la théologie philosophique de son temps ; par ailleurs, cet idéalisme n'est pas sans un lien étroit avec sa culture mathématique et son expérience personnelle.

Remarquons encore que Fl. semble estomper, voire exclure, l'as-pect historique de l'existence humaine : la personne dont il parle prend davantage une dimension éternelle, comme s'il ne l'envisageait que dans son rapport direct avec Dieu. Ce point de vue entraînera deux conséquences plutôt négatives : il passe sous silence la médiation historico-anthropologique, dans la voie qui conduit à l'union avec Dieu ; et, deuxièmement, il néglige d'une certaine façon l'*analogia entis* pour caractériser la corrélation entre le mystère de la vie divine et la vie humaine. Pour lui, la Trinité n'apparaît que comme la première triade d'une suite infinie de triades. Ce que dit le dogme au sujet de la vie de la Divinité tri-unique, Fl. le transpose dans les termes du langage logique, celui-là même qu'il emploiera ensuite, à propos de l'être humain, dans un discours anthropologique. En attribuant à l'esprit et, par conséquent à la foi, une valeur très grande, la philosophie de Fl. semble assez pessimiste : la raison humaine, incapable de connaître la vérité, devrait nécessairement s'adresser à la foi, sans laquelle la raison resterait impuissante et ne pourrait jamais aboutir à la vérité. Comme théologien, Fl. se révèle cependant optimiste, étant convaincu, dans la profondeur de la foi, de ce que l'amour de Dieu pour les humains dépasse infiniment l'écart ontologique qui les éloigne de lui.

Au fond, Fl. ne donne pas l'impression de courir le danger du fidéisme, même si, selon lui, c'est toujours et uniquement la foi qui atteint la vérité. Se pose alors la question : comment expliquer qu'un mathématicien ait eu le courage de réduire la raison à n'être plus qu'une servante de la foi ? Encore faut-il préciser que cette foi n'est pas la foi individuelle d'un croyant, c'est-à-dire ma foi personnelle, mais, au contraire, la foi de l'Eglise. La réponse, déjà suggérée, deviendra de plus en plus claire dans la suite de notre réflexion. Fl., quant à lui, se veut l'héritier moderne des Pères qui ont parlé de la gnose, c'est pourquoi il insiste comme eux sur la nécessité de marier la foi et l'amour pour disposer de l'unique moyen d'atteindre la vraie connaissance, la science véritable. Cette connaissance, qu'il qualifie de substantielle, de la vérité suprême reste possible, à la portée de tous ceux qui sont prêts à s'engager sur la seule voie qui y conduise, la voie où la foi et la charité cheminent ensemble et progressent, en s'appuyant l'une sur l'autre.

III.
La première chute

Dans l'histoire des descendants du père paradisiaque, la première chute n'a pas, dans l'Eglise orthodoxe, la résonance qu'on lui attribue généralement dans l'Eglise latine.

A propos du problème du mal dans l'œuvre de Dostoïevsky, P. Evdokimov écrivait : « Par rapport aux conditions de l'être paradisiaque, le mal apparaît comme un phénomène secondaire et fortuit, étranger à la nature primitive de l'homme en laquelle il ne pénètre qu'à partir de l'expérience de la connaissance du mal et après celle de la liberté »[178]. Ce que Evdokimov dit à propos de Dostoïevsky exprime assez bien la conception de l'Eglise orthodoxe au sujet du mal et du péché, non seulement du péché de tous les jours que nous appelons actuel, mais davantage du péché d'origine, qui diffère de la vision latine.

Le texte cité nous permet de voir, dans la chute du premier Adam, comme « un phénomène secondaire (...), étranger à la nature ». D'après un théologien orthodoxe contemporain, J. Meyendorff, « la pensée augustinienne n'eut pratiquement aucun effet sur le monde byzantin, et la signification du péché d'Adam et de ses conséquences y fut comprise d'une manière toute différente »[179].

---

[178] P. E v d o k i m o v, *Dostoïevsky et le problème du mal*, Paris 1978, p. 147.
[179] J. M e y e n d o r f f, *Initiation à la théologie byzantine. L'histoire et la doctrine*, Paris 1975, p. 192.

A la base de la controverse entre saint Augustin et le pélagianisme, on trouve, selon J. Meyendorff, le texte de saint Paul aux Romains (5, 12) : « De même que par un seul homme, le péché est entré dans le monde, et par le péché la mort, et qu'ainsi la mort a passé en tous les hommes, 'du fait que tous ont péché'... ». Selon Meyendorff, ce verset a influencé, d'une manière décisive, toute la théologie occidentale ultérieure sur les conséquences qu'entraîna le péché du premier Adam pour sa descendance ; les mots – toujours dans la persepctive de Meyendorff – « du fait que tous ont péché » (*éph' ho pantes hémarton*) ont été traduits par la Vulgate *in quo omnes peccaverunt*, d'où les occidentaux comprirent qu'en Adam tous les êtres humains ont péché et héritent donc de sa culpabilité. L'Eglise d'Orient fit, du même verset, une lecture différente, dit Meyendorff. Traduisant *eph' ho* par « puisque », elle voyait la mort comme « le salaire du péché » (cf. Rm 6, 23) pour Adam et pour tous les êtres humains qui, comme lui, pèchent. Cette lecture de Rm 5, 12 dans la tradition orthodoxe montre qu'entre Adam et les pécheurs de tous les temps, il n'y a qu'une analogie morale : la mort est la dette normale du péché. Cette interprétation se renforce encore, si on la rapproche de 1 Co 15, 22, où la tradition orthodoxe perçoit l'existence, entre Adam et sa descendance, d'une solidarité dans la mort, comme il y a une solidarité dans la vie entre le Christ et le baptisé[180].

Ces deux approches différentes de Romains 5, 12 ont, comme fruits, deux visions divergentes des conséquences du péché d'Adam : d'un côté, le péché hérité (catholique) et, de l'autre, la mortalité (orthodoxe)[181]. J. Meyendorff semble y voir une opposition de nature dogmatique ; il faut plutôt y envisager, selon nous, une différence

---

[180]   *Ib.*, p. 192-198. On peut consulter également à ce propos : V. L o s s k y, *Essai sur la théologie...*, *op. cit.*, p. 109-129 ; V. S o l o v i e v, *Les fondements spirituels de la vie*, Paris 1932, p. 23-41, 115-169 ; O. C l é m e n t, *Questions sur l'homme*, Paris 1972, p. 147-155 ; P. E v d o k i m o v, *L'Orthodoxie*, Paris 1959, p. 89-92 ; N. B e r d i a e v, *Esprit et réalité*, Paris 1943 ; id., *La signification de l'acte créateur*, Paris 1916 ; id., *Essai de métaphysique eschatologique : acte créateur et objectivation*, trad. du russe par M. H e r m a n, Paris 1946.

[181]   J. M e y e n d o r f f, *Initiation...*, *op. cit.*, p. 194-196.

de nature certes théologique, mais surtout, et dans une mesure non négligeable, de nature culturelle et historique.

1. Selon Augustin, l'être humain est fait à l'image de Dieu selon son âme, soulignant même qu'il ne s'agit pas de toute l'âme, mais de ce qu'il y a de plus élevé, de plus excellent en elle : *mens* ou bien *intellectus*[182]. Cette affirmation de saint Augustin était nécessaire pour s'opposer à l'objection manichéenne qui accusait les chrétiens d'admettre la corporéité de Dieu quand ils parlaient de la similitude entre l'être humain et Dieu[183]. Depuis lors, tandis que pour les Occidentaux l'âme est à l'image de Dieu, pour les Pères grecs, c'est la totalité de l'être humain qui est à l'image de Dieu[184]. Ainsi, dans la réflexion sur le péché d'Adam, les Occidentaux le voyaient davantage comme une faute spirituelle qui a ses conséquences aussi sur le corps humain, donc sa mortalité ; les Orientaux, par contre, disaient que, à la suite du péché de notre père paradisiaque, c'est la mort qui est entrée dans le monde et avec elle, comme conséquence, aussi des passions, etc.

2. Les Orientaux voient dans le Fils une « image invisible » du Père et, dans l'être humain, comme une image seconde de cette Image parfaite. Il s'ensuit que l'analogie qui existe entre Dieu et l'être humain va plutôt venir de Dieu et descendre jusqu'à l'être humain : comme Dieu est l'Immortel, l'Immatériel, l'Incorruptible, de même l'être humain, dans sa perfection originelle, était immortel, immatériel, incorruptible[185]. Chez les latins, nous ne voyons pas cette

---

[182]   Cf. B. H u i j b e r s, *Het beeld van God in de ziel volgens Sint Augustinus*, « De Trinitate », dans « Augustiniana ». 2 (1952), p. 88-107, 205-229 ; J. E. S u l - l i v a n, *The Imago of God. The Doctrine of St. Augustine and his Influence*, Dubuque, IA 1963.

[183]   A. S o l i g n a c, art. *Image et ressemblance, II. Pères grecs et orientaux*, dans *DSp*, vol. VII, 2, Paris 1971, p. 1418.

[184]   H. K i r c h m e y e r, *Grecque (Eglise)*, dans *DSp*, vol. VI, 2, Paris 1967, col. 819.

[185]   *Ib.*, col. 817-819.

insistance sur la relation de l'être humain au fils qui est proprement l'Image. Chez eux l'accent est mis sur les aspects psychologiques et moraux de la doctrine de l'image. L'analogie qu'ils emploient est plutôt ascendante, partant de l'être humain pour s'appliquer à Dieu[186].

3. L'Orient orthodoxe n'a pas eu l'occasion de préciser sa position sur le péché d'origine, tandis que l'Eglise catholique, en la personne de saint Augustin, a dû prendre une position nette à l'égard du péché originel, dans son conflit avec le pélagianisme qui mettait en question la nécessité du baptême.

Des circonstances occasionnelles ont ainsi, historiquement, exercé une influence plus ou moins forte sur la vision du péché d'origine dans ces deux Eglises. Les différences existent maintenant entre elles et relèvent davantage, pourrait-on dire, de l'ordre de la sensibilité culturelle devant le mystère de Dieu, que de différences dogmatiques ; en effet, l'une comme l'autre, les deux traditions acceptent une hérédité du péché.

Cette réflexion sur la différence de perception du péché d'origine entre les deux grandes traditions dogmatiques nous semblait indispensable, avant d'entamer, ce qui est proprement l'objet du présent chapitre, l'analyse du mystère du péché chez Fl. Ce préambule situe notre propos dans un cadre plus large, où la pensée théologique de Fl. s'insère et s'éclaire, pour une meilleure compréhension de ce qu'il présente comme une *phanie*, l'intensité du péché et de la mort, que l'être humain expérimente ici-bas.

1. La possibilité du péché

L'être humain peut être considéré comme le sommet de la création par son excellence ; roi de l'univers visible, il possède tous les at-

---

[186]   A. S o l i g n a c, *art. cit.*, p. 1407.

tributs de son divin modèle, « les biens de la Divinité », ainsi que s'exprime saint Grégoire de Nysse[187]. Comme tel, dans sa nature vraie, il porte toujours en lui comme un mystère, source à jamais inépuisable, qui ne nous permet d'en parler qu'en langage symbolique, puisqu'il échappe à tout autre éclairage, nécessairement appauvrissant. Pourtant, tous les biens qu'il détient en tant qu'image du Créateur : liberté, indépendance, union à Dieu, domination du monde, caractère spirituel, immortalité... toutes ces propriétés de la personne humaine peuvent être ramenées à deux termes qui incluent, selon nous, les autres : la pureté et la liberté.

2. La pureté

En parlant de la possibilité de sentir et même de voir (*ouzret'*)[188] la présence de la Sophie en nous, Fl. postule, comme *condition sine qua non*, « la pureté du cœur, la virginité (*devstvennost'*), la chasteté intégrale » (*tselomoudrennaïa neporotchnost'*)[189]. Comme chez les Pères, la pureté du cœur, la pureté de vie constituent des conditions nécessaires pour la lecture de la Bible ; les mêmes conditions sont exigées pour « voir » la Sophia. La pureté, don du Saint-Esprit, « détache les excroissances du cœur, elle dénude ses racines éternelles, elle nettoie les chemins par lesquels l'ineffable lumière du Soleil tri-hypostatique pénètre dans la conscience de l'être humain »[190]. La pureté, souligne Fl., nous amène à un état de légèreté, de limpidité ; elle confère une transparence de l'âme au corps et de Dieu à l'âme, laquelle « s'emplit de la lumière de la vision absolue » et participe totalement, ontologiquement, à la vie de Dieu communiquée par la grâce, car « la grâce pénètre à larges flots par toutes les ouvertures

---

[187] Grégoire de Nysse, *In Ecclesiastem*, PG 44,VI,708 cd.
[188] Il semble que Fl. parle ici d'un « voir » spirituel, mystique.
[189] F l., *La colonne*, p. 229.
[190] *Loc. cit.*

purifiées du cœur »[191]. Dans la virginité de l'âme, comme le dit notre théologien, nous pouvons « toucher d'autres mondes », « pénétrer jusqu'aux racines spirituelles de l'être ». On voit combien, pour Fl., à la notion de pureté, se rattache l'immortalité ; pour lui comme pour de nombreux Pères grecs, l'immortalité corporelle est la conséquence naturelle de la pureté du cœur, et les saints ascètes y participent déjà[192].

Fl. semble se situer ainsi, non seulement dans la spiritualité des Pères grecs, mais également dans la mouvance spirituelle, connue sous le nom d'« hésychasme des Pères neptiques »[193] (*nepsis* = sobriété spirituelle), dont Grégoire Palamas, moine de l'Athos puis archevêque de Thessalonique, établit les fondements théologiques, en soulignant l'unité de l'être humain, corps et âme, unité que nous avons rencontrée chez Fl. précédemment. D'origine essentiellement monastique, l'hésychasme se rattache à la tradition d'Evagre le Pontique[194], du Pseudo-Macaire[195], de Jean Climaque[196] et d'autres Pères

---

[191]   *Loc. cit.*

[192]   *Ib.*, p. 79.

[193]   Cf. P. A d n è s, *Hésychasme*, dans *DSp*, vol. VII, 21Paris 1969, p. 381-399 ; I. H a u s h e r r, *Hésychasme et prière*, Rome 1966, p. 163-237.

[194]   Sur la vie, œuvres et doctrine voir A. G u i l l a u m o n t, art. *Evagre le Pontique*, dans *DSp*, vol. IV, 2, Paris 1961, p. 1731-1744 ; E v a g r e   l e   P o n-t i q u e *Traité pratique ou Le moine*, t. 1, introd. par A. et Cl. G u i l l a u-m o n t, Paris 1971. On peut consulter également, avec profit, les articles de G. B u n g e sur la doctrine d'Evagre le Pontique, p. ex. : *Das Geistgebet. Studien zum Traktat De Oratione des Evagrios Pontikos*, Köln 1987 ; id., *Geistliche Vaterschaft. Christlische Gnosis bei Evagrios Pontikos*, Regensburg 1988 ; id., *Mysterium Unitatis. Der Gedanke der Einheit von Schöpfer und Geschöpf in der evagrianischen Mystik*, dans « Freiburger Zeitschrift für Philosophie und Theologie » vol. 36 (1988), cahier 3, p. 449-469 ; id. *Hénade ou monade ? Au sujet de deux notions centrales de la terminologie évagrienne*, dans « Le Muséon » t. 102 – fasc. 1-2 (1989), p. 69-91.

[195]   Sur sa vie et l'influence voir : V. D e s p r e z, *Macaire (Pseudo-Macaire ; Macaire-Syméon)*, dans *DSp*, X , Paris 1980, p. 20-27, 39-43 ; P s e u d o - M a-c a i r e, *Œuvres spirituelles*, vol. I : *Homélies propres à la Collection III*, introd. et trad. par V. D e s p r e z, Paris 1980.

[196]   Jean Climaque (vers 575-vers 650), voir G. C o u i l l e a u, *Jean Climaque* dans *DSp*, vol. VIII, Paris 1974, col. 169-389; voir aussi l'*Introduction* à : S a i n t   J e a n   C l i m a q u e, *L'échelle sainte*, trad. par P. D e s e i l l e,

spirituels, qui enseignent que l'être humain tout entier doit être sanctifié et qu'il ressuscitera corporellement au dernier jour[197]. Ce mouvement s'est répandu dans les Eglises d'Orient, grâce à la publication, à la fin du XVIIIᵉ siècle, de la *Philocalie des Pères neptiques*[198]. Popularisée en Russie au XIXᵉ siècle, la *Philocalie* y est devenue la source d'une renaissance spirituelle[199]. Il n'est donc pas étonnant que Fl. s'y réfère. Il serait même presque impossible d'énumérer tous les passages où Fl. se réfère à cette *Philocalie* (= russe *Dobrotolioubié*), au point qu'on aurait parfois l'impression qu'elle constitue la source principale, ou du moins privilégiée, où il a puisé un bon nombre de

Bégrolles-en-Mauges, Abbaye de Bellefontaine 1978. Dans son livre *L'échelle sainte*, Jean Climaque écrivait : « La chasteté est une appropriation de la nature incorporelle. La chasteté est la demeure bien-aimée du Christ, et le ciel terrestre du cœur. La chasteté est un renoncement surnaturel à la nature, et la condition d'un corps mortel et corruptible qui rivalise avec les incorporels d'une façon vraiment merveilleuse. Est chaste celui qui bannit l'amour par l'amour et éteint le feu matériel par le feu immatériel » (*op. cit.*, p. 158).

[197] J. M e y e n d o r f f, *Saint Grégoire Palamas et la mystique orthodoxe*, Paris 1959, p. 113-114.

[198] Le mot grec *Philokalia* signifie littéralement « amour de ce qui est beau et bon », c'est-à-dire l'amour pour Dieu qui est la source de toutes les choses qui sont telles. « *La Philocalie* est une collection de textes ascétiques et mystiques, rassemblés par Macaire de Corinthe (1731-1805) et Nicodème l'Hagiorite (1749-1809) ; elle fut publiée pour la première fois à Venise, en 1782. Elle peut à juste titre être considérée comme une encyclopédie ou un « bréviaire » de l'hésychasme et elle a exercé une profonde influence sur la spiritualité orthodoxe », voir K. W a r e, art. *Philocalie*, dans *DSp*, vol. XII, 1, Paris 1984, p. 1336-1352 ; voir aussi M. L e G u i l l o u, *La renaissance spirituelle au 18ᵉ siècle*, dans « Istina ». 7 (1960), p. 114-125.

[199] La traduction russe de la *Philocalie* par l'évêque I g n a c e B r i a n c h a n i - n o v, parue à Saint-Pétersbourg en 1857, a été dépassée par la traduction de l'évêque T h é o p h a n e l e R e c l u s. Cette traduction, intitulée, de même que la précédente de l'évêque I g n a c e, *Dobrotoloubie*, compte 5 vol. Elle a été publié à Moscou, t. 1, 1877 ; t. 2, 1884 ; t. 3, 1888 ; t. 4-5, 1889 ; index (170 p.), 1905. L'édition de T h é o p h a n e a connu un grand succès. Elle a exercé une grande influence sur la spiritualité russe du 19ᵉ siècle. Voir K. W a r e, *art. cit.* ; E. B e h r - S i g e r, *Le monachisme russe*, dans *DSp*, vol. X, Paris 1980, p. 1591-1603 ; id., *Prière et sainteté dans l'Eglise russe*, nouvelle éd. dans « Spiritualité Orientale » 33 (1982) ; N. v o n A r s e n i e v, *La piété russe*, Neuchâtel 1963 ; T. Š p i d l i k, *La doctrine spirituelle de Théophane le Reclus. Le Cœur et l'Esprit*, Rome 1965.

ses références patristiques. A propos de la pureté, par exemple, il se rapporte volontiers à l'auteur déjà mentionné : Jean Climaque, qu'il surnomme « le merveilleux abba Jean, trigoumène du mont Sinaï au VIe siècle »[200]. Selon celui-ci, que notre auteur cite textuellement, l'être humain est pur, lorsque « voyant le beau, *kallon*, il a glorifié pour lui le Créateur ; et d'un seul regard, il s'est plongé dans l'amour de Dieu et dans la source des larmes »[201]. Chez Jean Climaque, la pureté s'identifie à l'ascèse, car la vie ascétique est la seule voie qui nous permette de « parvenir à l'incorruptibilité et à la divinisation de la chair »[202]. La pureté qui, avant la chute, était l'état naturel de l'être humain, est devenue maintenant un idéal, une aspiration[203]. La pureté et l'incorruptibilité qui lui est liée constituaient le don de l'image divine à l'être humain ; maintenant, après la chute, la personne humaine doit se mettre sur le chemin de l'ascèse.

Fl. se fait aussi l'écho de saint Grégoire de Nysse[204], qu'il cite fréquemment. Il est en accord profond avec ce saint, qui réservait aux cœurs purs la possibilité de voir Dieu, en disant : « C'est donc à celui qui a purifié toutes les puissances de son âme de 'toute espèce de vice' que devient visible, j'ose le dire, ce qui est beau uniquement de par sa nature »[205]. Comme on l'a fait remarquer à propos du « corps vrai »[206], la matière, pour Fl., a une nature religieuse : notre corruptibilité actuelle résulte logiquement de la perte de notre pureté

---

[200]   F l., *La colonne*, p. 203.
[201]   Comme le dit Fl. même, il cite ici le passage de *L'échelle sainte*, PG 88, XV, 61, 893 C-894 A. Cf. F l., *La colonne*, p. 203 et la note 553 ; le passage cité par notre auteur ne se trouve pas sous le numéro 61, mais, au contraire, sous le numéro 58, cf. J e a n C l i m a q u e, *op. cit.*, p. 168.
[202]   F l., *La colonne*, p. 203.
[203]   Fl. s'appuie ici sur Hermas, voir F l., *La colonne*, p. 202.
[204]   Grégoire de Nysse se fait l'écho d'une longue tradition qui voyait en Dieu la source de l'incorruptibilité et de la pureté qu'il voit resplendir, en vertu d'une participation, dans l'être humain créé à son image. Dans son *Traité de la virginité* (XI, 6, 93), il dit : « En effet qu'au sens propre, premier et unique, le beau, le bien et le pur soit Dieu de tous les êtres » (cf. G r é g o i r e d e N y s s e, *Traité de la virginité*, introd., texte critique, trad., commentaire et index par M. A u b i n e a u, Paris 1966, p. 397).
[205]   G r é g o i r e d e N y s s e, *Traité..., op. cit.,* XI, 61, p. 397.
[206]   F l., *La colonne*, p. 175-176.

originelle. C'est elle qu'il nous faut recouvrer pour détruire ainsi la mort ; c'est à sa reconquête que conduisent les voies de l'ascèse. Ainsi que nous serons amenés à le développer dans la suite, notre état actuel ne semble pas être, selon Fl., un état normal. On pourrait dire qu'il le juge comme un état a-normal, a-naturel. En employant l'expression latine, on pourrait dire qu'il est *contra naturam* en tant qu'il s'oppose à notre transparence originelle.

3. La liberté

A côté de la pureté, la liberté caractérise l'être humain en tant qu'image de Dieu. En langage courant, dire de quelqu'un qu'il est libre, c'est faire entendre, dans un sens élémentaire, qu'il n'est pas entravé, prisonnier ou esclave. Est libre l'être humain qui, dans sa vie, « fait ce qu'il veut et non ce que veut un autre que lui », c'est-à-dire : qui agit en suivant sa volonté et sa nature[207]. La liberté est, pour Fl., une qualité constitutive de notre être, « étant à la fois le principe et la manifestation la plus authentique de la ressemblance divine »[208]. De l'acte créateur de Dieu, acte souverainement libre qu'il pose sans nécessité, découle, bien sûr, la contingence de l'être humain, mais également sa dignité, car créé à l'image de Dieu, comme « roi de l'univers », lui aussi est une créature libre et autonome, à laquelle Dieu a octroyé ce que Fl. appelle « la libre faculté de se développer selon ses propres lois »[209]. Cette expression permet de percevoir que, pour notre auteur, la caractéristique la plus profonde de l'état de liberté réside dans l'autodétermination.

La liberté de l'être humain, souligne Fl., n'est pas une liberté absolue, c'est-à-dire qu'elle ne s'origine pas en lui-même. De même

---

[207]   Cf. A. L a l a n d e, *Vocabulaire technique et critique de la philosophie*, 15ᵉ éd., Paris 1985, p. 558-567 ; aussi A. S c h m e m a n n, *L'Eucharistie, sacrement du Royaume*, trad. par C. A n d r o n i k o f, Paris 1985, p. 195-196.
[208]   F l., *La colonne*, p. 142.
[209]   *Ib.*, p. 190.

que l'être humain est un être relatif et relationnel, sa liberté aussi est relative, dépendante. Selon Fl., la liberté humaine se fonde sur l'amour de Dieu : c'est parce qu'il y a l'amour de Dieu qu'il y a également la liberté. Sans cet amour divin, la liberté humaine est impensable. Ainsi, nous pouvons dire qu'entre Dieu et la liberté humaine existe une relation de dépendance : la liberté humaine découle de la liberté divine, de son amour. Dans le langage de saint Thomas d'Aquin, on pourrait dire qu'entre la liberté de Dieu et la liberté de l'être humain, il y a une analogie de rapport ou d'attribution, car la liberté est attribuée aux êtres humains, parce qu'ils « imitent » la perfection de leur cause. Il s'agit bien ici d'une attribution effective, car la liberté est vraiment participée par les êtres humains, dont elle est un des éléments constitutifs, mais en même temps elle montre comme une « limitation » de la liberté de Dieu.

L'être humain, dit Fl., par sa liberté, restreint la liberté de Dieu ; entre Dieu et la liberté de l'être humain, s'intercale un acte de *kénose* de la part de Dieu, *kénose* qui ne se justifie que par l'amour[210]. Il y a donc, d'après ce que dit Fl., une certaine contradiction en Dieu : d'un côté, il communique avec amour la liberté à l'être humain, mais, d'autre part, il délimite, en même temps, sa propre liberté par un acte de *kénose*. Dieu qui est une liberté absolue et universelle, crée à l'intérieur de sa propre liberté, la liberté humaine, qui, si nous la regardons du point de vue de Dieu, devient une certaine non-liberté de Dieu. Nous nous trouvons de nouveau devant une antinomie : la liberté et la non-liberté. Dieu est libre, mais en même temps, Il n'est plus libre totalement, puisqu'il fait don de la liberté à l'être humain. Où faut-il chercher la synthèse ? Il semble que Fl. voit, dans l'amour, le lieu de la synthèse : c'est seulement dans l'amour kénotique que l'on découvrira la synthèse de la liberté et de la non-liberté de Dieu, de la liberté de Dieu et de la liberté de l'être humain. Celle-ci, dit Fl., se révèle donc comme une « liberté authentique » (*podlinnaïa svoboda*) : la personne humaine est libre dans son agir, elle est une

---

[210]   *Ib.*, p. 141.

« vivante liberté »[211]. Cette liberté de l'être humain se pose, devant les yeux de Fl., comme une évidence qui ne découle pas seulement de l'amour de Dieu, mais aussi de la vocation qu'a reçue l'être humain de réaliser sa ressemblance parfaite avec Dieu : comment l'être humain pourrait-il devenir la ressemblance parfaite de Dieu, conformément au dessein du Créateur, s'il n'était pas un être libre ? En réalité, dit Fl., l'être humain possède un « moi » libre et cette « liberté du moi consiste en une création vivante de son contenu empirique : le moi libre se conçoit en tant que 'substance créatrice' de ses états, et non pas seulement en tant que leur sujet 'gnoséologique' ; c'est-à-dire qu'il a conscience de soi comme étant l'auteur actif, et pas seulement le sujet abstrait, de tous ses prédicats »[212].

La liberté de l'être humain ne se situe donc pas uniquement au niveau de la connaissance, mais aussi au niveau de l'agir. Fl. se sent obligé d'affirmer, en toute clarté, cet aspect de la liberté humaine, pour fonder la morale authentiquement chrétienne et justifier l'existence de l'enfer, dont nous parlerons plus tard. En outre, on peut voir ici également un certain « non » de Fl. à la morale de Kant, fondée sur le devoir : un acte, disait-il, est moral s'il est conforme au devoir dicté par la raison. On pourrait même dire que Fl. ne bâtit pas non plus sa morale sur l'idée du bien ; une action, semble-t-il dire, n'est pas bonne ou mauvaise suivant qu'elle est conforme ou non à la finalité naturelle de l'être humain qui le porte vers un souverain bien. Il apparaît plutôt que la morale de notre théologien se fonde sur l'amour : l'être humain est libre en vue de l'amour. Celui-ci constitue la « forme » de la moralité d'un acte. Pour qu'un acte soit bon, semble dire Fl., il ne suffit pas qu'il soit « conforme à notre vocation », il faut qu'il soit « accompli par amour ». A la place du devoir, Fl. a posé l'amour et cet amour n'est pas un amour quelconque : c'est toujours l'amour de Dieu et du prochain. Il s'ensuit que tout acte est moralement bon s'il provient de l'amour de Dieu et du prochain et s'il y tend.

---

[211] *Ib.*, p. 154.
[212] *Ib.*, p. 145-146.

Mais la liberté de l'être humain ne se limite pas uniquement à la morale. Nous trouvons, chez Fl., un passage assez difficile à expliquer ; il y dit que : « La vie est 'création'. Est-ce autre chose que d'engendrer des enfants spirituels, de régénérer des hommes suivant leur image divine ? D'autre part, la vie est 'enfantement'. Enfanter, c'est justement créer, former dans le monde des êtres humains à son image, laquelle est donnée par Dieu. Tant dans le domaine spirituel que dans le corporel, la vie veut se propager. Comment ? En laissant dans le temps son image, tel le sillage de feu qui suit une étoile filante : la création de la vie réalise le 'souvenir', la 'mémoire' (*pamiat'*) de celui qui créa. Il s'ensuit, comme Diotime la prêtresse l'explique chez Platon, que le désir de créer spirituellement ou charnellement, le désir d'enfanter en esprit ou dans la chair, c'est-à-dire l'*eros* n'est pas autre chose que la recherche intérieure, incœrcible et inaliénable, à laquelle l'âme se livre, de la mémoire éternelle »[213].

Ce beau texte pose quelques difficultés de compréhension. Que signifie, dans le domaine charnel, cette création dont parle l'auteur ? Il semble qu'il convient ici, comme précédemment, de lire cette expression comme un glissement du langage ontologique dans le cadre spirituel : Dieu créant dans l'éternité, l'être humain détient la liberté et la possibilité, en se souvenant de l'agir divin, de transmettre la vie reçue et de la propager selon ses modes propres. La mémoire dont il est question ici, c'est donc un souvenir tout dynamique, une mémoire ontologique[214], qui n'est pas un simple souvenir purement intellectuel, mais un rappel capable de produire, dans le temps et l'espace, des êtres ainsi que Dieu les produit. Cette création dans le domaine charnel est donc à mettre en relation étroite avec l'autre création, l'engendrement dans le domaine spirituel. Faut-il parler ici d'une espèce de « traducianisme » spirituel, selon lequel l'âme de l'enfant proviendrait de l'âme des parents ? Fl. est loin de préciser le contenu de cet enfantement spirituel, mais il semble pourtant qu'il faille le comprendre plutôt dans les catégories du père et de l'en-

---

[213] *Ib.*, p. 133.
[214] *Ib.*, p. 135.

fant spirituels. Peut-être, parle-t-il ici des directeurs spirituels, des
« pères spirituels » connus dans la piété russe sous le nom de *startsy*
(vieux). A eux aussi, Fl. semble attribuer un pouvoir de produire
la vie dans le domaine spirituel, comme les parents le font dans le
domaine corporel.

Biblique dans ses racines, la pensée de Fl. sur la liberté s'apparente non seulement à la pensée des philosophes des XVIIIᵉ et XIXᵉ
siècles, mais elle a aussi beaucoup de points communs avec toute
la tradition théologique chrétienne d'Orient et d'Occident. Celle-ci
enseigne que la liberté de l'être humain, don de l'amour de Dieu,
ne sera jamais abolie : Dieu, dans le mystère de son amour, accepte
l'éloignement d'une âme qui fait elle-même le choix de se détourner
de Lui, de pécher.

En scrutant les écrits de Fl. sur le péché (*grekh*) et sur le mal
(*zlo*), particulièrement la 7ᵉ lettre de *La colonne*, en pénétrant dans
son univers intellectuel et en nous adaptant à son mode de penser,
nous voyons se dégager plusieurs réalités spirituelles que ce théologien, à notre avis, considère comme le substrat de notre état actuel,
affecté et altéré par le péché. Parmi elles, la première place semble
être réservée au Satan.

4. Satan

Même si la spiritualité orthodoxe, parallèle en cela à la tradition
catholique, est profondément marquée par le mystère de Satan, Fl.
ne parle explicitement qu'en peu de passages du mystère du Diable,
Méphistophélès (*Diavol'-Mefistofel'*)[215]. Aux termes bibliques qui
désignent « le Prince de ce monde » (cf. Jn 16, 33), tels que Satan,
le Malin, le Serpent (cf. Ap 12, 9), Lucifer, Fl. ajoute le nom symbolique de « Méphistophélès ». Cette image s'était vulgarisée grâce
à l'influence de la culture allemande en Russie, à partir du *Faust* de

---

[215] Cf. *ib.*, p. 114-124, mais surtout p. 122.

Gœthe ; l'étymologie (incertaine) que ce dernier prête à Méphistophélès est : « ce qui n'aime pas la lumière », mais même si le nom
du Satan n'apparaît pas souvent chez Fl., il ressort d'une lecture globale de son œuvre que c'est bien Satan qui a empoisonné les racines
profondes de notre existence actuelle. En tant qu'« expert en flatte-
rie », le Diable s'emploie à entraîner notre « esprit dans une pseu-
do-sagesse et il le fait ainsi dévier de la sagesse authentique »[216], qui
réside dans la conscience qu'a l'être humain de dépendre ontologiquement de l'amour divin, de n'exister authentiquement que quand
il vit en communion avec Dieu (cf. Gn 3).

　　En quoi consiste la faute de Satan ? Fl. ne répond pas expressément à cette question. Cependant il laisse entendre que le péché de
Satan est de la même nature que celui de l'être humain, mais à un
degré qui correspond au niveau de perfection naturelle de chacune
de ces deux créatures : le péché humain est exactement le « selon
soi » ; et Satan est le « Selon Soi » (*po-svoïemou*)[217]. Qu'est-ce que
cela veut dire ? Déjà dans le chapitre précédent, il a été mentionné
que l'être humain n'existe authentiquement que quand il sort de cet
état d'identité à soi-même, « moi (*ia*) = moi (*ia*)». Fl. n'accepte pas,
voire rejette, le principe d'identité de Wolf et de Kant : *ia* = *ia*. Ce
principe est purement formel et il dit que si existe *ia*, alors *ia* = *ia*. Le
seul lien logique est « si ... alors », et ce lien n'existe que par *ia* qui le
pense : le *ia* (moi) humain qui pense et établit en même temps le lien
avec l'autre *ia* (moi). Si Fl. juge négativement ce principe d'identité
de Wolf et de Kant, il n'accepte pas non plus le modèle de Fichte où
ia (moi) s'auto-pose, s'auto-crée. Ce type d'identité, il ne l'accepte
pas non plus car, semble-t-il dire, il laisse l'être humain s'affirmer,
« selon soi ». Là, le « moi » s'affirme soi-même, en tant que soi,
sans sa relation à *l'autre*, c'est-à-dire « à Dieu et à tout le créé » et
se concentre ainsi sur soi sans issue hors de soi ; « voilà le péché
radical ou la racine de tous les péchés ». Fl. indique l'unique issue
à cet état du péché, à cet état « selon Soi » : s'ouvrir à Dieu, c'est-

---

[216]　*Ib.*, p. 122.
[217]　*Ib.*, p. 121. Les citations suivantes sont de la même page.

à-dire vivre « selon Dieu ». L'identité, pourrait-on dire, est comme inversée ; en réalité, c'est Dieu qui, seul, peut s'autoposer et qui pose également l'être humain. Le « moi » de la personne ne se fonde plus sur elle-même, mais sur Dieu ; l'être humain ne s'affirme pas dans son solipsisme, dans sa singularité, mais il s'affirme en Dieu.

C'est justement le péché qui constitue cette vie « selon soi » : ainsi pèche Satan, et aussi le pécheur n'acceptant pas de s'appuyer sur Dieu. D'après notre théologien, cette nature du péché comme une existence solipsiste, on la voit dans le terme russe désignant l'enfer : *ad* ou *aïd*, qui indique cette rupture « gehénnale », cette individualisation de la réalité, ce solipsisme, car chacun dit dans ce lieu : *Solus ipse sum* !

Le péché de Satan, Fl. ne le considère point uniquement au niveau de Satan lui-même ; d'après lui, il a une résonance beaucoup plus large. Le Diable « prive de sens toute la création de Dieu », et non seulement la création mais Dieu même, « abolissant la profondeur de la perspective du fondement de celle-ci (créature) et l'arrachant au Sol de l'Absolu »[218]. Comment faut-il entendre cette expression très forte de Fl. que Satan « prive de sens toute la création de Dieu et Dieu même » ? Dans le passage cité plus haut, notre auteur a mis en parallèle le Diable et l'entendement pur ; il disait : « le Diable-Méphistophélès est de l'entendement pur ». Je ne veux pas entrer ici dans le débat sur l'entendement dont nous parlerons davantage plus loin. Qu'il suffise de rappeler le chapitre précédent où Fl. juge négativement l'entendement et l'oppose à la raison, du fait qu'il n'a aucune possibilité de surmonter des antinomies et d'arriver à la synthèse qui n'existe qu'en Dieu. Si donc le Diable est comparé à l'entendement, cela veut dire que le Diable, selon Fl., « dispose tout dans un seul plan, il rend toute chose plate et mesquine », le Diable coupe toute référence de l'être humain à Dieu, il arrache toute la créature « à de l'Absolu ». Dès lors, la créature, ne vivant plus dans la perspective de Dieu, ne trouve plus rien sur quoi s'appuyer pour trouver le sens dans le créé, or ce sens est plus profond

---

[218] *Ib.*, p. 122.

que celui donné par l'entendement. Ne trouvant plus le sens dans le créé, semble dire Fl., la créature juge Dieu, en tant que Créateur, comme étant « sans-sens ». Satan prive de sens à la fois la créature, dont le sens était d'exister en Dieu, et Dieu-même que l'être humain déboussolé, pécheur, juge comme non-sensé.

Quand Fl. écrit, avec une majuscule initiale, le « Vice » (*porotchnost'*), le « Faux » (*loj'*), la « Mort » (*smert'*)[219], il nous paraît justifié d'affirmer qu'il ne veut pas personnifier quelque réalité cosmique, mais qu'il entend, au contraire, désigner proprement une réalité personnelle, un être intelligent et purement spirituel, le Diable (cf. Jn 8, 44). Cette tendance à « individualiser » le péché, qui devient ainsi le Péché, ou le Diable, ou Satan, nous la retrouvons déjà chez saint Paul (cf. Rm 5, 12, etc.) et chez saint Jean (Jn 2, 31-14,30). Conçu comme une puissance agissante, il fait son entrée dans le monde, il opère, règne à la façon d'un Suzerain et d'un Seigneur. Fl. semble se situer dans cette mouvance des pensées paulinienne et johannique, quand il parle du mal qui existe dans le monde et il l'écrit avec la majuscule initiale. Notre auteur semble ici mettre en opposition, presque en parallèle, le Diable et Dieu, l'activité du Diable et l'activité de Dieu ; au vice du Diable, s'oppose la perfection de Dieu qui est parfait, plein de vertus ; le Diable qui est Faux s'oppose à Dieu qui est la Vérité, la plénitude et la source de toute Vérité ; le Diable est la Mort, tandis que Dieu est la Vie. Nous pouvons présenter ces oppositions en deux colonnes parallèles :

Dieu	Diable
la Perfection	le Vice
la Vérité	le Faux
la Vie	la Mort

N'y a-t-il pas ici une espèce de manichéisme, une certaine cœexistence des deux principes opposés du bien et du mal ? Certes, si nous

---

[219] Cf. *ib.*, p. 114-115.

représentons ainsi ces deux réalités : Dieu et Satan, le danger existe, mais, comme on le précisera plus loin, Fl. ne semble pas tomber dans ce gnosticisme dualiste : Satan n'a pas d'existence absolue, éternelle. Bien que cela ne soit pas rappelé expressément, Satan est un ange et il a donc été créé lui aussi[220].

Nous voyons déjà apparaître la direction dans laquelle se développera ultérieurement la conception du péché chez notre auteur : alors que la personne humaine est appelée à vivre dans la communion ontologique avec Dieu, à vivre « selon Dieu » ou bien à vivre en Dieu, c'est Satan, le premier, qui s'oppose à cela : il se définit « Selon Soi ». Ce n'est plus Dieu qui est le principe d'identité, mais l'être créé, Satan, et ensuite l'être humain qui veulent se définir « selon soi ». Le péché se dessine alors comme un péché ontologique, et ne se situe pas d'abord sur le plan moral.

5. Conséquences de la première chute

Pour la tradition des Eglises d'Orient, le péché d'Adam est son péché personnel, plutôt qu'un péché héréditaire. La présente réflexion ne parlera donc pas du péché de notre premier père dont Fl. ne parle pas, mais s'intéressera aux conséquences que ce péché a entraînées pour l'humanité et qui concernent tout être humain dans son existence actuelle. Fl. se range, semble-t-il, dans la ligne de pensée de son Eglise et de nombreux Pères de l'Antiquité[221] pour lesquels, à la suite du péché d'Adam, l'humanité n'est pas seulement tombée malade de corruption, c'est-à-dire devenue mortelle, mais également, devenue faible, c'est-à-dire soumise aux passions : le mal qui est entré dans l'espace terrestre trouve un accès plus facile à notre espace personnel, « au souffle des pensées, la flamme sombre de l'âme

---

[220] *Ib.*, p. 220.
[221] H. R o n d e t, *Le péché originel dans la tradition patristique et théologique*, Paris 1969, surtout la première partie, p. 35-155.

s'élève dans la personne en proie au péché »[222]. La communication avec la vie divine et l'union parfaite de l'âme et du corps dans l'être humain ont été « fragilisées, dévitalisées, anémiées »[223], à cause de la faute ; Fl. semble penser ici à la faute de notre premier père paradisiaque. A côté de ces expressions modérées, nous trouvons chez notre auteur des termes beaucoup plus forts. A la suite du péché, la destruction de l'être humain est très profonde, dit-il : la vie spirituelle est décomposée, fractionnée, dé-routée[224].

Depuis la faute, et Fl. donne encore l'impression de parler de la première chute, « l'être humain doit mettre en ordre son âme et son corps », « il doit se forger soi-même par l'ascèse, purifier tout son organisme, en faisant attention à lui-même »[225] : l'être humain a perdu son intégrité et s'est détourné de sa vocation naturelle à vivre en union avec Dieu. Notre théologien ne semble pas limiter l'effet du premier péché exclusivement à la vie spirituelle de la personne. Il semble aller plus loin et en percevoir des suites dans l'agir même de l'être humain ; et bien qu'il ne le dise pas ouvertement, le choix incessant (cf. Si 15, 14-18), inévitable, devant lequel se trouve actuellement l'être humain, Fl. le conçoit vraisemblablement comme le résultat du péché. Celui-ci a placé la personne humaine devant « deux voies », l'une de vie et l'autre de mort (cf. Jn 21, 8). Avant le péché, la liberté était naturellement orientée vers Dieu et choisissait toujours le bien ; maintenant, après la chute, semble dire Fl., elle doit faire un choix entre deux voies, dont l'une conduit à la vie et l'autre à la mort. Cet état de fait résulte de la désorganisation de la personne : en altérant sa relation à Dieu, l'être humain pervertit par là-même sa propre vie morale, puis la corporelle[226].

On trouve aussi, chez Fl., un texte qui incite beaucoup à penser. Nous y lisons : « des désirs peccamineux, voire d'inconcevables

---

[222] F l., *La colonne*, p. 120. Fl. fait ici référence à E u r i p i d e, *Médée*, III, cf. la note 272, p. 435.

[223] *Ib.*, p. 119-120.

[224] Cf. *ib.*, p. 124.

[225] *Ib.*, p. 120.

[226] *Loc. cit.*

sottises, font irruption dans la personne en voie de décomposition, comme des étincelles dans le cerveau ; et voilà qu'avant toute décision, ce sont déjà des actes »[227]. Comment faut-il interpréter ce passage ? Certes, Fl. donne l'impression de parler ici du péché originel, mais le tient-il pour la « forme » des péchés ? Il semble que oui. Le péché originel n'est donc pas sans influence sur notre existence actuelle. Cette influence négative de la première chute sur l'être humain semble, chez Fl., s'exercer comme une pression constante, fixe, ferme. Fl. ne se prononce pas sur la manière dont cet effet du péché de notre père paradisiaque nous est transmis. Cette question n'est pas traitée par lui ; il insiste uniquement sur le fait qu'il y a également chez nous des résultats de la première chute, mais il ne dit pas s'ils sont héréditaires ou non.

Le péché et le mal, pour Fl., ne sont donc pas uniquement un manque de bien, comme disait saint Augustin, pour qui le mal est *carentia boni debiti* ; pour Fl., le mal n'est pas seulement ce principe passif, mais il voit au contraire le péché comme un principe actif, agissant. Il est tout de même pour le moins curieux que, dans sa réflexion sur le péché, notre théologien ne nomme jamais expressément par leurs noms nos parents paradisiaques. Il semble ignorer leur existence. Virtuellement, dans ses écrits, il paraît accepter qu'ils aient exercé une mauvaise influence sur leur descendance, mais il s'abstient de les nommer. Il est conscient que la première faute se reflète, en un certain sens, dans l'existence actuelle de l'être humain : elle n'y est pas un « souvenir » du passé et donc inerte, mais il semble voir en elle comme une réalité vivante, toujours active dans chaque personne humaine.

---

[227]   *Loc. cit.*

6. Mauvais usages des facultés

Les Grecs, disait J. Guitton, ont tendance à « faire du péché un acte inévitable, analogue aux accidents de la nature : le fautif pour eux n'est jamais bien loin du fatal »[228]. Fl., au contraire, ne semble pas être un fataliste ; les événements ne sont pas, selon lui, fixés irrévocablement d'avance. Nous ne trouvons pas, chez lui, une espèce de déterminisme exagéré. Il ne dit pas que « tous les événements, et en particulier les actions humaines, sont liés et déterminés par la totalité des événements antérieurs »[229]. Certes, l'être humain est affaibli à la suite du premier péché, mais ce n'est pas une faiblesse totale : le mal n'est pas une réalité fatale, inévitable, mais, au contraire, résulte du « mauvais usage des forces et des facultés, c'est-à-dire de la violation de l'ordre de la réalité »[230]. Il répète, après saint Méthode d'Olympe, que « tout est par nature », et il semble ainsi mettre hors de cause la matière. Notre auteur surmonte toute espèce de manichéisme. Moralement indifférente en soi, la matière n'a de beauté ou de laideur que dans l'esprit : le monde corporel n'a pas sa perfection en lui-même, mais c'est nous qui la lui donnons, parce que l'être humain seul est capable de pénétrer dans « le monde spirituel, dans le monde de la réalité authentique »[231].

Par cette manière de penser, Fl. se montre proche du platonisme des Pères. C'est l'absence de la vertu, « du recueillement, de la fermeté de l'âme dans son intégrité chaste »[232], explique Fl., qui met l'âme en condition de poser de mauvais choix. Au contraire, si l'âme était douée de ces vertus, elle ne se laisserait pas abuser par les désirs trompeurs de la fausse beauté.

---

[228]   J. G u i t t o n, *Le Temps et l'Eternité chez Plotin et saint Augustin*, Paris 1933, p. 231.
[229]   *Petit Robert. Dictionnaire de la langue française*, vol. I, sous la réd. d'A. R e y et J. R e y - D e b o v e, Paris 1987, p. 525.
[230]   F l., *La colonne*, p. 174.
[231]   *Ib.*, p. 214.
[232]   *Ib.*, p. 125.

Après avoir parlé de Satan et des conséquences de la première chute, Fl. en vient maintenant à considérer les causes du péché au niveau de l'existence personnelle de l'être humain. Le mal, il le voit comme l'effet d'un libre choix de la part de la personne humaine. Notre auteur reste assez sobre en paroles. On voudrait en savoir davantage encore sur ce mauvais usage des facultés. Pourtant, des citations assez intéressantes méritent d'être soulignées. Chez Fl., ce n'est pas le péché qui est le pivot de nos rapports avec Dieu. Comme il a été déjà dit précédemment, nos rapports avec Dieu se basent sur le don de la liberté. Nous sommes devant Dieu comme des êtres libres, et le péché constitue uniquement un mauvais emploi de notre liberté : l'être humain ne doit donc pas vivre dans la culpabilité, mais plutôt dans la responsabilité.

Dans l'âme humaine, après la première chute, s'insinue l'ambition d'être comme Dieu, à se définir comme il a été dit plus haut, « selon soi ». C'est là qu'il convient de situer la racine de tous nos maux. Cette convoitise de notre nature qui l'amène au désir de « se définir elle-même », sans faire aucune référence à Dieu, poursuit Fl., cause sa décomposition : notre nature ne reste pas semblable à elle-même ; elle se décompose, se désagrège en parties (*razlagaïetsia*), où elle se divise, en s'émiettant ainsi dans la lutte intestine[233]. L'âme orgueilleuse ne désire que soi-même, « dans son *ici* (*zdes'*) et dans son maintenant (*teper'*). Elle se renferme, dit Fl., dans son 'auto-affirmation' mauvaise, d'une façon inhospitalière à l'égard de tout ce qui n'est pas elle ». Ainsi, l'autodétermination que Fl. définissait comme une offre généreuse de Dieu à la liberté humaine a pu être utilisée comme moyen de « son opposition à Dieu »[234]. Par « l'orgueil de son cœur » – Fl. cite Lc 1, 51 – l'être humain met Dieu à l'écart, s'affirme *lui-même* en tant que soi, sans sa relation à l'autre, c'est-à-dire à Dieu et à tout le créé.

Il résulte de notre réflexion ci-dessus, que Fl. situe l'origine du péché non pas au niveau de faire le bien ou de ne pas le faire, ni

---

[233] Cf. *ib.*, p. 117. La citation suivante est de la même page.
[234] *Ib.*, p. 118.

dans le fait d'aimer Dieu ou de ne pas l'aimer, mais il voit les choses
à une profondeur beaucoup plus grande : puisque la vie vraie est la
vie en Dieu, dans une unité ontologique, il convient de voir l'origine du péché dans la rupture de cette unité, quand l'être humain ne
désire plus vivre en Dieu ni se définir en suivant Dieu, c'est-à-dire
quand il bâtit son existence sur soi-même, ou, comme le dit Fl., en
vivant « selon soi ».

7. Nature du péché

« Quiconque commet le péché commet aussi l'iniquité, car le péché
est l'iniquité » (1 Jn 3, 4). En citant cette autorité biblique[235], Fl.
justifie sa pensée que le péché est une réalité illicite, contre l'ordre ;
transgression de la loi de Dieu, déchirure qui vide le plan de Dieu et
la nature même de l'être humain : le péché est « contre nature » et
contre la raison.

Ce que notre théologien voit primordialement dans le péché, c'est
qu'il est une violation « de l'Ordre qui est donné à la créature par
le Seigneur (cf. Gn 3) ; il est une violation de la structure interne de
la création par laquelle celle-ci vit »[236]. C'est précisément dans cette
organisation du créé, don de « la divine Sagesse » et fondement du
sens du cosmos, que notre théologien voit la beauté du monde. Mais
en quoi, se demande Fl., consiste cette « organisation » du créé ?
et il répond : « En ce que tout dans la personne soit à sa place, que
tout y soit à son rang, *kata taxin* »[237]. Cette expression que Fl. emprunte à 1 Co 14, 40, c'est-à-dire au conseil de l'Apôtre au sujet des
charismes, reçoit chez lui une exégèse assez curieuse. Il donne un
sens ontologique aux normes sociales de saint Paul ; le raisonnement
qu'il fait est simple et assez convaincant, car, selon lui, « l'aspect on-

---

[235]   Cf. *ib.*, p. 115.
[236]   *Ib.*, p. 116.
[237]   *Ib.*, p. 121.

tologique est certes à la base de tous les autres aspects de l'existence, y compris du social, puisque sans ontologie, ce qui ne serait qu'un 'phénomène' dans le domaine matériel n'existerait pas ». En d'autres termes, cela signifie que, dans la personne humaine, toutes les activités vitales doivent s'effectuer selon la loi divine qui lui est donnée, et pas autrement. Pour notre théologien donc « dans l'ordre » signifie équivalemment, ici et ailleurs, « selon la loi divine ».

Dans la note 274 de *La colonne*, notre auteur rapproche la définition de l'ordonnance du terme *dirt* de H. Palmerston, selon lequel *dirt* est ce qui n'est pas à sa place. Là également, souligne Fl., la notion *dirt* reçoit un caractère ontologique : dire que la personne humaine est *dirty* cela signifie qu'elle est déplacée, qu'elle est sale, qu'elle ne vit pas « selon la loi divine », selon l'ordre de la création[238].

Dans l'optique de Fl., la solidarité de toute créature avec l'être humain inclut que si celui-ci en tant que « roi de l'univers » perd son équilibre, il entraîne dans sa chute la création entière[239]. Pour mettre en lumière ce propos, faisons appel à une allégorie de P. Claudel, où l'être humain devient un « miroir libre » assumant une double fonction, car son rôle est à la fois passif et actif : « Passif, il reçoit fidèlement l'image et la conserve dans un cadre et sur une surface adaptée. Actif, il montre et communique l'image reçue à ses autres miroirs, tournés vers lui, qui sont prêts à en accueillir et à en élaborer l'empreinte »[240]. Si l'être humain, ce microcosme, se détourne du rayon d'où vient la lumière et s'incline vers ailleurs, non seulement son ordre intérieur s'en trouve déséquilibré, mais encore, comme le dit Fl., l'univers, le macrocosme, en est détourné de ses propres voies[241]. Tout ce qui est laid, mauvais, faux, résulte au fond de cette perturbation de l'ordre du créé, que notre théologien présente comme une rupture entre le développement empirique de l'être hu-

---

[238] Fl. reconnaît que cette idée n'est pas sienne. Il cite ici un assez long passage de N i c é t a s S t é t a t h o s, emprunté à la *Philocalie*, *1ère centurie pratique*, 72.
[239] Cf. F l., *La colonne*, p. 180.
[240] P. C l a u d e l, *L'épée et le miroir*, Paris 1939, p. 194.
[241] Cf. F l., *La colonne*, p. 121.

main et son image. Ce qu'est réellement le péché, dit-il, requiert une définition « profondément ontologique, et non pas métaphorique ni accidentelle »[242]. Cela paraissait déjà évident à la suite de la démarche antérieure, mais il confirme son opinion par une réflexion sur la loi, laquelle s'exprime, en russe, par le mot *zakon*. Selon lui, la loi, *zakone*, est d'ordre « ontologique et non juridique » : « C'est la norme non pas du comportement, mais de l'être ; d'où, aussi, du comportement comme manifestation de l'existence ». La loi, ce n'est donc pas un principe juridique d'action, ce n'est même pas la loi, dont a parlé E. Kant, pour qui elle est un principe d'action obligatoire et en même temps universel, assurant l'autonomie de l'être humain s'il conforme ses actes à ce principe[243]. Le *zakone*, Fl. semble l'apparenter, en un certain sens, à la loi naturelle : quelque chose qui est inscrit dans la nature même de l'être humain. Mais elle est beaucoup plus : on pourrait peut-être la rapprocher du terme grec *nomos* (loi), dans son acception première ; jusqu'au Vᵉ siècle avant notre ère, on pourrait presque parler d'une certaine assimilation du *nomos* avec Dieu, le *nomos* se concevant comme une espèce de création, révélation de la royauté de Zeus[244]. C'est cela que semble vouloir dire notre auteur, quand il écrit que le *zakone* « équivaut presque à l'idée platonicienne »[245]. Ainsi, la loi-*zakone* devient la forme des

---

[242] *Ib.*, p. 116.
[243] Cf. E. K a n t, *Kritik der praktischen Vernunft*, herausgegeben von K. V o r - l ä n d e r, Hamburg 1985, livre I, ch. I, par. I.
[244] *In der ältesten Zeit, dit Kleinknecht, ist der nomos als eine Schöpfung und Offenbarung des Zeus « Basileus » in einem geglaubten Göttlichen verankert. In der Polis bildet sich das alterertte Brauchtum zur festen staatlichen Einrichtung fort und ist als der Inbegriff alter Rechtsnormen zum Gesetz geworden. Damit kommt der Begriff zu seiner besonderen Enftfaltung und Herrschaft. Denn Staat als geistige Form heisst für den Griechen nomos (...). Die neue Fassung der Seinsweise des Göttlichen in 6/Jhdt wandelt auch entsprechend den Inhalt des nomos. Hoch wird er nicht vom Göttlichen gelöst ; nur das, was früher Zeus war, wird jetzt als göttliches Prinzip neu gestaltet. Der Gedanke des Kosmos erzeugt die Vorstellung, dass der « nomos » ein Abbild des Alls sei, in dem dieselbe « dike » waltet wie im politischen Leben.* J. K l e i n k n e c h t, *Der nomos in Griechentum und Hellenismus*, dans *Thelogisches Wörterbuch zum Neuen Testament*, vol. IV, p. 1022.
[245] Cf. F l., *La colonne*, la note 275, p. 435 et p. 88.

êtres et des phénomènes : la loi n'est donc pas la norme de l'agir, même si cela n'est pas exclu, mais la norme de l'être.

Il nous faut insister sur cette conception de la loi (*zakone*) chez notre théologien, parce qu'elle reflète très bien son anthropologie : si l'être humain ne vit pas en suivant l'ordre, selon la loi, non seulement il pèche, mais en plus et surtout, son existence « est une pure illusion (*mnimost'*) et son symbole pourrait être le serpent qui se mord la queue »[246]. C'est même le titre de cette 7e lettre sur le péché *suummet rodit* (il se ronge soi-même). Pour comprendre ces fortes expressions de Fl., il ne faut jamais oublier que, pour lui, pécher ce n'est pas principalement faire le mal ou ne pas faire le bien, mais c'est vivre ou ne pas vivre selon Dieu. Dieu devient ici l'ordre, la loi – *zakone*, de l'être humain : c'est uniquement en suivant Dieu que la personne humaine peut atteindre l'union substantielle avec lui, ce qui est le but de sa vie. En cela, l'auteur ne s'écarte pas du sillage des traditions orientale et occidentale, pour qui notamment l'être humain ne se conçoit pas comme un être à part, mais au contraire comme quelqu'un qui n'existe vraiment, dans le sens plein du mot, que s'il vit en communion avec le monde d'en-haut ; un chrétien ne peut avoir le sentiment d'être une monade qui ne vivrait que de sa propre vie, une auto-monade. L'Orient et l'Occident chrétiens ne considèrent pas l'être humain comme vivant en autarcie, mais comme un reflet, qu'il peut découvrir dans la profondeur de sa personne, du rayonnement lumineux de l'amour divin sur le « miroir » du monde. Dans cette optique, la vie humaine s'anime de l'élan du retour continuel de l'esprit vers la lumière même, dont son être n'est que le reflet : quand l'être humain, se connaissant comme l'image, se projette vers l'au-delà, vers la seule Réalité capable de satisfaire son désir ontologique d'harmonie, alors c'est dans son cœur d'image que le Modèle lui-même suscite l'impatience et le désir de répondre à son appel[247].

---

[246] *Ib.*, p. 146.
[247] Par exemple, pour saint Grégoire de Nazianze : « Ce qui est sûr, c'est que pour lui l'homme tout entier est sorti des mains de Dieu comme un reflet du Créateur et qu'il a été appelé à participer à sa vie, capable d'ordonner le monde et destiné à revenir au sein de la Trinité partager le courant d'échange éternel

Ce thème de l'être humain en tant qu'« image » de Dieu est très riche chez notre théologien. A la suite des Pères, lui aussi donne plusieurs interprétations de l'image. On peut pourtant affirmer que, pour eux tous, « l'image de Dieu » est une réalité spirituelle ; elle réside, suivant l'école d'Alexandrie, dans l'âme humaine. C'est l'âme qui est « par nature » image de Dieu. En disant cela, on a voulu localiser l'image dans la partie suprême de l'âme : le *noûs*, l'intellect, le cœur ou bien l'esprit[248]. Nous ne voulons pas entrer ici dans cette discussion qui ne nous concerne pas directement. Ce qu'il faut retenir, c'est que l'être humain est « par nature » l'image de Dieu. Il s'ensuit que le terme « image » désigne une véritable communion de « nature », une participation à la nature même de Dieu, comme l'écrit le théologien orthodoxe contemporain P. Evdokimov[249]. Pour exprimer la même idée, Fl. utilise l'expression : *homoousios*. C'est par cette notion qu'il présente l'être humain comme ontologiquement constitué pour s'ouvrir à l'Autre et pour pouvoir choisir de devenir, dans son existence actuelle, ce qu'il est par création.

Cette ouverture vers Dieu qui amène à une union ontologique, à « communier avec son Etre »[250], semble se réaliser, mais notre théologien ne se prononce pas expressément sur cela, par la nature même de l'être humain. Nous nous trouvons devant une difficulté dogmatique qui oppose les théologiens de l'Eglise d'Orient à ceux d'Occident et que l'on pourrait résumer ainsi : la grâce est-elle impliquée dans l'acte créateur même, ou bien est-elle surajoutée après ? Les Orientaux répondent affirmativement à la première proposition[251]. Les Occidentaux, au contraire, sont favorables à la

entre les Trois Personnes. Car devenir Dieu est une chose *naturelle* à l'homme initié », J. M. S z y m u s i a k, *Grégoire de Nazianze et le péché*, dans « Studia Patristica » 9 (1966), p. 291-292.

[248]   T. Š p i d l i k, *La spiritualité..., op. cit.,* p. 60.

[249]   Cf. P. E v d o k i m o v, *La femme et le salut du monde*, Tournai - Paris 1958, p. 68.

[250]   *La colonne..., op. cit.,* p. 60.

[251]   Cf. V. L o s s k y, *Essai sur la théologie..., op. cit.,* p. 126-127 ; P. E v d o k i- m o v, *L'Orthodoxie, op. cit.,* p. 88-92 ; M e y e n d o r f f J., *Initiation..., op. cit.,* p. 185-187.

seconde[252] : ils affirment que la grâce est connaturelle à l'être créé.
Nous ne trouvons pas, chez notre auteur, cette distinction entre la
nature et la grâce. Ces termes lui sont étrangers ; mais, sur la base de
ce qui a été dit jusqu'à maintenant, il nous semble ne pas fausser sa
pensée en affirmant que, selon lui, par sa nature même, la personne
humaine est appelée à aimer Dieu ontologiquement et à réaliser ainsi
« le séjour de moi en Dieu et de Dieu en moi »[253]. Commettre le péché, c'est donc refuser cette vocation, répétons-le, « naturelle », ne
pas vouloir y répondre ou y conformer sa vie, ce qui revient à dire
que pécher, c'est agir ou réagir « contre » sa nature propre, c'est la
« chosification » de la personne[254], sa réduction à l'état de « chose ».
Quel est donc le reflet du péché sur la personne humaine ? Fl.
n'a pas une réponse homogène à cette question. D'une part, il dit que
le pécheur, c'est-à-dire celui qui ne suit pas la voie de Dieu, « non seulement n'est pas supérieur aux bêtes, mais il leur est même de beaucoup inférieur »[255]. Cette vision du pécheur en contredit une autre, où
il réduit le pécheur à une chose, à quelque chose d'inanimé, à un pur
objet. Le péché amène donc, au fond, à un état qui contredit la vraie
nature de l'être humain tel qu'il est sorti des mains de Dieu. Il nous
semble ainsi justifié de dire, comme Grégoire de Nysse, dont notre
théologien parle souvent, que l'état après le péché c'est en effet un
état « *contre* » nature[256]. La fermeture actuelle de l'être humain ne lui

---

[252] Cf. H. d e L u b a c, *Surnaturel. Etudes historiques*, Paris 1946 ; M. F l i c k,
       Z. A l s z e g h y, *Il Vangelo della grazia. Un trattato dogmatico*, Firenze 1964 ;
       G. G r e s h a k e, *Gnade als konkrete Freiheit. Eine Untersuchung zur Gnaden-
       lehre des Pelagius*, Mainz 1972.

[253] F l., *La colonne*, p. 60.

[254] Cf. *ib.*, p. 58.

[255] F l., *La colonne*, p. 184.

[256] J. Daniélou, d'après saint Grégoire de Nysse, définit ainsi ces deux « natures »
       de l'être humain après le péché : « Ces deux natures ne sont pas sur le même
       plan : l'une est sa vraie nature, l'autre est surajoutée. Aussi aboutissons-nous
       à une conception de l'homme très particulière, inverse de celle de la théologie
       occidentale. Dans celle-ci on nous présente un homme « naturel », à quoi la
       grâce est surajoutée par suite, le danger est celui d'un humanisme fermé qui
       exclut le surnaturel. Dans la perspective de Grégoire (de Nysse), c'est l'inverse
       qui est vrai : ce qui est primitif, c'est l'image de Dieu et c'est l'homme « na-

est pas naturelle, car au contraire c'est l'ouverture qui lui est naturelle.
La vie humaine « naturelle », c'est-à-dire telle qu'elle est sortie de la
main de Dieu, se trouve, en conséquence du péché, comme corsetée
et enserrée dans la peau d'une bête ; ainsi s'étouffe et se détruit la
vie spirituelle de la personne pécheresse : « l'âme, comme l'explique
notre auteur, perd son unité substantielle, elle perd la conscience de
sa nature créatrice, elle se perd dans le tourbillon chaotique de ses
propres états, cessant d'être la substance de ceux-ci »[257].

Alors qu'il est ontologiquement ouvert vers Dieu, et même capable de vivre dans une union avec Dieu, l'être humain après le
péché ne semble plus être *capax Dei*. Le péché le réduit à une chose
ou bien à quelque chose de moins digne que des bêtes : la personne
pécheresse perd son intelligence et devient proprement « l'insensé »
(*bezoumets'*), car le péché est contre la raison. Cet aspect du péché
revient souvent chez les Pères : l'être humain, selon eux, s'est laissé
séduire par des apparences trompeuses. Comme la « science véritable », pour les Pères et pour les ascètes, présupposait l'observance
des commandements, ainsi le péché signifie la désobéissance, la ré-
volte contre la loi de Dieu[258]. Dans le sillage des Pères, notre auteur
définit le péché comme le principe de déraison : l'être humain n'est
plus capable de connaître les voies du Seigneur et de vivre selon
ses commandements, bref : le péché le « prive de raison ». Après
le péché, la créature vit uniquement « pour soi », elle qui avait été
appelée à suivre l'ordre divin.

Notre théologien rapproche le terme russe « *grekh* » (péché), de
o-grekh que l'on pourrait traduire par « faute », « erreur » (*ochibka*) ;
il en résulte que le verbe *gresit'* (*pécher*) ne signifie au fond rien
d'autre que « se tromper (*ochibit'sia*), manquer le but, rater, manquer »[259]. En péchant, l'être humain se dévoie, il passe d'une voie
à une autre, il vagabonde. Si donc pécher veut dire « se tromper »,

---

turel » qui est surajouté », J. D a n i é l o u, *Platonisme et théologie mystique.
Essai sur la doctrine spirituelle de saint Grégoire de Nysse*, Paris 1944, p. 63.
[257]   F l., *La colonne*, p. 119.
[258]   Voir à ce propos T. Š p i d l i k, *La spiritualité...*, *op. cit.*, p. 183-184.
[259]   F l., *La colonne*, p. 122.

« passer à côté », il faut se demander : à côté de quoi le pécheur passe-t-il ? Fl. est très clair : c'est à côté de la Vérité que passe le pécheur. L'être humain qui pèche n'est plus sensible à la Vérité-même, il perd son « intégrité », il ne reconnaît plus sa vocation propre et perd ainsi son vrai chemin, il ne vit plus dans la lumière, mais il est dans l'enfer, dans le sens étymologique du terme que Fl. a étudié et que confirment beaucoup de philologues d'aujourd'hui[260]. Le grec *hadès*, *haidès* ou *Aïdès* (enfer), se compose de *a-Fid*, de la racine *Fid* (en russe *vid* = la vue), qui forme le verbe *id-ein* (en russe *videt'* = voir) ; avec « l'alpha privatif » ; il signifie donc « non voir » ; d'où : *hadès* = l'état privé de « visibilité »[261]. En vivant dans les ténèbres, souligne Fl., l'être humain ne voit pas clairement sa vraie vocation, l'appel à l'union parfaite avec Dieu.

A la suite de ce qui vient d'être dit, nous pourrions constater que, pour notre théologien, le péché est plus qu'un acte, il est un état. A la nature même de l'état appartient une certaine durée dans le temps. Il en résulte que le péché représente une disposition permanente continuelle. En tant qu'il est un état, le péché semble correspondre davantage à une faute ontologique qu'à une chute morale. Les théologiens catholiques parlent souvent du péché et de ses conséquences comme d'une disposition ou des vices. Sans opposer ces deux réalités, Fl. donne l'impression d'aller un peu plus loin : pour lui, semble-t-il, par un acte de péché, l'être humain entre, en même temps, dans l'état de péché. Il en est ainsi parce que le péché détruit cette union ontologique entre Dieu et la personne humaine, union dont l'image archétypale est Jésus-Christ, dans le mystère de son Incarnation : l'humain et le divin ne forment qu'un tout parfait, dans la personne du Fils de Dieu... Le seul en qui il n'y a pas de péché...

---

[260] Comme le dit M. P. Nilsson, « Das Wort *Aides* wurde schon in Altertum als *der Unsichtbare* gedeutet, und zwar vielleicht schon in dem Ausdruck *Aidos kunee* so aufgefasst, und die Herleitung aus der Wuzel *a-Fid* ist von modernen Forschern aufgenommen worden », M. P. N i l s s o n, *Geschichte der griechischen Religion*, vol. I, 3ᵉ éd., München 1967, p. 455 ; aussi O. G., art. *Hades*, dans *Lexikon der alten Welt*, Zürich - Stuttgart 1965, p. 1180.

[261] Cf. F l., *La colonne*, p. 121-122.

8. Effets du péché

Le péché opère la perversion de l'être humain, perversion que Fl., à la suite de l'évêque Ignace Briantchaninov, appelle « l'égarement spirituel » (*prelest'*)²⁶². Cet « égarement », en quoi consiste-t-il ? Dans le texte, notre théologien ne répond pas à notre question, mais, dans les notes, il fournit l'explication que donne de ce terme l'évêque Ignace lui-même. Celui-ci dit que « la *prelest'* est une tendance passionnelle ou sentimentale de l'âme vers le mensonge, fondée sur l'orgueil »²⁶³. Par cet orgueil, l'être humain, d'après notre théologien, se décompose, se met en désordre. Son premier fruit est la mort, non seulement, selon l'acception biologique, dans le sens où la mort retranche l'existence humaine visible du monde créé, mais aussi, dans la dimension spirituelle, la mort signifiant alors la séparation d'avec Dieu de l'être humain, après que celui-ci se soit détourné de lui. Le péché pétrifie notre cœur et l'enferme dans une fausse autarcie, dans un solipsisme trompeur. Il amène finalement le pécheur à se concentrer uniquement sur l'entendement. Les pages précédentes avaient déjà effleuré ces considérations, mais il convient de les examiner de plus près.

Dans la perspective de notre auteur, le péché, par sa nature même, « est incapable de créer » : il ne peut que détruire. Il détruit tout ce qui est propre à l'être humain, créé à l'image et à la ressemblance de Dieu. Mais ici Fl. semble aller beaucoup plus loin, au cœur même de la nature du péché, et se poser la question : si le péché n'est que destruction, alors quelle est sa nature ? Le péché, en tant que péché, a-t-il une existence propre ou non ? Dans la réponse, il semble suivre le principe platonicien. Pour Platon, qui identifia le bien et l'être, le péché ne pouvait pas avoir d'existence propre. Les Pères grecs, reprenant ce principe philosophique de Platon, disaient que le mal c'est la priva-

---

²⁶² *Ib.*, p. 79. L'évêque I g n a c e B r i a n t c h a n i n o v, dont parle notre auteur, était l'auteur du livre *De la prière de Jésus*, Saint-Pétersbourg 1865, auquel Fl. renvoie, (voir la note 154, voir aussi la note 34 de ce chapitre).

²⁶³ Cf. F l., *La colonne*, p. 422, la note 154.

tion d'être[264]. Notre théologien semble avancer dans la même direction, quand il dit que « le péché ne peut que porter la mort. Il est stérile, parce qu'il est non la vie mais la mort »[265]. Il s'ensuit que pour notre théologien le péché apparemment n'a pas d'existence propre, pas d'« être » en soi : il n'existe qu'à cause de la vie. Ce n'est certes pas la vie qui cause le péché, mais la vie lui procure une possibilité ; elle n'est qu'un certain « espace », à l'intérieur duquel le péché peut justifier son existence, car « la mort ne traîne son existence spectrale que par la Vie, pour le compte de la Vie ; elle s'en nourrit et n'existe que dans la mesure où la Vie la nourrit d'elle-même ». Certes, cette justification dont nous parlons n'est pas à prendre au sens moral, mais uniquement, pourrait-on dire, au sens ontologique : le péché, le mal, n'ont pas d'existence propre. Il n'y a pas, pour notre théologien, deux principes dans le monde, le bien et le mal, qui existeraient l'un à côté de l'autre ou l'un indépendemment de l'autre. Non, pour lui, la vraie existence n'appartient qu'au bien : c'est seulement du bien que nous pouvons dire qu'il a l'« être ». Le péché ne fait que participer à l'être du bien. Il s'ensuit que, pour notre théologien, la mort qui résulte du péché est totalement contraire à la nature de l'être humain. Celui-ci ne devait que participer à la vie, mais parce qu'il se solidarise avec le péché, il devient mortel. S'ensuit-il que, une fois le péché détruit, la mort aussi disparaîtra ? Fl. ne répond pas directement, mais dans un passage, il semble être d'accord avec cette opinion. Il dit : « Les saintes reliques incorruptibles des ascètes sont le signe de la victoire sur la mort »[266]. Il revient ainsi au thème de la patristique tardive selon laquelle des saints, les Pères théophores, ont eu le don des miracles, lesquels constituent comme des signes de l'approbation par Dieu de leur vie sainte[267].

Notre théologien ne fournit pas de réponse à la question : « Pourquoi la mort du premier être humain s'est-elle transmise à tous ? »

---

[264]   Cf. T. Š p i d l i k, *La spiritualité...*, *op. cit.*, p. 181.
[265]   F l., *La colonne*, p. 115.
[266]   *Ib.*, p. 79.
[267]   Cf. T. Š p i d l i k, *La spiritualité...*, *op. cit.*, p. 77-79 ; K i r c h m e y e r, *art. cit.*, p. 808-872.

A vrai dire, il ne se pose même pas cette question. Quand il parle du péché, il n'envisage jamais le péché du premier être humain : il ne focalise pas sa pensée sur les origines historiques du péché adamique ni sur la manière dont il s'est transmis aux générations ultérieures ; il fait abstraction de la personne d'Adam, il s'ensuit que nous ne pouvons pas dire si, pour lui, Adam est une personne historique ou mythique. Notre auteur ne se prononce pas sur cette question. Au contraire, il concentre sa réflexion sur la nature du péché et sur ses effets dans l'existence de l'humanité actuelle. On traduirait mieux, nous semble-t-il, le système de pensée de Fl., si l'on disait que, pour lui, le péché présenté dans le récit du troisième chapitre de la Genèse constitue comme une image du péché de tous les êtres humains. C'est comme Adam et Eve, que chaque être humain choisit ainsi les biens imparfaits et se détourne de l'unité ontologique avec Dieu, de cette unité qui était l'unique garant de la vie, de la vie vraie.

On ne saurait toutefois limiter à la mort physique les conséquences du mauvais choix opéré par la liberté humaine ; le péché, semble dire notre auteur, entraîne aussi la mort spirituelle, cet état de misère morale qui caractérise notre condition actuelle, « état de perversion, de distorsion de l'âme »[268] : « Les couches internes de la vie, dit-il, qui doivent rester cachées même pour moi (tel, par ex., le sexe *pol*), sont dénudées ». Le sexe, mis entre parenthèses, signifie que ce n'est pas le sexe qu'il vise directement. Il ne porte sur lui aucun jugement négatif, ce qui le différencie notablement de certains Pères, dont l'opinion est beaucoup moins modérée sur ce sujet : selon saint Grégoire de Nysse, par ex., la sexualité aurait même été créée en prévision de la chute[269]. Pour Fl., semble-t-il, la sexualité avant le péché restait soumise au contrôle de la personne, tandis que maintenant, après le péché, le domaine génital, sexuel, se trouve dégagé de la personne et n'a de celle-ci que l'apparence, dès lors qu'il cesse de se soumettre aux conditions de l'esprit. Il s'ensuit, dit notre théologien, que ce qui doit rester caché, tenu « dans le clair-obscur

---

[268] F l., *La colonne*, p. 123. La citation suivante est de la même page.
[269] J. D a n i é l o u, *Platonisme...*, *op. cit.*, p. 61.

du sub-conscient », encore que tout cela soit légitime et donné par Dieu, devient, après le péché, visible, découvert.

La pudeur, cette force qui protège les parties mystiques du corps humain, disparaît. Le pécheur se livre aux passions. Celles-ci, destinées à rester en nous comme sources instinctives profondes de notre dynamisme vital, prennent le dessus et nous rendent pareils à des animaux plutôt qu'à des êtres raisonnables. Devenu irrationnel et dément, le pécheur « se trouve privé du sens de la réalité et devient la figure, non pas du fondement réel de la vie, mais d'un vide, d'un néant »[270]. La personne humaine, révélant alors que son existence n'est qu'apparence, est ressentie comme « une chose fausse, comme un masque d'acteur »[271].

Investi par le péché, le cœur humain se trouve alors dans l'impossibilité de s'ouvrir « à la brise rafraîchissante de la grâce »[272]. Pour caractériser l'état du cœur après le péché, notre théologien use de plusieurs métaphores : il est « assiégé », « entouré de leurs rangs serrés » (des péchés), « enrobé d'une dure carapace » ; c'est le « cœur pétrifié »[273], vivant mais enclos « derrière ses murailles »[274] qui ne parvient plus à voir « la voie étroite qui conduit à la vie » (Mt 7, 14 ; cf. Ac 2, 28), la voie de la vérité et du salut (cf. Ac 16, 17). Désorienté, comme déboussolé, le cœur de qui a péché subit, dans sa « concupiscence aveugle », l'attraction magnétique trompeuse du néant, le « mensonge sans but »[275]. Quant à son être spirituel, le pécheur est déjà mort ; il rend sa personne latente et se métamorphose en « idole pour soi-même », en auto-idole.

Fl. rend très nette l'opposition qui existe entre celui qui vit dans l'ordre, c'est-à-dire en Dieu, et celui qui ne sait plus le chemin du

---

[270] F l., *La colonne*, p. 123.
[271] *Loc. cit.* « Masque d'acteur » – tel est le sens étymologique du terme latin *persona* qui correspond au grec *hospostasis* (= ce qui se tient dessous, ce qui soutient), cf. P. M i n e t, *Vocabulaire théologique orthodoxe (Catéchèse orthodoxe)*, Paris 1985, p. 151-152.
[272] F l., *La colonne*, p. 120.
[273] *Ib.*, p. 61.
[274] *Ib.*, p. 120.
[275] *Ib.*, p. 123.

Seigneur. Pour le premier, le cœur est justement cette ouverture vers Dieu, vers son amour ; pour le second au contraire, le cœur devient pétrifié. Il est mort, pourrait-on dire, à l'Absolu. Même si notre auteur ne semble pas exclure que la mort corporelle est l'effet du péché, c'est davantage au niveau spirituel qu'il la voit, comme la mort à Dieu, à la vie avec lui ; c'est davantage ce type de mort qu'envisage l'auteur : la mort de l'esprit. Certes, il n'exclut pas du tout la mort physique, mais il la situe comme dérivée de la première.

Par le péché, l'être humain ne vit plus pour Dieu, mais traîne une existence qui n'est qu'une « vie pour soi », une existence solipsiste. Ce thème, du solipsisme, est un des plus importants, selon notre opinion, parmi ceux que traite Fl. Psychologiquement et socialement, l'existence solipsiste constitue l'établissement du « moi » sans aucun rapport avec autrui ; en tant que conséquence du péché, dit notre théologien, elle traduit une affirmation égoïste du « moi », sans aucune relation avec l'Amour : l'être humain, faisant de son « moi » le centre de toute référence, se ferme à l'action de l'Amour divin, alors que seule la force de cet Amour pourrait rompre les chaînes de son *aséité* et l'ouvrir à autrui, pour le rendre « consubstantiel » au frère, *homoousios* d'un prochain « qui se découvre comme un 'moi' ». Le « toi » ainsi révélé constitue, dans un face-à-face rendu possible, le seul garant du « moi » authentique. Placé devant un choix entre le « moi » et le « toi », le pécheur se déclare pour le « moi ». Par le péché, l'être humain fait de ce « moi », qu'il veut conserver tel, une « auto-idole »[276]. L'être humain déchu, d'après Fl., « explique le moi par le moi et non par Dieu ». Ce refus de fonder le « moi » sur Dieu entraîne l'appauvrissement de la vie intérieure du pécheur et la décomposition de sa personne « en éléments et moments psychologiques épars »[277]. Cette désintégration de l'être humain, cet état qui se révèle comme un état contre l'ordre, contre la « nature » et contre la raison, se reflète primordialement dans la vie morale, s'y manifeste comme « une étonnante incapacité de comprendre le bien et le mal »,

---

[276]   *Ib.*, p. 121.
[277]   *Ib.*, p. 118. La citation suivante est de la même page.

et se révèle comme « une absence de loi morale dans l'âme ». Celui qui pèche, remarque Fl., se comportant comme s'il était lui-même Dieu, se laisse en fait mener par des passions égoïstes, qui déchirent et décomposent son âme. C'est justement notre égoïsme, notre « pour soi » qui seront jugés par Dieu à la fin de temps.

Le péché pourtant n'entraîne pas uniquement, comme effet, une existence solipsiste, mais il fait mener à l'être humain une existence appuyée presque uniquement sur l'entendement et non pas sur la raison. L'antithèse entre « l'entendement » et la « raison » a une longue histoire ; on peut la faire remonter à Platon et à Aristote qui, primitivement, distinguaient l'intuition d'une part, connaissance directe attachée aux objets supérieurs[278] et la réflexion, d'autre part (*dianoia*, chez Platon, et *epistème* chez Aristote), connaissance discursive, art de penser et de bâtir un savoir scientifique au moyen du raisonnement par le syllogisme. Ces philosophes privilégiaient l'intuition, qu'ils considéraient comme relevant d'un ordre supérieur, par rapport à la connaissance discursive, qu'ils situaient à un niveau inférieur ; mais Kant inversa ces valeurs, en prétendant que l'entendement est la forme la plus élevée de la connaissance, dont la forme inférieure serait l'intuition[279]. Le système de Kant sera remis en question par Fichte, son disciple, qui fonde tout le système justement sur une intuition intellectuelle[280]. Ce binôme : raison-entendement, nous le rencontrons aussi chez Hegel, et cela dans le contexte des antinomies, où le philosophe, se demandant comment concevoir la synthèse des contradictoires, y répond que c'est l'œuvre propre de la raison, car l'entendement est incapable de s'élever au-dessus de la contradiction. Pour Hegel, seule la raison est capable de surmonter la contradiction[281].

La spiritualité russe, bien avant Fl., maintenait aussi, à la suite de Platon et des Pères, la distinction-opposition entre « l'entende-

---

[278] A r i s t o t e, *Ethique à Nicomaque*, trad., introd., notes et index J.T r i c o t, Paris 1987, X, 7.
[279] A. L a l a n d e, *op. cit.*, p. 287.
[280] R. V e r n e a u x, *Histoire de la philosophie moderne*, t. 10, 18ᵉ éd., Paris 1963, p. 180.
[281] *Ib.*, p. 198.

ment », que Théophane le Reclus définit comme « la connaissance
du monde en soi, séparément, indépendamment », et la « raison »,
qu'il définit comme « la connaissance du monde en Dieu et de
Dieu dans le monde »[282]. Le même Théophane, cité plusieurs fois
par notre théologien, assignait à ces deux facultés cognitives des
buts différents. Pour lui, l'entendement doit « élaborer des concepts
clairs, à partir des données fournies par les sens, l'imagination, les
lectures et l'expérience. Procédant par induction et déduction, l'entendement tire des conclusions, des généralisations »[283]. Mais, poursuit Théophane, puisque le péché rend imparfait le travail de l'entendement, il nous faut, pour saisir la réalité dans toute sa valeur et dans
ses racines, utiliser la raison, notre intelligence, qui nous permet de
connaître les choses au-delà de leurs apparences et de « comprendre
l'idée que l'Artiste Divin a mise dans la création »[284].

Notre auteur reste donc dans la ligne de ses prédécesseurs, quand
il dénonce ou bien accuse tous ceux qui s'appuient uniquement sur
l'entendement ; mais il est assez difficile de dire si notre théologien
reste plus proche des philosophes, comme Kant ou Hegel, ou de la
tradition théologique orthodoxe. Il semble qu'il n'a donné la préférence à aucun de ces deux mouvements. Kant et Hegel, autant que la
tradition patristique avec Théophane le Reclus, ont influencé Fl. et
lui ont fait prendre à son compte la distinction entre les deux formes
de la connaissance, la raison et l'entendement, affectant ce dernier
d'un indice négatif car il le voit déformé par le péché : « Le péché lui-
même est quelque chose d'entièrement conforme à l'entendement, il
est tout à fait à la mesure de l'entendement, il est l'entendement dans
l'entendement, la diablerie »[285]. Il lui oppose la raison, que nous
pourrions appeler aussi l'intelligence. C'est à l'aide de l'intelligence
que nous pouvons connaître « la norme de l'être qui nous est don-

---

[282] T. Š p i d l i k, *La doctrine...*, *op. cit.*, p. 21.
[283] *Ib.*, p. 22.
[284] *Loc. cit.* C'était également le thème de saint G r é g o i r e   P a l a m a s, voir
        Phisica. Theologica et practica capita CL, PG 150, 1121-1225, ; l'édition cri-
        tique : S t   G r e g o r y   P a l a m a s, *The one hundred and fifty chapters*, éd.
        trad. et étud. par R. E. S i n k i e w i c z, Toronto 1988.
[285] F l., *La colonne*, p. 122.

née par la Vérité ». C'est ainsi d'ailleurs que la raison est définie, en spiritualité orientale, comme : « La révélation qui se fait dans l'intelligence purifiée, de la place et du rôle propres à chacun des êtres dans le plan universel de Dieu, autrement dit la révélation du logos de chaque être, et ce logos, c'est le rapport de cet être divin, à la sophia du Créateur »[286]. Quand l'intelligence est exténuée par le péché, argumente Fl., elle construit sa vision du monde sur la base de l'entendement plutôt que sur la raison : se considérant lui-même comme un « dieu »[287], l'être humain, qui se pose alors comme un centre dans ses relations avec le monde entier, n'est plus capable de découvrir Celui qui fonde toute réalité et qui, comme le dit l'Apocalypse, est « l'Alpha et l'Omega, le Premier et le Dernier, le Principe et la Fin » (22, 13) de l'univers. Toutefois, remarque notre auteur, la connaissance qui rejoint le Réel au moyen de la raison n'est pas totalement inaccessible à l'être humain dans son existence terrestre. Chaque personne peut connaître Dieu d'une connaissance, dite naturelle, dont parle saint Paul aux Romains (1, 20). Les antinomies qui affectent l'existence humaine ne peuvent pas être résolues par le moyen de l'entendement. Quand il traite des antinomies, Fl. est sceptique même à l'égard de la raison : c'est uniquement la foi qui peut les dépasser. Elles disparaissent dans l'acte de la foi.

***

La perception du péché par notre auteur est davantage théocentrique, centrée sur Dieu, sur la relation qui existe entre l'être humain et Dieu. Cette relation, Fl. la voit comme relation ontologique et, par conséquent, le péché qui la vide devient, à son tour, le péché ontologique. Il en résulte que l'existence même de l'être humain pécheur devient une existence non-authentique. Ainsi donc le péché, pour Fl., et nous

---

[286] J. L e m a î t r e, art. *Contemplation. 2. Exposé historique. Principaux auteurs*, dans *DSp*, vol. II/I, Paris 1953, p. 1822.
[287] F l., *La colonne*, p. 118.

tenons cette opinion comme très convaincante, ne peut pas être défini dans les catégories morales : bon – mauvais, ni juste – injuste, mais, d'abord, primordialement dans les termes de vraie existence ou de fausse existence. Cette conception du péché met au deuxième plan la dimension anthropologique, c'est-à-dire le rapport de chaque personne avec autrui. Pour l'auteur, et à bon droit, le premier rapport, c'est-à-dire avec Dieu, est le plus important, car c'est sur lui que se fondent toutes les autres relations de l'être humain. Fl. n'est cependant pas assez clair à ce propos. Il donne l'impression de focaliser tout le poids du péché sur le contact avec Dieu. C'est juste, mais on risque de réduire le péché à une distorsion plutôt métaphysique, à une spéculation gnostique. On risque ainsi d'oublier que, dans les conditions actuelles de la vie de l'être humain, son contact avec Dieu doit passer nécessairement par le prochain (cf. 1 Jn 4, 20). Il s'ensuit que, dans toute réflexion sur le péché, il faut donc parler aussi du péché social, du péché moral. Pourtant, Fl. ne semble pas percevoir cette nécessité. Chez lui, nous ne voyons pas non plus de distinction entre péché mortel et péché véniel, distinction courante dans la tradition catholique ; il semble donner le même poids à tous les péchés, car chaque péché est éloignement à l'égard de Dieu et rupture des contacts cependant vitaux pour l'être humain, entre la créature et le Créateur.

Pour mieux comprendre le discours de notre théologien sur le péché, intégrons-le dans le tableau que Fessard dresse des trois types de l'histoire[288] :

- l'*histoire naturelle* comme espace de l'Evolution, histoire du temps cosmique où se trouvent également la naissance, la vie et la mort de l'être humain,
- l'*histoire humaine* comme espace constitué « par les actes et les œuvres des libertés humaines » et
- l'*histoire surnaturelle* comme espace de « l'interaction de l'homme et de Dieu ou des dieux, en tant qu'elle manifeste

---

[288]   Cf. G. F e s s a r d, *L'Histoire et ses trois niveaux d'historicité* », dans « Sciences Ecclésiastiques », oct.-déc. 1966, p. 329-356 ; id., *Chrétiens marxistes et théologie de la libération. Itinéraire du Père J. Girardi*, Paris - Namur 1978, p. 157-158.

ou révèle le sens de l'histoire humaine universelle et corré-
lativement de l'histoire naturelle ».

Nous dirions que Fl. situe le péché, avant tout, dans le cadre de
« l'histoire humaine », dans l'espace de la liberté personnelle, car
c'est sur ce terrain que se joue la réussite ou l'échec de la vie individuelle de l'être humain. Mais tout acte libre posé dans l'histoire humaine entraîne des conséquences dans les deux autres types
d'histoire ; ainsi le péché empoisonne-t-il l'histoire surnaturelle et
l'histoire naturelle. En effet, dans la perspective de l'histoire surnaturelle, le péché détruit l'interaction entre la créature et le Créateur ;
il détourne l'histoire personnelle de sa finalité originelle qui orien-
tait l'être humain spontanément vers Dieu et fait, du pécheur, un être
ontologiquement « insensé », c'est-à-dire un être dont la vie a perdu
son sens, son unique pôle magnétique vrai. Dans l'histoire naturelle,
le péché introduit la mort, car il met Dieu à l'écart ; or, Dieu est
l'unique principe de la vie, et, sans lui, la personne humaine ne jouit
plus d'une existence authentique.

Chez Fl., on ne trouve nulle part, comme type d'histoire, cet
espace où joue l'interaction entre les personnes que l'on pourrait
appeler l'histoire sociale. La vision personnaliste de notre auteur
laisse dans l'ombre le mystère du péché dans son épaisseur sociale,
pourtant très importante à notre avis ; le péché y perd une part de
sa malice concrète, celle qui détériore les rapports du pécheur avec
son prochain. Certes, Fl. ne nie pas les effets négatifs du péché sur
les relations interpersonnelles, mais son premier intérêt reste la rupture entre créature et Créateur. Cette vision théocentrique du péché répond bien à l'anthropologie de notre théologien ; en outre,
le péché s'inscrit dans la perspective christocentrique, car il détruit
précisément tout ce qui est parfaite harmonie dans la personne de
Jésus-Christ, où le divin et l'humain vivent en totale alliance. Cet
équilibre, qui constitue le but de l'existence humaine, selon Fl., voilà ce que le péché vient détruire. Pourtant cela n'éteint pas l'espoir
chez notre auteur : c'est dans l'œuvre rédemptrice du Verbe incarné,
à sa lumière, qu'il considère le péché... et sa défaite.

IV.
La voie de l'être humain

L'œuvre divine de création et de rédemption constitue, pour l'être humain, un appel à vivre son « présent » comme une tension vers son « advenir », car c'est seulement ainsi, et non autrement, qu'il peut exister dans toute son authenticité. Chacun à la mesure de sa sensibilité spirituelle est donc interpellé à orienter son existence actuelle vers l'unique vraie existence en Dieu. Chacun est appelé à la déification, c'est-à-dire à la vie déifiante non quelconque mais substantielle, qui fait coïncider la contemplation de la Trinité avec une vie dans la lumière.

1. Termes théologiques

Quand un être humain n'existe plus pour lui-même mais s'ouvre bénévolement à autrui et principalement à son Créateur, quand il est en communion existentielle avec eux, il atteint un état de vision que Fl. désigne par plusieurs substantifs : *poznanié, znanié, vedenié*. Ces trois termes russes ne s'identifient pas au seul mot français « connaissance ». Celle-ci ne rend adéquatement que le premier de ces trois mots, *poznanié*, dont le contenu présente une opération dans laquelle s'engagent à la fois notre intuition et notre intellect, un acte de la pensée qui pénètre et définit l'objet de sa connaissance. C'est une connaissance parfaite qui, considérée subjectivement, ne laisse rien d'obscur dans la chose connue.

Parfaite, elle l'est au sens épistémologique, parce qu'elle ne se sert pas seulement de la raison, mais fait appel à l'intuition aussi. Cette bipolarité des sources de la connaissance est nécessaire car telle est la nature même de la vérité : celle-ci est « intuition – discours »[289]. Ainsi, pour pénétrer au cœur de la vérité, l'être humain qui le désire doit d'abord opérer un recueillement intérieur, faire l'unité en lui-même, avant de pouvoir, avec tout son « moi » personnel, entrer dans la connaissance. Dans celle-ci, il n'y a plus de place pour une séparation entre la connaissance dite discursive et l'autre dite intuitive. En outre, la connaissance, telle que Fl. la conçoit, n'englobe pas seulement l'intuition et le discours, mais aussi la vie et l'intellect : l'être humain tout entier entre dans ce processus. On saisit mieux cette acception du terme *poznanié*, quand on lit, à côté de lui, une autre expression que l'auteur a choisie : *znanié*. Le sens de ce terme russe se rapproche de ce qu'en français on nommerait « savoir » ou « science » : une conclusion d'ensemble de connaissances, une somme édifiée sur des relations objectives que l'on découvre graduellement et que l'on confirme par des méthodes de vérification définies. La « méthode de vérification », chez Fl., c'est la foi, plus sûre que toute autre vérification. La troisième expression *vedenié* qu'emploie Fl. signifie davantage, en russe, « conduite, direction, gestion », dans le sens non pas d'un état de pure connaissance mais plutôt d'une énergie motrice de la vie, ce qui confère au mot une dimension plus existentielle que purement intellectuelle. La connaissance devient, dans cette acception, inséparablement unie à la vie humaine, qu'elle guide, qu'elle transforme. Nous trouvons là un trait caractéristique de la pensée de notre auteur. Nous aurons encore l'occasion de l'examiner de plus près. A première vue, Fl. semblerait employer interchangeablement les trois termes russes, comme s'il n'existait aucune nuance entre eux, quand il parle, par

---

[289]   F l., *La colonne*, p. 79-80.

exemple, de « la *vedenié* du Saint-Esprit » et de « la *znanié* de l'Esprit Saint »[290]. Il faut y voir cependant son intention de décrire une connaissance qui ne se limite pas à une observation intellectuelle extérieure, mais qui engage tout l'être humain et qui acquiert ainsi, en plus de sa dimension intellectuelle, une valeur existentielle.

Poznanié, znanié et *vedenié* ne nomment pas seulement le fait que le sujet connaissant pénètre l'objet connu, s'investit dans un autre être humain, mais ils expriment « la révélation de la Vérité tri-hypostatique elle-même au cœur, c'est-à-dire le séjour dans l'âme de l'amour de Dieu pour l'être humain »[291] : l'être divin vient habiter chez l'être humain. Cette réalité est presque invraisemblable, au-dessus de notre compréhension logique ; voilà justement ce que Fl. veut montrer : qu'il faut dépasser les confins de la connaissance purement logique, basée sur des opérations rationnelles, pour entrer dans un état « sur-naturel », qu'on nommerait plus exactement « connaissance spirituelle »[292], une sorte de connaissance qui est davantage une contemplation, une mystique, fruit d'un amour personnel, union des personnes qui se donnent l'une à l'autre, car c'est le seul moyen d'établir un contact existentiel : chacun y devient à la fois sujet et objet de chacun. Cela vaut pour Dieu et l'être humain : pour qu'une âme puisse s'unir à Dieu, souligne Fl., il faut que celui-ci, dans sa bonté condescendante, prenne l'initiative et supprime les distances qui nous séparent de Lui ; mais il faut aussi que ce don de Dieu soit accueilli, que l'âme, dans son attitude de reconnaissance et d'humble prière, se détache non seulement de ce qui est sensible en elle, mais de ce qu'elle est, qu'elle renonce à elle-même par une espèce de mort, la mort de son égoïsme ; il faut qu'elle s'ouvre, qu'elle donne tout ce qu'elle peut d'elle-même, en restant persuadée qu'elle recevra beaucoup plus ; il faut qu'elle soit désireuse d'être possédée par Dieu plus que de le posséder.

Cette union avec Dieu qui est le but de la vie de l'être humain est l'aboutissement d'un long chemin, celui de la spiritualisation ;

---

[290] *Ib.*, p. 112.
[291] *Ib.*, p. 64.
[292] *Ib.*, p. 80.

« resserré, le chemin qui mène à la Vie » (Mt 7, 14) ne peut être suivi que par le marcheur qui progresse obstinément, pas à pas, dans la purification du cœur et la mise en œuvre des vertus. Au début de cet itinéraire, s'impose l'ascèse, qui conduit la personne humaine à l'état d'intégrité.

2. L'ascèse

L'être humain qui tend à la perfection ne peut faire l'économie de l'ascèse. Celle-ci, remarque Fl., est devenue indispensable, à la suite de la première chute, depuis que l'être humain n'a plus été capable « de vivre comme l'idéal chrétien enjoint et qu'il est obligé de recourir à diverses mesures afin de réprimer le contenu peccamineux de la vie »[293]. Pour rétablir sa perfection morale perdue par le péché, l'être humain ne dispose d'aucun autre moyen que l'ascèse pour pouvoir aimer Dieu et aimer autrui. Bien qu'elle soit indispensable, l'ascèse n'a pas de but en elle-même, mais vaut seulement en tant que moyen pour parvenir à la vie mystique, à vivre l'intégralité de la vocation humaine. Fl. y insiste : « Ce ne sont quand même pas les jeûnes et autres exercices corporels, ce ne sont pas les larmes et les bonnes œuvres qui constituent le bien de l'ascète ; c'est la personne humaine rétablie dans son intégrité »[294]. Par l'ascèse, l'être humain n'acquiert pas seulement un équilibre intérieur que, dans un développement ultérieur, nous appellerons intégrité spirituelle, mais il devient aussi capable de prendre une attitude juste à l'égard du monde qui l'entoure et où « rien n'est mauvais par nature : c'est par le mode d'usage que les choses mauvaises deviennent mauvaises », dit saint Méthode, que cite notre auteur[295]. Indifférent et neutre par nature, le monde des choses ne se définit comme bon ou mauvais que dans notre relation avec lui, dans l'usage que nous en faisons. L'ascète, parce qu'il vit dans l'intégrité

---

[293] *Ib.*, p. 174.
[294] *Loc. cit.*
[295] *Ib.*, p. 222.

de son être, est capable de prendre, à l'égard du monde des choses, une attitude positive, tandis que celui qui se refuse à suivre le chemin de l'ascèse, Fl. le juge comme privé de cette sensibilité intérieure qui, seule, lui permettrait de faire bon usage des choses.

Selon Fl., l'âme de l'ascète dépasse même ce bon usage des choses, qui dénote envers elles une attitude de domination ou d'exploitation : l'ascète aime le monde et tous les êtres qui sont dans le monde. Cet amour n'est pas aveugle, car l'ascète sait que l'ordre existant n'est pas « naturel »[296]. Il sait que l'image actuelle du monde ne correspond pas à son harmonie originelle, parce que « la détérioration de la nature humaine entraîne celle de la création entière »[297], et son unique désir est « de sauver et de renouveler la créature ». Il se sent responsable d'elle : « Une pitié déchirante envers elle, le sens profond de son impuissance à cause du péché et de la souillure pénètre l'âme de l'ascète, au point de le percer jusqu'à la source secrète des larmes »[298]. Le but que poursuit l'ascète, c'est de « vivre et sentir avec tout le créé, non pas avec celui que l'être humain a souillé, mais avec celui qui est sorti de la main du Créateur »[299]. Dans ce créé-là, l'ascète, que Fl. appelle « charismatique des temps nouveaux », perçoit une nature autre, plus haute[300] : « A travers l'écorce du péché, il sent le noyau pur de la création divine, et le monde apparaît à ses yeux dans sa beauté triomphante et originelle »[301]. Il anticipe ainsi sur la Révélation de l'Esprit Saint : ici-bas, déjà, il vit dans la beauté du Paraclet.

---

[296]   « L'ascète 'intelligent', dit Fl., considère la vie tout autrement. Tout en estimant que l'ordre existant n'est pas 'naturel', car la nature y est pervertie, il aime le monde d'un amour véritable. », *ib.*, p. 194.

[297]   *Ib.*, p. 80.

[298]   *Ib.*, p. 190-191.

[299]   *Ib.*, p. 174.

[300]   « Comme fait historique, l'ascétisme est la suite immédiate du charismatisme. En réalité, les ascètes sont les charismatiques des temps nouveaux, tandis que ceux-ci sont les ascètes des temps anciens. », *ib.*, p. 195.

[301]   « Le but des aspirations de l'ascète est de percevoir tout le créé dans sa beauté triomphante et originelle. L'Esprit Saint se manifeste dans la capacité de voir la beauté de la créature. Voir partout la beauté, et toujours, ce serait 'ressusciter avant la résurrection universelle', ce serait anticiper sur la Révélation ultime, celle du Paraclet. », *ib.*, p. 203.

Cette communion avec la création, ce désir, qui est en même temps une capacité de la découvrir dans toute sa beauté originelle, ne constitue pas l'unique vocation de l'ascète ; elle n'en est même pas la composante la plus importante, mais seulement l'effet de sa spiritualité. C'est de celle-ci qu'il s'agit maintenant de parler.

A maintes reprises déjà, Fl. a affirmé que la communion de l'âme avec le créé ne peut se réaliser que chez les personnes humaines qui ont rétabli leur intégrité originelle, laquelle s'oppose, dans la pensée de l'auteur, à la décomposition causée par le péché. Le fruit de la première chute, c'est la <u>corruption</u> (*rastlennost'*) de l'être humain : elle est « une destruction de l'âme <u>jusqu'au tréfonds</u> ». Chez un pécheur, « l'âme est sens dessus-dessous », défaite, disjointe, bouleversée ; c'est la déroute (*ras-val*), la décomposition (*ras-pad*), la dispersion (*ras-brod*) de la vie spirituelle, son fractionnement (*ras-droblenost'*), sa dés-union (*ne-iedinstvo*), division (*ne-tselnost'*) »[302].

Ce n'est pas seulement l'âme du pécheur qui est atteinte, mais sa pensée aussi devient divisée, « bifide (*dvoïe-douchnost'*), ambiguë (*dvoïemyslennost'*), fourchue (*dvoïstvennost'*), vacillante (*netverdost' v odnom*) »[303]. Le pécheur est un être humain qui vit, dans la désintégration de sa personne (*rozlozenie litchnosti*), une dichotomie (cf. Mt 24, 51 ; Lc 12, 46).

A cet état illusoire de la vie du pécheur, Fl. oppose l'existence de l'être humain intègre, « sophrosynique »[304]. L'être intègre (*tselo-moudry*) trouve sa joie dans la fermeté de l'âme, dans l'intégrité « chaste ». Il vit déjà dans la présence du Seigneur, dans la béatitude (*blajenstvo*) qui est comme la « réclusion et la récollection en soi-même de l'âme, pour la vie éternelle en Dieu »[305]. Le chemin qui y conduit est long et plein d'épines, souligne notre auteur ; on n'y avance pas au coup par coup, à force de jeûnes et d'exercices corporels, mais par un continuel effort pour réprimer le contenu pec-

---

[302]   *Ib.*, p. 124.
[303]   *Loc. cit.*
[304]   Andronikof traduit le terme russe par le terme grec *sophrôsunè* (= sagesse, équilibre, mesure, tempérance).
[305]   F l., *La colonne*, p. 128.

camineux de la vie. Fl. ne considère pas les jeûnes et les exercices
corporels comme inutiles ni superflus, mais il situe leur importance
au niveau des moyens, relativement à leur unique finalité : rétablir la
personne humaine dans son intégrité (*tselost'*), seule garante de la vie
authentique, seule « voie qui conduit à la vie » (Ps 16, 11 et Ac 2, 28),
« la voie de la paix » (Lc 1, 78), « la voie du salut » (Ac 16, 17)[306].

Ainsi, Fl. distingue-t-il deux voies qui conduisent l'être humain
à la vie spirituelle, à la connaissance de Dieu : celle de l'ascèse et
celle de l'intégrité (*tselomoudrié*)[307]. Elles ne s'opposent certes pas,
mais se complètent ; dans la vision de l'auteur, la seconde prolonge
la première, comme, dans l'ascension d'une montagne, la piste en
altitude prolonge le sentier qui part de la plaine : l'ascèse élève progressivement l'âme jusqu'au départ de la montée en réintégration
de la personne, qui lui permettra, au sommet, de pénétrer dans la
connaissance substantielle. En attribuant aux deux voies leur importance comme moyens complémentaires, Fl. prend ses distances
à l'égard d'un spiritualisme outrancier qui souligne exagérément
la dimension spirituelle de l'être humain, en réduisant à l'excès sa
dimension corporelle : « Le corps aussi bien que la raison de l'ascète », selon lui, doivent parvenir à l'incorruptibilité[308], car la divinisation englobe toute la personne humaine[309]. C'est l'être humain
tout entier, son pôle corporel aussi bien que son pôle spirituel, qui se
réalise en tant que personne et entre dans la connaissance de Dieu.
La vie éternelle est la vie d'une personne humaine, non celle de son
âme seulement, mais aussi celle de son corps. Fl. fait sienne l'idée

---

[306] *Ib.*, p. 122.
[307] Quelle est donc la voie authentique, que l'Ecriture appelle « la voie étroite qui
conduit à la vie » (Mt 7, 14)? « C'est la chasteté, *tselomoudrié*. Et le terme
même de *tselomoudrié*, *sophrôsunè* ou *saophrôsunè*, par sa structure étymologique indique l'intégrité, la santé, l'indemnité, l'unité et, en général, l'état
normal de la vie intérieure, quand la personne n'est pas divisée... », *ib.*, p. 123.
[308] *Ib.*, p. 180.
[309] « L'on sait, dit Fl., que le but de l'ascèse est de parvenir à l'incorruptibilité et à la
divinisation de la chair en acquérant l'Esprit : cette incorruptibilité, (...), elle est
au contraire la plus haute sensibilité devant la beauté de la chair. », *ib.*, p. 203.

des Pères, selon laquelle ce n'est pas seulement l'âme du chrétien qui devient coparticipante à la nature divine, mais aussi son corps : l'être humain s'unit à Dieu spirituellement et somatiquement[310].

Cette union spirituelle et somatique, notre théologien ne l'envisage certes pas comme l'état *in via* du croyant, mais comme le sort des corps saints dans la vie éternelle, dans l'existence *in patria*. Le corps saint, « la chair déifiée » qui participera à l'union à Dieu et dont il sera question plus loin, ne résulte pas seulement du don de l'Esprit Saint ; elle est aussi, souligne Fl., l'effet de l'« exploit » (*podvig*) ascétique du bénéficiaire de ce don, les jeûnes et autres exercices corporels y jouent un rôle très important.

A lire les passages où notre théologien traite de l'ascèse, on a l'impression qu'il pense, sans le dire expressément, que tous les êtres humains ne sont pas capables de cet effort ascétique, effort spirituel et corporel ; il semble réserver cette possibilité aux moines. Nous croyons pouvoir présenter comme sien le raisonnement suivant. La connaissance substantielle de Dieu exige, outre la grâce de l'Esprit Saint, un traitement particulier, une spiritualité *sui generis*, une vie d'ascèse corporelle et spirituelle, pour acquérir ainsi une autre raison (*inoï oum'*), un autre sens (*inoï smysl'*), une autre sagesse (*inouïou moudrost'*), et devenir une autre personne (*inok*). Or, en russe, le mot *inoï*, qui signifie « autre », est constitutif du terme *inok* qui signifie « moine », celui qui est « autre que le monde » : ainsi, la vie monastique, l'*inotchestvo*, n'est pas différente de la spiritualité. Pour le moine (*inok*), le monde entier devient autre[311].

Cette étroite conjonction de l'ascétisme et du monachisme ne doit pas nous étonner : elle est véhiculée par toute la spiritualité des Eglises d'Orient qui voient la vie monastique comme une anticipation de la parousie[312]. Pour saint Théodore le Studite, par exemple,

---

[310] *Ib.*, p. 192, voir aussi les notes 521, 522, 523.
[311] *Ib.*, p. 181.
[312] « Lorsque quelqu'un obtient la communion avec l'Esprit Saint et qu'il en connaît la force à cause d'une certaine action et d'un parfum de l'Esprit en lui, qui se manifestent sensiblement même dans le corps, alors il ne peut plus demeurer dans les limites de la nature. Il ne sent plus la faim, ni la soif, ni les

la vie monastique constitue la troisième grâce : « La première grâce, c'est la Loi de Moïse ; la seconde, « grâce sur grâce », c'est celle que nous avons tous reçue de la plénitude du Christ, selon la parole de saint Jean (cf. Jn 1, 16) ; la troisième enfin, c'est la vie monastique, comprise comme vie céleste, comme descente du monde angélique sur la terre, comme atteinte et réalisation, dans les limites de l'histoire, de ce qui, par son essence même, est au-delà d'elle »[313]. Comme le dit un théologien orthodoxe contemporain, P. Evdokimov, l'essence de la vie monastique n'est pas dans l'ascèse, mais dans « le maximalisme eschatologique »[314] : le moine-ascète goûte déjà ici-bas « les prémices de l'état édénique ». Il expérimente, dès maintenant, « la transfiguration générale du monde »[315]. L'évêque Ignace Briancaninov, éminent ascète de l'Eglise russe du XIX siècle, faisait ainsi l'éloge de l'institution monastique : « Le chœur des moines a donné à l'Eglise du Christ des pasteurs qui, non avec les paroles qu'enseigne la sagesse humaine mais avec celles qu'enseigne l'Esprit, confirmant la doctrine par des miracles, ont conduit et affermi l'Eglise (...). Voilà pourquoi on voit l'Eglise, après la période des martyrs, se réfugier au désert. C'est là qu'avait fui sa perfection, la source de sa lumière, la force principale de l'Eglise militante. Qui furent les Chrysostome, les Basile le Grand, les Epiphane, les métropolites Alexis et Philippe, en un mot tous les saints pasteurs ? Il y eut beaucoup de porteurs de lumière parmi eux, non seulement dans le rang des évêques, mais aussi dans celui des simples moines, depuis Antoine le Grand et Jean Damascène, jusqu'à Serge de Radonège. Ils affermissaient la foi, dénonçaient et écrasaient les hérésies »[316].

---

autres besoins de la nature. Il se transfigure, et toutes les propriétés de sa nature changent. », *ib.*, p. 180. Fl. cite ici Nicétas Stéthatos, 3ᵉ centurie (v. n. 52), p. 250, cf. note 481 de *La colonne*.

[313] S o p h r o n y A r c h i m a n d r i t e, *La félicité de connaître la voie. Des Principes en Orthodoxie*, trad. du russe par le H i é r o m o i n e S y m é o n, Genève 1988, p. 63.

[314] P. E v d o k i m o v, *L'Orthodoxie, op. cit.*, p. 38.

[315] F l., *La colonne*, p. 180.

[316] I. B r i a n c h a n i n o v, *Lecture chrétienne*, 3ᵉ éd., Moscou 1895, p. 569 ; id. *Lettres d'un ascète*. Je cite d'après S o p h r o n y, *op. cit.*, p. 63.

Notons pourtant une caractéristique du vocabulaire de Fl., qui se singularise en ceci : sous sa plume, l'*inotchestvo*, la vie monastique, semble prendre la valeur d'une forme de spiritualité plutôt que d'un état de vie. Dans cette perspective, l'*inok* peut désigner non seulement le moine, mais tout être humain qui s'est engagé sur le chemin conduisant à sa perfection. Il n'est donc pas nécessaire, semble nous dire Fl., pour atteindre à la perfection chrétienne, d'embrasser un état de vie propre au monachisme, lequel demeure cependant privilégié comme institution mais non exclusif comme moyen de sanctification ; ce qui reste indispensable pour le salut, c'est de vivre selon l'esprit du moine, même si l'on est immergé dans le plus banal quotidien ; c'est de se tenir à l'écart du monde, même si l'on se sent subjectivement proche de lui et sensible à ses problèmes. Mieux encore, dit Fl., plus un être humain progresse selon cette spiritualité, plus il s'élève vers le monde d'en-haut, plus il perçoit avec netteté le noyau intime et la relation absolument précieuse qui le rattachent au monde d'ici-bas ; plus il voit aussi avec clarté, dans le monde qui l'environne, « les signes divins et les lettres de Dieu » : le créé devient pour lui un livre (*kniga*), une échelle (*lestnitsa*), par laquelle les anges descendent dans la vallée du monde : tout ce qui est en bas reflète ce qui est en-haut[317]. Le monde apparaît donc, remarque Fl., comme un miroir de la gloire de Dieu aux yeux de l'ascète qui « pénètre profondément les mystères du ciel et de la terre mais n'y met pas d'orgueil »[318], car il sait que tout ce qu'il est et tout ce qu'il a, il ne le tient pas de lui-même mais c'est un don de Dieu.

---

[317] F l., *La colonne*, p. 181. On pense ici aussi au traité de J e a n C l i m a q u e,
       op. cit.
[318] F l., *La colonne*, p. 180.

3. L'intégrité

A côté de l'ascèse, l'intégrité est le second terme-clé de la vie spirituelle, dans le système de pensée de notre théologien, et constitue,
en quelque sorte, le prolongement de la première. Dans la septième
lettre, celui-ci, s'interrogeant sur « l'essence du *tselomoudrié* »[319],
organise sa recherche autour des deux questions suivantes :

1. En tant qu'expérience et fait de conscience, qu'est-ce que
   cette intégrité spirituelle, considérée du point de vue de
   l'être humain ?
2. En tant qu'objet de la pensée, au plan ontologique, comment entendre cette intégrité spirituelle, considérée du point
   de vue de Dieu ?

Comme réponse, il donne la « béatitude » (*blajenstvo*), à la première question et la « mémoire éternelle » (*vetchnaïa pamiat'*) à la
seconde.

En quoi consiste la béatitude ? Qu'est-ce qu'un bienheureux
(*blajenny*) ? Pour fournir une réponse à ces interrogations, Fl. se
livre à une analyse fouillée de trois termes grecs : *makaria, makarios, makar*[320].

Nous ne retiendrons que les conclusions de la longue explication
étymologique, à laquelle Fl. consacre deux pages entières (126 et
127). Suivant Schelling, la première syllabe *ma*, observe Fl., aurait un sens privatif, à rapprocher de *mè*. Quant à la racine, ce n'est
pas « *hè-kèr* – la mort », mais « *to kardia, to kèr* – le cœur ». On
comprendra alors *makaria* comme « l'apaisement de l'agitation cor-

---

[319]   Pour traduire ce mot russe, Andronikof utilise d'autres termes : en français,
        « integrité » ou « chasteté » ; en grec francisé, « sophrosynie », cf. F l., *La
        colonne*, p. 125.
[320]   Bailly traduit ce terme par « bienheureux », cf. A. B a i l l y, *Dictionnaire
        grec-français*, éd. revue par L. S é c h a n et P. C h a n t r a i n e, Paris 1989
        (1ère éd. 1844), p. 1217-1218.

diale, le calme des passions »[321], le triomphe constant remporté sur le trouble et l'agitation. Le cœur du *makarios* cesse de se dévorer (*pojirat'*), son moi est maîtrisé, dominé, et, chez ce « béat », l'aséité (*samost'*) n'est plus qu'une potentialité : il lui est possible de ne pas pécher, « potest non peccare », liberté mineure par rapport à la liberté supérieure : « non potest peccare », selon la distinction, remarque Fl., qu'en fait saint Augustin dans sa polémique contre le pélagianisme[322].

Dans cette perspective, le sens de *makaria* se rapproche, remarque Fl., d'une interprétation positive du *nirvana* des bouddhistes, à savoir : « l'apaisement des passions, de tous les mouvements qui troublent l'âme, le repos éternel, inaccessible au tourbillon des fantômes du *samsara* ». En ce sens-là, l'idée de *makaria* s'apparente fort au terme classique dont use la spiritualité de l'Orient chrétien : *apatheia*, absence de passions et, par conséquent, tranquillité de l'âme parvenue au détachement parfait, voire à l'impeccabilité. Pour un être humain, souligne Fl., vivre dans la *makaria*, « c'est la conséquence de l'illumination de l'âme par la Vérité même », c'est « entrer dans le repos de Dieu (...), dans l'état sabbatique, thème d'Hébreux IV »[323].

Le mot *apatheia*, d'origine stoïcienne[324], n'apparaît pas chez notre auteur, mais celui-ci recourt à son contenu et l'utilise, dans cette acception spécifique, principalement à propos de Dieu : c'est Dieu, avant tout, c'est la Sainte Trinité, qui habite dans le « repos » (*pokoï*), dans la fermeté » (*krepost'*), dans l'état de triomphe sur le trouble et l'agitation ; quant à l'être humain, c'est par désir d'atteindre sa propre perfection, en devenant semblable à Dieu, qu'il tend aussi à rejoindre ce repos, cette fermeté, cette *apatheia*. Celle-ci, dans le langage des Pères, constitue la perfection même de Dieu, son bien propre et exclusif, du moins dans l'absolu. Mais puisque

---

[321]   F l., *La colonne*, p. 127.
[322]   *Ib.* et la note 311.
[323]   *Ib.*, p. 128.
[324]   Cf. M. S p a n n e u t, *Le Stoïcisme des Pères de l'Eglise de Clément de Rome à Clément d'Alexandrie*, 2ᵉ éd., Paris 1969, p. 241-250.

l'être humain, selon Fl., n'a pas à chercher sa perfection à côté ou en dehors de la perfection divine, il lui incombe nécessairement d'y pénétrer, d'habiter dans le repos de Dieu et d'acquérir ainsi lui-même l'état de *makaria* « car, celui qui est entré dans le repos de Dieu s'est, lui aussi, reposé de ses œuvres, comme Dieu des siennes »[325].

Cet idéal admirable que Fl. propose à l'être humain est-il réalisable ? L'auteur pressent les objections et s'efforce d'y répondre.

La *makaria* étant présentée par Fl. comme « le repos qui délivre du désir perpétuellement avide et jamais assouvi », on pourrait s'interroger immédiatement : l'être humain ne doit-il pas être passionné ? Pourrait-il, sans désir, tendre vers le bien ? Sans courage, supporter les dangers et vaincre les difficultés ? Poser de telles questions, semble répondre notre théologien, c'est ignorer le caractère divin de l'amour, car cet amour, pour lui, est plus qu'une tendance qui porte celui qui aime vers l'aimé, plus qu'une relation purement psychologique : c'est une communion ontologique, une intimité aimante entre des personnes.

Autre difficulté. Pour peu que nous nous connaissions nous-mêmes, nous savons que nous sommes des êtres changeants, destinés à nous transformer sans cesse ; la *makaria*, le calme des passions, est-elle compatible avec ces perpétuelles transformations ? Fl. ne répond pas directement à cette question, mais il ressort de l'analyse de son texte qu'il y voit un motif supplémentaire de présenter comme nécessaire l'acquisition de la *makaria* : une fois conquise, elle devient « un triomphe constant sur le trouble et l'agitation », car le terme *makar* ne signifie pas seulement la négation d'un fait, dit notre théologien, « mais quelque chose de nouveau, un état opposé, et de substantiellement positif »[326]. Cette conception s'apparente étroitement à celle que Clément d'Alexandrie désignait par *apatheia*, quand il écrivait : « Une fois acquise, l'apathie est un état stable, car elle est indissolublement unie à la gnose »[327]. En quoi consiste donc

---

[325] F l., *La colonne*, p. 128.
[326] *Ib.*, la note 310.
[327] C l é m e n t d'A l e x a n d r i e, *Stromates*, 6, 9, 79.

cet « état stable » ou ce « triomphe constant », dont Fl. fait état ?
« Si l'apathie, dit-il, est un but à atteindre, il ne faut pas croire qu'on
y soit jamais arrivé de manière définitive : la vie chrétienne demeure
toujours une lutte constamment renouvelée contre les ennemis du
dehors et du dedans ; dans ce sens, l'apathie ne consiste pas à n'être
pas attaqué, mais à ne pas être vaincu. Tant que l'être humain vit
dans le cadre de cette existence-ci, il aura toujours des agitations,
mais elles ne seront que des simples possibilités »[328]. Tant qu'il est
in via, l'être humain devra s'opposer à des tentations.

Aucune étape de la vie spirituelle, souligne notre théologien,
n'en est exempte mais l'être « sophrosynique », la personne qui
vit dans l'intégrité de sa vie spirituelle, est capable de se défendre
contre ces assauts, tandis qu'un être humain privé de cette intégrité
n'a pas assez de force, selon notre auteur, pour repousser les passions démoniaques.

Comment peut-on parvenir à un tel état ? Ainsi qu'il en a déjà
été question, c'est par la voie ascétique, dit Fl., qu'on parvient à se
délivrer des passions, car il semble que ce soit le seul moyen de
parvenir à l'état de béatitude qui permette, grâce à la contemplation,
de s'unir à Dieu. Par l'ascèse, l'âme humaine entre dans le repos
de Dieu. Ce repos, souligne Fl., ne signifie pas inertie, non-activité
ni une certaine insensibilité, incompatibles d'ailleurs avec les deux
préceptes, qui n'en font qu'un, de l'amour de Dieu par-dessus toutes
choses et de l'amour du prochain en référence à Dieu. Ce repos
consacre le triomphe de l'âme sur le trouble et l'agitation : quand
une âme est parvenue à l'état de béatitude, elle entre en jouissance
de ce repos-là, c'est-à-dire qu'elle possède une parfaite liberté, une
liberté d'esprit, conquise par un abandon total, par le renoncement
à soi-même et le dépouillement de toutes choses, une liberté qui est
le fruit de l'humilité.

Si considérable et indispensable que soit le rôle de la personne
humaine dans l'accession à l'état de repos, il n'en demeure pas
moins que la béatitude est, en fin de compte, selon notre théologien,

---

[328] F l., *La colonne*, p. 127.

un don de Dieu, une grâce que procure aux êtres humains l'œuvre du Christ et qui leur est transmise par l'Esprit Saint. C'est précisément la victoire du Christ sur la mort, le don de sa vie, que Fl. considère « comme le triomphe remporté sur les passions terrestres, comme le rafraîchissement de l'ardeur interne de l'âme pécheresse »[329]. Le Christ étant en cela devenu le modèle de l'être humain, il importe que son œuvre soit assimilée, reproduite par chaque personne, et celle-ci y parvient, si elle collabore avec la grâce de l'Esprit Saint. Il n'existe pas d'autre manière d'atteindre l'apathie, de rejoindre l'état de repos et de gagner le ciel.

Que Fl. insiste autant sur la béatitude, sur l'état de l'âme humaine en repos à l'égard des passions, il y a là de quoi étonner des Occidentaux, pour qui la perfection apparaît sous un aspect plus dynamique, alors qu'elle semble, chez les Orientaux, plutôt passive, conçue davantage comme l'œuvre de Dieu. Ainsi, saint Thomas d'Aquin considère que cet état de béatitude n'est même pas désirable, puisque la passion en soi n'est pas mauvaise, manifestant simplement l'activité de notre appétit sensible : c'est seulement quand elle s'émancipe de l'ordre rationnel que la passion incline au péché, mais dans la mesure où elle est réglée par la raison, elle relève de la vertu[330].

Mais Fl. reprend là des thèmes très présents dans les œuvres des Pères et dans la liturgie orthodoxe. Sa nouveauté n'est donc pas dans la création de thèmes originaux, mais dans sa manière de traiter des sujets du passé dans la perspective de son temps, dans une terminologie qui rende « opérationnel » dans le contexte contemporain le langage biblique, plutôt que le discours philosophique, le langage sensible plus que spéculatif. C'est ainsi qu'il faut, semble-t-il, comprendre l'auteur et son souci d'aller, le plus profondément possible, jusqu'à leur source extrême, dans l'interprétation étymologique et

[329] *Ib.*, p. 129.
[330] Cf. T h o m a s d'A q u i n, *Somme théologique*, Ia, IIae, qu 24 a 2, aussi M. S p a n n e u t, *Influences stoïciennes sur la pensée morale de saint Thomas d'Aquin*, dans Autori vari, *The Ethics of St. Thomas Aquinas*, éd. par L. J. E l - d e r s et K. H e d w i g, Città del Vaticano 1984, p. 50-79.

philosophique des termes employés, pour les transporter ensuite dans sa vie spirituelle. Cette considération méthodologique générale trouve ici une illustration : le terme *makarios*, déjà connu des philosophes de l'Antiquité et de la Bible (Mt 5, 3. 4. 5. 6 etc. ; Lc 1, 45 ; Ac 20, 35 etc.) va être utilisé dans le cadre de la vie mystique, pour désigner un état de l'être humain qui, ayant purifié la chair de toute souillure, l'a rendue en quelque sorte incorruptible, anticipant sur l'état où elle sera après la résurrection.

Un tel être humain a élevé son cœur au-dessus de toute autre créature et soumis tous ses sens à la raison. Etablie dans la *makaria*, la personne pratique toutes les vertus ; son âme est supérieure à la vie mortelle : elle possède Dieu qui habite en elle et gouverne ses pensées, ses paroles et ses actions. C'est de cet être humain-là qu'on dit qu'il vit dans l'intégrité spirituelle.

Mais cet état peut-il être permanent ici-bas, ou bien s'agit-il de rares moments de plus ou moins brève durée, des moments d'extase ? Pour répondre à cette question, nous pouvons, tout d'abord, définir la mystique de notre théologien comme une mystique de la lumière[331]. L'itinéraire spirituel est envisagé comme un passage de l'ombre à la lumière, de la cécité à la vision où l'être humain n'est plus que lumière (*svet*)[332]. Cette illumination progressive, en relation directe avec la purification de l'âme, ne semble pas admettre d'irruptions anticipées du terme ; mais l'idée d'une communication divine soudaine, dont l'éclat aveuglerait plus qu'il n'éclairerait l'âme, n'affleure pas, croyons-nous, dans l'œuvre de notre théologien. Mystique de la lumière, oui, mais aussi mystique de la « montée », du dépassement du créé. D'après Fl., la connaissance est une quête qui oblige l'être humain à sortir de soi, à se vider ; le baptême déjà représente à ses yeux une sorte de la matérialité, un abandon du péché, une marche vers le Seigneur, une ascension au-delà de tout. Dans ce sens, la mystique de Fl. pourrait être qualifiée d'extatique,

---

[331] Fl. se situe ainsi dans la ligne d'Origène, de saint Clément d'Alexandrie, etc., cf. P.-Th. C a m e l o t, art. *Lumière, II. Etude patristique*, dans *DSp*, vol. IX Paris 1976, p. 1149-1158.

[332] Cf. F l., *La colonne*, p. 128-130.

puisqu'elle est, exactement comme l'est pour lui la connaissance, une recherche incessante et sans repos dont le terme ne peut être que la rencontre de celui que l'on cherche, pour s'unir à lui dans l'amour. Il n'y a pas communication anticipée, mais itinéraire ascendant et les étapes n'y sont ni sautées ni abrégées. L'extase, au sens strict, il ne semble donc pas l'admettre ; le progrès qu'il décrit est rectiligne et homogène. Plusieurs autres thèmes essentiels de la mystique ne figurent pas non plus dans ses écrits : ni le sommeil en tant que quiétude de l'âme, ni la blessure d'amour, ni la nuée, ni la sobre ivresse[333]. Cependant, on trouve manifestement chez lui ce qui est, d'après la définition de I. Hausherr, la composante la plus constitutive de l'extase, « la sortie de soi-même, non pas par l'inconscience de la suspension des sens, mais par une sorte de projection, sous l'impulsion de l'amour, hors des lois de l'intelligence elle-même »[334]. Ainsi comprise, l'extase est constamment présente dans la vie chrétienne, dans la mesure où elle est accès aux mystères créateur et rédempteur. Il n'est pas d'instant où la personne humaine ne se reçoive tout entière de Dieu, si, pour elle, « être » signifie « être hors de soi ». Dans cette perspective, on peut estimer que la *makaria* est un idéal réalisable en permanence ici-bas, une situation que l'on dira naturelle, pour la raison, qu'il appartient à la nature même d'un être humain d'« être hors de soi ». On serait en droit de dire que la *makaria* est aussi extatique, à condition de comprendre l'extase dans le sens qui a été précisé ci-dessus, intervertissant comme le fait Fl., ce que nous nommons « naturel » et ce qu'il appelle « supra-naturel ». Dans la pensée de notre auteur, l'intégrité ne semble pas représenter une irruption anticipée de nos aboutissements, un instant en suspens dans notre cheminement vers Dieu, vers notre connaissance substantielle de la Divinité tri-unique, mais elle apparaît comme le résultat d'une montée, le couronnement d'une ascension longue et pénible, l'effet d'un lent arrachement à nos pesanteurs et d'une élévation progressive.

---

[333] Cf. J. L e m a î t r e, *art. cit.*, col. 1862-1872.
[334] I. H a u s h e r r, *Ignorance infinie*, Rome 1936, p. 356.

4. Mémoire éternelle

Dans son enseignement sur la création, ainsi que nous l'avons déjà vu, Fl. employant le terme « pensée » (*mysl*) se référait aussi à l'idée de « mémoire éternelle », quand il disait : « se rappelant, Dieu pense ; pensant, Il crée »[335]. La création ne se sépare donc pas de la pensée divine, mais elle la suit, pourrait-on dire.

Nous voudrions pousser plus loin, dans cette partie-ci, la réflexion sur la pensée de Dieu et remonter jusqu'à la source d'où elle jaillit. Cette source, Fl. la découvre précisément dans la « mémoire éternelle » , qui coïncide avec l'intégrité spirituelle, considérée du point de vue de Dieu. Pour Fl., c'est une évidence qui découle de la foi que l'être humain n'existe que parce que Dieu, son Créateur, pense à lui : « L'être périssable de ce monde, dit-il, trouve sa perfection en Lui, l'Incorruptible ; c'est de Lui, du port, qu'il reçoit sa fermeté-chasteté ». Dieu accorde sa victoire sur le temps, et cette victoire est commémoration (*pamiatovanié*) de Dieu. Celui qui n'oublie pas, « garde ». Etre « commémoré » par le Seigneur, c'est au fond la même chose que « être au paradis » ou que « avoir une existence éternelle ».

Notre vie dépend radicalement du fait que Dieu se souvient de nous, humains, mais elle postule et exige qu'en retour l'être humain se rappelle Dieu, car « si nous ne nous rappelons pas Dieu, nous mourons ». Si notre commémoration de Dieu est tellement importante qu'elle conditionne notre vie même, on est amené à s'interroger : comment l'être humain se souvient-il de Dieu ? Quel milieu est le plus favorable pour que se réalise notre commémoration de la Vérité tri-unique ? A la première question, le Pseudo-Macaire répond que c'est dans la prière principalement que l'être humain se souvient de Dieu, mais *mnèmè Théou* signifie aussi pour lui un acte ou une attitude spirituels[336]. Cette distinction, Evagre la garde éga-

---

[335] F l., *La colonne*, p. 136.

[336] M a k a r i o s - S y m é o n, *Reden und Briefe. Die Sammlung I des Vaticanus Graecus 694 (B)*, pub. par H. B e r t h o l d, vol. I : *Einleitung und Tabellen*.

lement, quand il conseille : « Les heures de la journée seront pour toi celles-ci : l'heure de la lecture, l'heure de l'office, l'heure de la prière, et, durant toute ta vie, le souvenir de Dieu »[337]. De celui-ci, Basile de Césarée fait le point culminant de sa règle monastique ; de la prière parfaite du moine qui a renoncé à tout ce qu'il possédait, il dit : « Il convient de garder notre cœur en toute vigilance, pour ne point perdre la pensée continuelle de Dieu, et de ne point souiller par de vaines imaginations le souvenir de ses merveilles. Il convient au contraire de porter partout la sainte pensée de Dieu comme un sceau indélébile imprimé dans nos âmes, en nous souvenant sans cesse et purement de Lui »[338]. En se souvenant de Dieu, l'être humain devient, dans le vrai sens du terme, le temple de Dieu[339]. C'est en vue de favoriser cette édification qui transforme en demeure pour Dieu la personne du croyant, que les Pères du désert avaient organisé l'existence et posé les règles de l'anachorétisme, de telle sorte que celui qui s'y voue puisse, toujours et par toute sa vie, commémorer son Créateur : solitude, silence, travail manuel, heures de prière et de psalmodie, lectures...[340].

Fl. s'écarte de cette opinion élitiste : c'est à tous les baptisés que, dans la vie liturgique, il est donné de commémorer la Sainte Trinité. Pour défendre sa position, il se réfère encore une fois aux arguments étymologiques, pour montrer comment est profondément ancrée dans la conscience humaine la nécessité d'une « commémoraison cultuelle », mettant à profit le résultat de l'étude de Schwally, selon qui la racine sémitique ZKR, « se rappeler », a pour sens premier : « appeler dans le culte ». Le même Schwally établit qu'un

---

Die Logoi B 2-29, vol. II : *Die Logoi B 30-64. Register*, Berlin 1973 : vol. I, 14, 4, p. 162 ; *ib.,*32, 3 ; *ib.,*38, 2, 1 et 8 ; *ib.,*56, 3-4 ; vol. II, p. 20, 54, 55, 174.

[337]   Sur le jeûne, 11, dans *Evagriana Syriaca*, textes inédits du British Museum et de la Bibl. Vaticane. Ed. et trad. par J. M u y l d e r m a n s, Louvain 1952, p. 152.

[338]   B a s i l e   d e   C é s a r é e, *Regulae fusius tractatae*, 5, 2, PG, 31, 219 B ; 62, 928 B, 37, 3, 1013 B, Je traduis d'après H. J. S i e b e n, art. *Mnèmè Theou*, dans *DSp*, vol. X, Paris 1980, p. 1407-1414.

[339]   *Ib.*, 2, 4, 216.

[340]   J. L e m a î t r e, *op. cit.*, col. 1858-1859.

des termes hébreux qui traduisent l'homme, *zakhar*, signifie précisément la personne cultuelle, car seul l'être humain est capable de participer au culte[341]. A la question : « Où et comment la personne humaine peut-elle se souvenir de Dieu ? », Fl. répond : dans le culte. D'abord, remarque notre auteur, le culte caractérise et définit la personne humaine, être cultuel par structure sémantique ; en plus, c'est de Dieu seul que, dans le culte et par lui, on se souvient ; enfin, le milieu privilégié où se déploie le culte, c'est l'Eglise, dit notre théologien. C'est donc dans le milieu ecclésial qu'advient cette commémoraison, que s'opère cette bipolarité de la mémoire : « ma mémoire éternelle » signifie, à la fois, « la mémoire éternelle de Dieu à mon sujet et la mienne au sujet de Dieu »[342]. Dans l'Eglise célébrante, conclut Fl., Dieu et l'être humain se rencontrent.

D'après ses conceptions, un être humain qui désire vivre dans la continuelle présence de Dieu n'a plus besoin de recourir à des formes monastiques, érémitiques ou cénobitiques, de vivre en cellule, dans le détachement à l'égard du corps, etc. La seule nécessité qui s'impose à lui, c'est de s'ouvrir totalement au mystère de l'Eglise, qui est celui de la présence de Dieu parmi les humains, et d'en vivre pleinement. La possibilité de la vie spirituelle est offerte à tous, ainsi que l'auteur nous le faisait souligner dans les pages précédentes. Nul n'en est exclu. Elle n'est pas réservée à une élite de personnes prêtes à renoncer à la vie du monde pour mener une existence monastique. Dans la vision des choses que Fl. présente, tous sont communément appelés à la mystique, car tous sont appelés à vivre dans l'Eglise.

Dans son effort de précision et d'approfondissement de la notion de mémoire, Fl. ne se contente pas d'une définition qui la décrirait comme du dehors, en tant que moyen du contact entre Dieu et l'humain. Il entreprend de la scruter de l'intérieur, d'en déceler le contenu et de cerner son rôle dans le processus de la connaissance spirituelle. La mémoire apparaît, chez Fl., comme « une fonction co-

---

[341] F l., *La colonne*, p. 131.
[342] *Ib.*, p. 132.

gnitive fondamentale de la raison »[343]. Cela ne peut surprendre, sous la plume du platonicien qu'il est. En effet, c'est Platon qui appelait « la mémoire, la mère des Muses », c'est-à-dire des personnifications de la création spirituelle, et qui la présentait comme un souvenir du monde transcendant[344]. Faisant sienne cette opinion de Platon que la mémoire transcendantale est le fondement de la connaissance, Fl. rejoint aussi Kant, Bergson et autres... C'est avec l'aide de la mémoire que « nous entrons dans le domaine de l'esprit »[345].

Nous devrions nous étonner de voir la théorie de la connaissance ainsi réduite à n'être que celle de la mémoire, si nous ne rappelions que, pour Fl., la connaissance n'a d'autre but que d'amener l'être humain à découvrir son origine première et à le mettre en contact, non seulement spirituel mais ontologique, avec la Vérité tri-unique. Cette connaissance basée sur la mémoire diffère de celle des mathématiciens ou des physiciens ; « elle consiste », dit Fl., « à rétablir d'une manière créatrice, à partir des représentations, ce qui se révèle à l'expérience mystique dans l'Eternité ». En se souvenant de Dieu, l'être humain voit en Lui sa propre « essence supra-temporelle »[346]. Dans la mémoire, rien n'est du passé, mais au contraire tout se révèle comme actuel, comme donné maintenant. A ce propos, Fl. écrit : « L'instant passé du temps doit être donné seulement en tant que passé, mais encore actuellement, en tant que présent, c'est-à-dire que tout le temps m'est donné comme un certain « actuel » et c'est pourquoi moi-même, qui regarde le temps tout entier, lequel m'est donné d'un coup, je suis au-dessus du temps ». Pour l'auteur, en effet, la mémoire n'est pas uniquement orientée vers le passé pour y chercher ses origines ; elle est aussi principe créateur de l'avenir, elle crée la pensée, elle est « la pensée dans la pensée », le principe actif de notre vie : c'est elle qui nous pousse, dit Fl., à actualiser dans le présent notre souvenir du passé, c'est-à-dire à être totalement tournés vers Dieu.

---

[343]   *Ib.*, p. 138.
[344]   *Ib.*, p. 135.
[345]   *Loc. cit.* Fl. renvoie ici à H. B e r g s o n, *Essais sur la relation du corps à l'esprit. Matière et mémoire*, Paris 1896.
[346]   *La colonne...*, *op. cit.*, p. 136.

En insistant sur la mémoire comme moyen, sinon unique du moins privilégié, de la connaissance, Fl. pose la conscience de soi, résultant de l'expérience spirituelle voire mystique, comme la source suffisante de la connaissance de soi-même, du monde et du Créateur. C'est une conscience pour qui l'unique nécessaire est de s'immerger sans cesse davantage à l'intérieur de soi. Cette spiritualité ressemble fort à celle de saint Augustin.

On pense ici à cette phrase célèbre de ce Docteur, phrase qui reste, dans la tradition chrétienne, comme une des expressions « les plus pures de la pensée augustinienne » : *Noverim me, noverim Te*[347]. Même si ce texte s'est prêté à différentes traductions[348], l'idée principale qui en ressort est la suivante : il faut avant tout se connaître soi-même, rentrer en soi, pour connaître Dieu ; ce n'est pas par la contemplation du monde ni par l'histoire de son évolution que nous y parviendrons. Beaucoup mieux que le monde qui nous entoure, c'est notre monde intérieur, celui de notre conscience, qui nous donne accès à la connaissance de Dieu : replions-nous sur nous-mêmes, sur notre « moi » le plus profond, c'est là que nous trouverons la voie qui mène à Dieu.

Par sa notion de la mémoire, Fl. semble rejoindre saint Augustin, cependant que, pour lui, c'est en sortant des profondeurs de notre « moi », en émergeant des épaisseurs de notre conscience, que nous pouvons arriver à la connaissance de Dieu.

---

[347] G. V e r b e k e, *Connaissance de soi et connaissance de Dieu chez saint Augustin* », dans « Augustiniana » IV (1954), p. 495.

[348] Cette phrase peut s'expliquer de quatre façons différentes : 1. « Il faut se connaître soi-même et connaître Dieu », sans affirmer ou insinuer un rapport quelconque entre ces deux connaissances. 2. « Il est nécessaire de connaître Dieu pour se connaître soi-même ». Ici Augustin souhaiterait avant tout se connaître lui-même et, dans ce but, il voudrait connaître Dieu, parce que la connaissance de Dieu serait une condition indispensable pour se connaître lui-même. C'est l'interprétation de M. Blondel. 3. « Il faut se connaître soi-même pour connaître Dieu ». Ici la connaissance de soi serait la condition indispensable pour arriver à la connaissance de Dieu. 4. On peut lire aussi qu'il existerait une certaine réciprocité entre la connaissance de soi et celle de Dieu, c'est-à-dire que la connaissance de soi serait indispensable pour arriver à la connaissance de Dieu et vice versa. Cf. G. V e r b e k e, *op. cit.*, p. 495-496.

Quand Fl. parle d'évolution, il ne la comprend pas à la manière qui nous est habituelle et qui fait coïncider la marche du temps et le progrès vers la perfection ; pour lui, semble-t-il, l'évolution se situe dans un retour en arrière, le progrès s'effectue vers le passé. Notre perfection, semble dire Fl., ne se trouve pas devant nous, mais derrière nous : tout ce que nous pensons, toutes les notions que nous avons l'impression de créer proviennent, en fait, de notre mémoire du passé. On pourrait donc dire que, d'après lui, il n'y a aucune nouveauté dans notre vie : elle est seulement un souvenir du passé. On constate ainsi, même si Fl. ne se réfère pas directement à Platon, combien la pensée de notre théologien s'enracine dans l'esprit de la philosophie platonicienne.

V.
Connaissance substantielle
de la vérité

Même si la connaissance naturelle de Dieu est indispensable, elle ne suffit pas pour une vie spirituelle, laquelle n'est garantie que par une connaissance substantielle ou expérimentale. Il nous faut en tracer les caractères propres.

Pour marquer sa supériorité par rapport à la connaissance naturelle, Fl. l'appelle « connaissance substantielle » (*souchtchestvennoïé poznanié*)[349]. Veut-il par là indiquer aussi qu'elle atteint, d'une certaine manière, l'essence même de Dieu et pas seulement ses attributs? Précisons, avant de répondre à cette question, qu'il ne s'agit pas d'une intuition directe de l'essence divine. D'après Fl., la connaissance, c'est l'assimilation du sujet dans l'objet. Cette conception de la connaissance se réfère, de la part de notre auteur, aux œuvres du prince S. N. Troubetskoï, qui insiste beaucoup sur « la sortie de soi-même » du sujet connaissant. D'autre part, N. Lossky, qui s'est aussi intéressé au contact entre sujet et objet dans la connaissance, insiste surtout, lui, sur la pénétration de l'objet dans le sujet, ainsi que le relève Fl.[350]. Il faut remonter beaucoup plus loin que la tradition russe cependant, pour trouver les racines de cette théorie

---

[349] F l., *La colonne*, p. 54.
[350] *Ib.*, la note 86.

de la connaissance essentielle. Déjà les écrivains chrétiens des premiers siècles assurent que la connaissance est l'assimilation du sujet à l'objet[351], mais c'est uniquement l'amour qui peut, quand il fonde la connaissance, garantir la parfaite union du sujet et de l'objet. Les scolastiques ont pris la même direction : d'après eux, ainsi qu'on l'a mentionné dans le deuxième chapitre, la connaissance se réalise dans l'union du sujet et de l'objet[352].

Fl. parle de la connaissance en tant qu'assimilation du sujet à l'objet, mais il semble appliquer cette expression tantôt à l'objet, quand il affirme que Dieu en sa Trinité est la connaissance essentielle[353], tantôt au sujet, quand il dit, par exemple, que la perfection de l'intellect, c'est la connaissance substantielle[354]. Ainsi désignée par Fl., celle-ci apparaît comme ayant, dans sa pensée, une nature spéciale.

Quelles raisons permettent d'affirmer que la connaissance de la Trinité est d'une autre nature que les autres connaissances inférieures ? Pour répondre à cette question, il importe d'explorer les différents moyens qui y conduisent, car la connaissance substantielle est l'aboutissement d'un long cheminement, celui de la spiritualisation. Au début de cette voie, l'âme humaine est pleine d'une joie immense et ineffable qui « couvre l'âme de son ombre » : « Comme le Corps très pur et le précieux Sang sont donnés en nourriture et réconfort, cette joie vient pour marquer l'Alliance »[355]. A ce moment-là, « en se rappelant la douceur des adieux, elle (l'âme humaine) trouve, même dans le souvenir de sa vision fugace, la force de surmonter les obstacles », car la voie qui conduit à la connaissance essentielle est aussi ce chemin épineux (*ternisty pout'*), celui que nous avons présenté comme la voie étroite de l'ascèse, la route des renoncements. Mais avant d'aller plus avant dans le développe-

---

[351] Cf. E v a g r e l e P o n t i q u e, *Les six centuries des KEPHALAIA GNOSTICA d'Evagre le Pontique*, pub. par A. G u i l l a u m o n t, dans *Patrologia Orientalis*, vol. XXVIII, II, 47, Paris 1958, p. 78-79.

[352] F. v a n S t e e n b e r g h e n, *Le thomisme*, Paris 1983, p. 79-84.

[353] F l., *La colonne*, p. 41.

[354] *Ib.*, p. 54.

[355] *Ib.*, p. 78. Les citations qui suivent sont de la même page.

ment de cette notion de connaissance essentielle, il paraît opportun d'en exposer brièvement le principe gnoséologique.

Au départ du chemin qui conduit à la connaissance substantielle de la Trinité, il faut poser ce principe gnoséologique déjà classique : le semblable est connu par son semblable. Cette similitude existe préalablement, non seulement comme une pure possibilité ou « en puissance », pour l'exprimer dans la terminologie thomiste, mais elle peut se réaliser : elle est « en pouvoir », comme disent les scolastiques, de passer à l'acte, d'amener à la connaissance actuelle de l'objet.

Dans sa doctrine sur l'image et la ressemblance, Fl. s'appuyait sur ce principe gnoséologique. Conformément à l'enseignement des Pères, il considère que le progrès spirituel coïncide avec une assimilation progressive de Dieu. Cette « assimilation à Dieu consiste à devenir juste et saint ». Souvent citée par les auteurs spirituels, cette phrase de Platon a aussi influencé Fl., nous semble-t-il, bien qu'il ne s'y réfère pas expressément. Notre assimilation à Dieu, en laquelle s'accomplit notre salut, consiste donc en une vie d'union avec Dieu, dans la justice et sainteté (cf. Is 5, 16 ; Lc 1, 72-75). Sous l'effet de la lumière divine que nous recevons alors, nous devenons le miroir de la Gloire de Dieu et le reflet de la Lumière du Christ.

1. Mystique de la lumière

Cette thématique de la lumière est vaste mais assez floue et Fl., comme on le verra, ne prétend pas non plus la traiter dans sa totalité, dans tous les replis de sa profondeur ; il se contente de donner une espèce d'anthologie de textes bibliques et patristiques concernant la Lumière du Christ. On peut s'étonner de ce que l'auteur passe au-dessus de cette mystique des énergies qui, au XIVe siècle, opposait l'Orient et l'Occident et qui n'est pas encore admise aujourd'hui par tous les catholiques. Les effets d'illumination, que produit cette mystique dans l'existence humaine, intéressent davantage Fl. que le contenu de cette lumière ; quand il parle occasionnellement de ce contenu, certaines de ses expressions donnent l'impression de se contredire.

D'abord, dans le sillage de la pensée johannique, « la lumière véritable », c'est le Christ. Et l'auteur cite la prière de conclusion de l'office orthodoxe de Prime : « Christ, lumière véritable, qui illumines et sanctifies tout homme venant en ce monde (cf. Jn 1, 9), que la lumière de ta face nous signe, afin qu'en elle nous voyons l'inaccessible lumière ! » Il cite aussi la version slavonne de l'hymne « Phôs hilarion » : « Lumière sereine de la sainte gloire du Père immortel, céleste, saint, bienheureux, ô Jésus-Christ ! »[356].

Mais dans un passage voisin, on est amené à comprendre que c'est l'Esprit Saint qui est la Lumière. En effet, Fl. reprend à son compte ce qu'exprime le tropaire à saint Serge de Radonège : « L'Esprit très Saint est venu t'habiter et, par son action, tu es orné de lumière » ; et l'auteur ajoute : « Autrement dit, l'Esprit Saint est reconnu comme la source et la cause de la beauté du saint ». Fl. semble donc affirmer que, pour lui, c'est la troisième Hypostase de la Trinité qui est la Lumière. Cependant, dans le même contexte encore, il écrit : « La lumière spirituelle est celle de la Divinité tri-hypostatique elle-même, l'essence divine qui n'est pas simplement donnée, mais qui se donne elle-même ».

Devant ces trois affirmations quasiment juxtaposées, on peut se demander à qui il convient, d'après l'auteur, d'attribuer le don de la Lumière : au Christ, à l'Esprit Saint ou à la Sainte Trinité ? Nous essayerons donc de préciser sa pensée sur ce point.

Dans le vocabulaire de Fl., le terme « lumière » (*svet'*) exprime la grâce (*blagodat'*) que Dieu donne à un être humain, sous certaines conditions de la part de la personne gratifiée, pour lui permettre de mener une existence sainte, une vie qui conduit à son union avec Dieu. Cette grâce, que l'on pourrait appeler la grâce « incréée », doit être conçue comme le don trinitaire, l'opération de toute la Trinité. Cette opération, que la théologie catholique désigne comme *ad extra*, l'Eglise orthodoxe, à la suite des hésychastes et de saint Gré-

---

[356] *Ib.*, p. 68.

goire Palamas, préfère la désigner par une terminologie plus fluide, plus mystique, comme l'agir des énergies divines, qui font couronne et rayonnement à l'essence de Dieu. Incréées, ces énergies ne sont pas identiques à l'*ousia* de Dieu, laquelle est simple et unique, tandis que celles-là sont communicables, connaissables, diverses et multiples[357]. Cette grâce illuminatrice est donc foncièrement « la Lumière de la Trinité éternelle et consubstantielle »[358].

Cette lumière trisolaire nous est pourtant transmise par Jésus-Christ. C'est lui qui, par sa naissance et par le mystère de sa vie, nous a mérité ce don, cette grâce. Pour étayer ses opinions, Fl. utilise largement les textes liturgiques (*lex orandi, lex credendi*) de son Eglise. Ainsi, dans le tropaire de la Nativité, les Orthodoxes chantent : « Ta naissance, ô Christ notre Dieu, a fait luire pour le monde la lumière »[359], chaque soir aux Vêpres, est chantée l'hymne *Phôs hilarion*, déjà évoquée, où l'on acclame le Christ « lumière douce et sereine de la sainte gloire de l'Immortel ».

Cette lumière, que nous appellerons encore la Lumière du Christ, nous est donnée dans l'Esprit Saint, qui est la beauté du saint : c'est par le Fils que l'être humain reçoit l'Esprit Saint et alors, dans le Paraclet, il contemple la beauté indicible de l'être de Dieu, il éprouve la joie d'un tremblement inexplicable, en voyant à l'intérieur de son corps « la lumière spirituelle » ou « lumière du Thabor ». Ce qui répond au terme de la « Lumière », c'est donc la grâce de la Trinité, méritée par le Christ et donnée dans le Saint-Esprit. Mais, se demandera-t-on, qu'est-ce qui est donné dans cette grâce, dans la lumière ? Dieu communique-t-il par elle à l'être humain son essence même ou quelle autre réalité ? Quel est le contenu de cette illumination ? Que voit un mystique dans ce concept de lumière ? On aurait aimé trouver plus de précision, un peu plus de son esprit mathématique, dans les réponses que donne Fl. à ces questions. Certes, ses lecteurs immédiats étaient censés connaître déjà sa spiritualité, aussi

---

[357] *Ib.*, p. 67-69 et la note 127, avec références bibliographiques à la doctrine orthodoxe de la lumière thaborique de saint Grégoire Palamas.
[358] *Ib.*, p. 69.
[359] *Ib.*, p. 68.

ne s'est-il pas cru astreint à leur en présenter une défense à coups
d'arguments ; mais à le lire, on a l'impression que même les lecteurs
n'y trouvent pas leur compte d'information. Non seulement l'auteur omet de défendre son point de vue, mais il n'essaie même pas
d'exposer systématiquement ce qu'est, pour lui, la vision de Dieu
ni l'état du voyant illuminé par la grâce : il se contente de présenter un florilège de textes liturgiques, patristiques et ascétiques, tirés
pour la plupart de la *Philocalie*, où l'on parle de la lumière divine
expérimentée par l'ascète, mais où l'on n'apporte pas de solution
aux questions que nous nous posions plus haut. Il semble donc que
tout ce que dit notre théologien, il ne l'a pas vécu, expérimenté dans
sa propre vie spirituelle, mais qu'il rapporte simplement, et d'une
manière pas toujours bien systématisée, ce que d'autres ont livré
des effets de leur vie mystique. Il s'ensuit que, dans les passages où
il évoque la nature de la vision de Dieu dans la vie d'un saint, on
trouve des obscurités, voire des contradictions. Il dit, par exemple,
que la lumière spirituelle que voit le saint, est « celle de la Divinité tri-hypostatique elle-même, l'essence (*souchtchnost'*) divine qui
n'est pas seulement donnée, mais qui se donne elle-même »[360]. Fl.
semble donc admettre la possibilité d'une vision directe de Dieu,
de l'essence divine elle-même ; cela ne l'empêche pas d'avancer
ailleurs que cette lumière ne diffère pas de celle du Thabor, l'énergie de la Divinité tri-unique. Se pourrait-il qu'il soit simultanément
progressiste et traditionaliste ? Progressiste, affirmant la possibilité
de voir l'essence même de Dieu, il paraît dépasser la position traditionnelle de la théologie orientale, qui tient fermement à exclure
toute vision de Dieu face à face; traditionaliste, dans le droit fil de la
pensée orthodoxe, il admet le fait et la possibilité de voir Dieu, mais
seulement dans ses énergies et non dans son essence. S'agit-il réellement de deux approches divergentes, opposées, de la nature d'une
vision de Dieu ? Il est d'autant plus difficile de trancher, que notre
théologien ne semble pas apercevoir le profond écart qui sépare ses
deux assertions. Comme on le connaît très attaché à la tradition théo-

---

[360] *Loc. cit.*

logique de son Eglise, on trouve vraisemblable que Fl. ait opté pour
la doctrine selon laquelle un saint, même parvenu à l'état le plus élevé de la mystique, ne voit pas Dieu face à face, car l'essence divine
n'est accessible à personne, mais qu'il peut seulement, en entrant
en contact avec la gloire de Dieu, recevoir de Lui une lumière, un
rayon des énergies qui rayonnent hors de Lui, à la manière dont les
rayons lumineux irradient à partir du soleil. Fl. cite, à ce propos, le
Pseudo-Macaire qui écrit : « Quand l'homme a transgressé un com-
mandement, le diable a recouvert toute son âme d'un voile sombre.
Aussi la grâce vient-elle enfin pour retenir le voile, de telle sorte
que l'âme redevienne pure et, ayant repris sa porpre nature, créature
irréprochable et candide, contemple alors, avec pureté et des yeux
nets, la gloire de la lumière vraie, le soleil authentique de la Justice
qui s'est levé dans le cœur même »[361].

Cette position théologique diffère de l'enseignement catholique ;
selon le pape Benoît XII, en effet, les saints, après leur mort, voient
Dieu face à face[362]. Fl. semble ne pas pouvoir admettre cela, par
conviction apophatique, mais il est dommage qu'il ne se prononce
pas plus clairement ; les saints même, croit-il, ne voyant que les
énergies divines et non Dieu face à face, à plus forte raison, personne
en cette vie-ci, même aux moments de la plus haute contemplation,
ne peut voir l'essence divine. Benoît XII, lui, enseignait qu'il dépend
entièrement de la libre décision de Dieu qu'Il se laisse voir ou non[363]
et que, par conséquent, la vision n'est liée à aucun temps déterminé

---

[361] *Ib.*, p. 70 ; Fl. cite P s e u d o   M a c a i r e, cf. *Homilia*, 17, 3, PG, 34, 625.
[362] DZ 1000.
[363] *In potestate autem Dei est situm, quoad si vult appareat nobis, si non vult non
appareat ut supra dicibatur per Ambrosium Fol. 75, a. Videre etiam divinam
essentiam dependet ex Dei voluntate, in cuius voluntate situm est, quod si vult
videtur et si non vult non videtur, dicente* Ambrosio *« I Libro super Lucam
» cap. 8 : 'Non similiter sensibilia videntur et Deus in cuius voluntate situm
est videri et cuius natura est non videri'. Nam si non non videtur, si vult
videtur.* (A m b r o s i u s, *In Lucam*, 1, I n. 24, PL 15, 1543. Je cite d'après
F. W e t t e r, *Die Lehre Benedikts XII. vom intensiven Wachstum der Gottesschau*, Rome1958, p. 43, la note 23.

et peut se réaliser n'importe quand[364], Dieu pouvant se laisser voir
face à face même par un être humain qui vit encore dans son corps
mortel, comme il le fit pour Jésus-Christ pendant toute sa vie terrestre, pour Moïse et pour saint Paul pendant un temps bref[365]. Fl. ne
se prononce pas sur la nature de la vision chez Jésus-Christ ; quant
aux fidèles, il admet « des instants d'illumination par l'Esprit », mais,
même à ces moments-là, ils ne voient, de Dieu, que la Lumière qui
en émane. Il exclut donc totalement de sa mystique une éventuelle
vision de Dieu face à face, même si certaines personnes, connaissant
à certains moments le Paraclet et s'élevant alors au-dessus du temps
dans l'éternité, jouissent d'une illumination ; celle-ci ne leur communique qu'une perception des énergies divines et non une vision
directe de Dieu. Cette illumination est, certes, un don du Saint-Esprit, mais elle n'est pas sans rapport avec l'effort de l'être humain.
Ecoutons Fl. : « Cette purification, cette correction de soi-même sont
nécessaires pour rassembler tout son être dans le cœur, pour conso-
lider autour du cœur toutes les forces de l'esprit, par l'intelligence,
la volonté et le sentiment. Rassembler l'intelligence dans le cœur est
l''attention' (*vnimanié*) ; rassembler la volonté, c'est la 'vigilance'
(*bedrennost'*) ; rassembler le sentiment, c'est la prise de conscience
dans la 'sobriété' (*trejvenié*) »[366]. « Cette triple récollection de soi-
même conduit à « entrer dans le temple intérieur », où l'on peut avoir
la vision du « temple céleste ». La lumière de la connaissance divine
est la faculté de la personne nette, purifiée. Cependant, éclairant le
juste et rayonnant de lui, par la miséricorde indicible de Dieu, selon
les prières de sa Mère, en vue de quelque but spécial, l'Amour de
Dieu peut parfois être contemplé par des êtres humains qui n'ont pas
atteint à la spiritualité : la retraite de l'ascèse n'est qu'une voie vers
une plus haute union »[367]. Fl. affirme là deux choses importantes :

---

[364] *Tantum vident quantum illi placitum est, quem vident et in quo vident*, id. Je
       cite d'après F. W e t t e r, *op. cit.*, p. 43, la note 25.
[365] F. W e t t e r, *op. cit.*, p. 43.
[366] Fl. renvoie ici à l'évêque Théophane le Reclus, mais n'indique pas à quelle
       œuvre il emprunte cette citation ; cf. F l., *La colonne*, la note 140.
[367] *Ib.*, p. 170.

la première, que la sainteté ne se passe pas du travail spirituel de la personne, et la seconde, qu'il y a une certaine croissance dans l'union à Dieu, dans la participation à Sa Gloire. L'auteur ne précise pourtant pas s'il s'agit d'une croissance extensive qui permettrait à un saint de voir toujours plus, ou d'une croissance intensive qui approfondirait sans cesse l'union du saint avec Dieu. Il semble pourtant que Fl. conçoive cette croissance comme une immersion de plus en plus intense du saint dans la Lumière de Dieu tri-unique, dans Sa connaissance substantielle, ainsi que nous le verrons dans la suite. Cette immersion (en grec *baptizein* = immerger) s'explique subjectivement par l'activité propre de l'être humain, mais elle est, objectivement, un don de Dieu, grâce de l'Esprit Saint.

2. L'œuvre de l'être humain

Les théologiens catholiques et orthodoxes s'accordent pour affirmer que l'être humain, dans son cheminement vers la perfection, n'est pas passif comme s'il avait à attendre tout de Dieu et rien de lui-même. Même s'il paraît moins accentué que chez les catholiques, l'effort qu'une personne doit consentir pour rejoindre la perfection à laquelle Dieu l'appelle, l'Eglise orthodoxe aussi la présente comme une exigence, comme condition de l'entrée dans l'état de lumière ; dans cette nécessaire contribution active de l'être humain à son propre avancement, la théologie d'Orient, à la suite des Pères, parle volontiers des « sens spirituels » : « La vue, dit Evagre le Pontique, lui montre les êtres en tant qu'objets ; par l'ouïe, il reçoit les paroles qui les concernent ; grâce à l'odorat, il se délecte de l'odeur sainte qui n'admet aucun mélange (ce qui s'en délecte, c'est le palais de sa bouche) ; grâce au toucher, il acquiert justement une certitude véritable à leur sujet »[368]. De cette sorte de discours, on ne trouve pas trace chez Fl., mais il assigne implicitement comme but à la pratique

---

[368]   *Ib.*, p. 155.

ascétique, qu'il conseille en tant que la voie la plus avantageuse vers
la sainteté, la perfection des sens, dont parle Origène. S'il privilégie
la vue, qu'il semble considérer comme le plus excellent de nos sens,
c'est en relation étroite avec sa mystique de la lumière : « La vue
permettant de voir la lumière, écrit-il[369], dont la vision permet de
contempler Dieu et donc de nous sauver... » et il ajoute plus loin, au
sujet de l'ascèse : « Ayant la lumière, n'est-il pas apaisé ?».

Le salut coïncide alors avec la vision de la lumière, à laquelle
on n'accède, par ailleurs, que par la pratique du bien, par la charité.
Comme en d'autres endroits déjà, Fl. se fait ici l'écho de l'Evangile
johannique : « Celui qui fait le bien est de Dieu ; celui qui fait le
mal n'a pas vu Dieu » (Jn 3, 11). La pratique du bien, c'est-à-dire
la charité agissante, devient ainsi la voie qui mène à la gnose véritable. Celle-ci se développe, bien sûr, à partir de la foi, mais d'une
foi qui s'actualise et se vérifie dans la charité. Ainsi, au sommet
de l'édifice moral, au-dessus de la charité même, il y a la connaissance. On rencontre, ainsi que la suite le montrera encore, chez Fl.,
comme chez Clément d'Alexandrie d'ailleurs[370], des affirmations
contradictoires sur le rapport qui existe entre la gnose et la charité :
ce qui vient d'être dit, par exemple, au sujet de la prééminence de la
connaissance se trouve contredit par cette autre assertion, où l'auteur affirme que c'est dans la charité que la connaissance trouve son
achèvement, sa perfection[371]. On est donc bien forcé d'admettre que,
sur ce thème, la pensée de l'auteur reste floue, tâtonnante, irrésolue.

L'intensité de la lumière et la qualité de sa vision vont de pair
avec la perfection morale que la personne humaine s'acquiert par
le moyen de la vie ascétique : plus elle y est avancée, plus elle apparaîtra aux regards d'autrui. Cette disposition de l'âme humaine
qui s'ouvre au don que Dieu fait de lui-même dans la lumière (Col
1, 12), les scolastiques, attentifs au fait que, dans l'âme des enfants baptisés, la grâce existe réellement non comme « acte », mais

---

[369] *Ib.*, p. 68.
[370] C l é m e n t d ' A l e x a n d r i e, *Stromates*, II, 6, 31 ; II, 9, 45 ; IV, 7, 54.
[371] Cf. F l., *La colonne*, p. 65-66.

comme « habitus », l'ont comprise comme un « habitus » ou « don créé », par lequel l'être humain se trouve, en fait, exposé à l'activité divine. Celle-ci, agissant dans la personne, la rend accueillante à Dieu, qu'elle fait pénétrer et habiter dans l'âme humaine. L'effet de la grâce est donc de rendre ainsi l'être humain semblable à Dieu, de le conduire vers Dieu « et nous fait posséder Dieu et nous fait en Dieu possédés par Lui. Dieu habite en nous »[372]. Fl. n'emploie pas cette appellation de « don créé », qui n'est pas en usage chez les Orientaux, mais on peut légitimement soutenir qu'il en accepte la réalité, puisqu'il écrit : « La lumière de la connaissance divine est la faculté de la personne nette (...). La retraite de l'ascète n'est qu'une voie vers une plus haute union. Les bornes du moi obstiné en soi-même sont minées et s'effondrent chez l'ascète ; par lui, une force qui n'est pas de ce monde se déverse dans l'âme de celui qui l'approche. Une grande lumière ineffable brille devant lui. Mais celui qui n'a pas atteint la perfection voit-il à cette lumière 'tout' ce que l'on peut et ce que l'on doit y voir ? J'en doute. »[373].

Ainsi l'être humain qui s'engage sur le chemin de la sanctification, doit s'efforcer d'y progresser vers la déification. Mais pour atteindre le terme de cette voie, qui n'est autre que la connaissance substantielle de Dieu, il doit en attendre la grâce.

3. L'œuvre de l'Esprit Saint

Tous les chrétiens sont unanimes sur ce point : la grâce de Dieu est indispensable à l'être humain pour accéder à la vie mystique. L'être humain possède la capacité de la recevoir mais non la puissance nécessaire pour l'atteindre. Pour redevenir ce qu'il était dans sa nature originelle, c'est-à-dire pour être de nouveau « à la ressemblance de

---

[372] Cf. S a i n t   B o n a v e n t u r e, *Breviloquium,* Partie I : *La Trinité de Dieu,* introd. et notes par L. M a t h i e u, Paris 1967, chap. 5, p. 89.

[373] F l., *La colonne*, p. 70.

Dieu », laquelle conditionne sa vision de la lumière, il ne dispose
pas de la puissance nécessaire, car ce n'est pas là une œuvre à la
mesure des forces humaines, mais le fait du libre don de Dieu. C'est
par la grâce que nous avons accès à la vision de Dieu, laquelle nous
comble de bonheur. Et cette grâce, comme cela a été mentionné précédemment, c'est l'œuvre de l'Esprit Saint.

Comme la création est l'œuvre du Dieu-Père, la rédemption
l'œuvre du Christ, la sanctification se révèle principalement comme
l'œuvre du Saint-Esprit[374]. C'est lui qui sanctifie tout être humain
qui s'efforce « d'entrer dans le repos de Dieu » (cf. Hb 4, 1-3 ; Ps
94, 11). « La connaissance de l'Esprit Saint, dit notre auteur, rendrait tout le créé 'entièrement' pneumatophore, *entièrement* divinisé ; elle donnerait une illumination 'achevée' (*zavertennoïé prosvet-
lenié*). Alors l'histoire prendrait fin, la plénitude des temps et des
délais s'accomplirait. Alors, dans le monde entier, il n'y aurait plus
de Temps (...). Mais tant que dure l'histoire, seuls des instants d'illumination par l'Esprit sont possibles »[375]. L'auteur n'explique pas
ce qu'il entend par « illumination achevée », comme s'il considérait cette expression comme communément connue et comprise par
ceux à qui il s'adresse. Cependant, à cause du poids même qu'il lui
confère, il nous paraît nécessaire de creuser cette expression et d'en
scruter le contenu implicite. Pour cela, replaçons-là dans le cadre
gnoséologique de notre théologien ; il semble qu'ainsi réinsérée,
elle puisse se comprendre comme une « connaissance intégrale »
ou substantielle, et s'interpréter aussi comme une connaissance exhaustive, du moins quant à son sujet humain, car son objet divin ne
pourrait être connu, à fond et jusqu'au bout, par aucune créature.
La personne qui jouit de cette « illumination achevée » est comblée
de Dieu, ne laissant rien de ce qui la constitue vide, privé, intact
de Dieu ; sera-t-elle alors parvenue au terme de sa croissance spirituelle ou bien aura-t-elle encore à progresser dans la voie de la
vision mystique ? Il s'agit bien en effet de mystique et non d'une

---

[374]   *Ib.*, p. 86.
[375]   *Ib.*, p. 79.

expérience banale, commune à tous les humains : si quelqu'un est gratifié de cette « illumination achevée », c'est qu'il aura traversé ce que nous appelons habituellement une expérience mystique. Quant à l'éventuelle continuation de la croissance spirituelle après cette illumination, Fl., bien qu'il ne le dise pas ouvertement, semble sceptique sur la possibilité de ce développement : quels progrès, vers quel état plus élevé, resterait-il à accomplir, en effet, après qu'on ait accédé à cette illumination achevée, à cette connaissance intégrale ? Rejoignant ainsi une tradition commune à l'Orient et à l'Occident, notre théologien estime qu'il y a, pour chaque être humain engagé sur la voie de la perfection, un terme, une limite au-delà de laquelle nulle spiritualité ne pourrait le mener. Saint Maxime le Confesseur s'exprimait ainsi, à ce propos : « Certains demandent : quel sera l'état de ceux qui sont dignes de la perfection du Royaume de Dieu ? Y aura-t-il progression et changement (indéfinis) ou bien y aura-t-il un état stable (excluant tout changement) ? Comment seront alors les corps et les âmes, et que faut-il penser à ce sujet ? Méditant sur cela, on pourrait dire que, dans la vie corporelle, la nourriture a une double fonction : elle sert à la croissance et à la conservation de ceux qui sont nourris (...). De même la nourriture de l'âme a une double raison d'être : tant qu'elle progresse, l'âme est nourrie par les vertus et par les contemplations jusqu'à ce qu'elle atteigne la stature de la plénitude du Christ, ayant dépassé toutes les réalités créées. L'ayant atteinte par ces voies, elle reçoit désormais, de manière directe, une nourriture incorruptible qui dépasse toute intelligence ; et c'est peut-être à cause de cela qu'elle est au-delà de toute croissance. Elle reçoit alors cette nourriture uniquement pour la conservation de la perfection qui lui a été accordée et pour manifester la splendeur infinie de cette nourriture »[376]. C'est à peu près ce que déclare aussi le pape Benoît, dans la constitution *Benedictus Deus* du 29 janvier 1336, affirmant que le terme de la croissance dans la vision de Dieu,

---

[376] Saint Maxime le Confesseur, *Centuries sur la Théologie et l'Economie*, II, 88, PG, 90, col. 1165 D ; cf. *Philocalie des Pères Neptiques*, Abbaye de Bellefontaine 1985, fasc. 6, p. 121.

c'est le Jugement dernier[377]. Fl. donnerait volontiers son accord à ces
opinions et, bien qu'on ne puisse y voir l'effet d'une influence subie,
on le voit particulièrement proche de ce pape Benoît XII, car il situe,
lui aussi, la connaissance intégrale à la fin de l'Histoire, qu'il ne
désigne pas nommément comme le Jugement dernier mais que nous
reconnaîtrons comme tel, puisque notre auteur fait coïncider cette
fin de l'Histoire avec l'entrée dans l'éternité divine.

Il nous faut rappeler maintenant que le processus du progrès
spirituel s'opère par l'action de la troisième Hypostase : Fl. insiste
beaucoup sur ce point, car reconnaître l'action du Saint Esprit, divine Hypostase, dans la sanctification humaine personnelle, ce n'est
pas autre chose que de confesser la vérité et l'orthodoxie : la vérité,
parce que c'est effectivement l'Esprit Saint qui est le sanctificateur
de toute personne, et l'orthodoxie, parce que l'Esprit Saint doit être
reconnu comme Hypostase distincte des deux autres, du Père et du
Fils, alors que cette doctrine n'a pas toujours été clairement mise en
évidence avant les grands Conciles[378].

L'action du Saint Esprit dans l'œuvre de la sanctification ne se
limite pas à son intervention dans l'existence personnelle de chaque
chrétien, mais s'élargit, et cette dimension paraît la plus importante
aux yeux de notre auteur, s'étendant à toute l'Eglise : « Ce qui sera
le sera en Elle et par Elle, pas autrement », écrit-il, « en d'autres
termes, c'est dans l'Eglise-Mère que s'ouvrira la Grande Pâque du
monde » ; mais, dès maintenant, l'Eglise se révèle comme le milieu
où se réalise le Royaume de Dieu, qui s'y manifeste particulièrement
dans la liturgie et les sacrements[379]. Or, ce Royaume de Dieu, c'est
l'Esprit Saint qui, bien qu'il reste toujours un « Mystère caché »
échappant à nos conceptions, est la lumière véritable, l'espoir vrai
de tous ceux qui sont en train d'être sauvés. En termes scolastiques,
nous dirions que l'Esprit Saint se révèle comme la cause efficiente
objective de la sanctification, et dans la terminologie de notre théo-

---

[377] Cf. F. We t t e r, *op. cit.*, p. 180-182.
[378] F l., *La colonne*, p. 80-81.
[379] *Ib.*, p. 94.

logien, comme la cause de l'illumination ou de la connaissance substantielle de la Vérité tri-hypostatique : mystère caché mais toujours
agissant (cf. Jn 5, 17), c'est Lui qui est « la source et la cause de la
beauté du saint », car, assure notre auteur, « ce ne sont pas l'intuition
ni le raisonnement qui donnent la connaissance de la Vérité. Elle apparaît dans l'âme par une libre 'révélation' (*otkrovenié*) de la Vérité
tri-hypostatique elle-même, par une visite de grâce que lui rend l'Esprit Saint. Un acte volontaire de la foi constitue les prémisses d'une
telle visite, un acte absolument impossible pour l'aséité humaine et
qui s'effectue par 'l'attirance' (*privletchenié*) qu'exerce le Père qui
est au ciel (cf. Jn 5, 44) ». Nous trouvons ici, esquissée en ses traits
caractéristiques, une définition de la *gnose* authentique, telle qu'elle
apparaît dans les stromates de Clément d'Alexandrie. Le point de
départ de la gnose authentiquement chrétienne, c'est d'abord la foi,
non pas la foi privée, rationnelle, c'est-à-dire nantie « des preuves
de la raison » comme Fl. reproche à Tolstoï d'entendre ce terme[380],
mais au contraire la foi fondée sur l'enseignement du Seigneur et
des Apôtres, celle que conserve et professe l'Eglise et que notre auteur appelle la « foi ecclésiale » ou « synodale », bâtie sur le dogme,
compris comme une articulation logique du vécu spirituel. Mais si
la connaissance, dans la perspective de la gnose chrétienne, s'appuie sur la foi, c'est pour la dépasser ; entre la gnose et la foi, il
y a continuité, homogénéité interne ; et le dogme, dit notre théologien, « permet aux humains de regarder la lumière inaccessible de
la gloire indicible de Dieu »[381]. C'est de la foi que germe la gnose,
en un développement ultérieur qui semble, chez Fl., comme chez
les Pères, prendre deux directions : celle d'abord d'une recherche
intellectuelle qui utilise largement, ainsi que l'a fait notre auteur,
les différentes ressources philosophiques, à commencer par les ap-
ports des penseurs de l'Antiquité grecque jusqu'aux contemporains,
en passant par les Pères ; et deuxièmement, celle de l'effort moral,
l'exercice des vertus, car la connaissance est le fruit du cœur pur et

---

[380] *Ib.*, p. 48.
[381] *Ib.*, p. 75.

de la pratique des vertus[382]. C'est à ces conditions et seulement ainsi
qu'un être humain peut atteindre l'objet de son espérance : connaître
Dieu d'une connaissance que Fl. appelle substantielle.

Dans le passage de l'auteur que nous citons plus haut, il faut
encore relever deux choses qui le rapprochent de la conception ori-
génienne de la gnose : la première, c'est que la connaissance de la
Vérité y est présentée comme un don absolument gratuit du Paraclet, don qui se réalise au niveau de la foi, puisqu'elle est « un acte
absolument impossible pour l'aséité humaine », et qui se poursuit
jusqu'à l'acquisition de la pleine connaissance de l'illumination[383] ;
et la seconde, qui constitue une constante caractéristique de Fl., c'est
qu'il réserve, dans cette connaissance même, une place considérable
et un rôle indissociable de synergie à l'amour, ainsi que l'avait fait
Origène[384]. Sur ce deuxième point, nous reviendrons plus loin.

Ce que nous avons essayé de dire dans les chapitres précédents
devient ici plus évident : Fl. est un vrai gnostique, authentiquement
chrétien. Pour lui, l'unique but de l'existence humaine actuelle, c'est
la connaissance de Dieu, non une connaissance qui ne serait que
pure considération spéculative, mais une connaissance qui est expérience spirituelle et communion. C'est sur cette connaissance-là
qu'il nous faut porter maintenant notre réflexion, car nous n'avons
considéré jusqu'ici que les chemins qui y mènent.

4. Connaissance substantielle

Cette expression « connaissance substantielle » (*souchtchestvennoïé poznanié*), quelque peu surprenante à première vue, requiert
des éclaircissements. Fl. l'utilise de façon plus vraisemblable et

---

[382] On trouve les mêmes thèmes chez Origène, cf. H. C r o u z e l, *Origène et la
       connaissance mystique*, Bruges 1961.
[383] F l., *La colonne*, p. 68 ; cf. O r i g è n e, *In Matthaeum*, XV, 30, PG, 13, III,
       1341-1344.
[384] Cf. O r i g è n e, *In Proverbia*, 6, PG, 17, 176 D.

adéquate quand il l'attribue à la Trinité ; mais on peut saisir aussi sa pensée quand il la prend pour désigner, semble-t-il, un don de la Sainte Trinité à l'intelligence humaine, par exemple lorsqu'il écrit : « La connaissance de la Vérité, c'est-à-dire de la consubstantialité (*edino-souchtchié*) de la Sainte Trinité »[385]. Nous avons déjà eu l'occasion de rencontrer la formule dans des points précédents et nous la présentions alors dans le sens qui vient d'être rappelé ; il convient d'en scruter plus profondément le contenu, pour essayer d'en éclairer toutes les richesses. Pour Fl., Dieu est la science par essence. Dans la Trinité, il n'existe rien de séparable, rien de composé ni de qualifiable, car elle est, en tout, unique et toujours égale.

Telle qu'elle existe, la Trinité se définit par le terme de Vérité. Elle est l'unique Vérité existante et c'est pour cela qu'Elle se présente aux regards de l'auteur comme une exigence de la raison, une exigence « nécessaire et inévitable pour elle » ; c'est de ce « postulat » que découlent les conditions de la connaissance, selon Fl. ; pour lui, notons-le, bien qu'il admette une certaine connaissance abstraite ou théorique de Dieu, celle que nous qualifierions de naturelle, c'est seulement de la connaissance ou science expérimentale de Dieu qu'il veut traiter, celle qui fait entrer quelqu'un en contact vivant avec le Dieu vivant. Entre cette connaissance-là et les autres connaissances humaines, il n'est pas question d'établir une quelconque analogie ; elle suppose en effet une présence effective de Dieu dans la personne humaine qui devient pour ainsi dire son temple. Ce contact vivant avec Dieu est existentiellement nécessaire à l'être humain ; c'est en termes de vie et de mort qu'en parle Fl., en termes de salut ou de damnation, car il n'y a pas de troisième voie, *tertium non datur*, nous dit-il : c'est ou l'une ou l'autre. Cette connaissance constitue l'accès authentique au mystère de Dieu, au mystère d'une histoire sainte dans laquelle Dieu s'engage pour l'humanité et où l'être humain s'engage à son tour. Cet aspect à la fois existentiel et totalitaire de la connaissance rend très difficile, voire illusoire, l'analyse sémantique d'un mot qui englobe les éléments

---

[385] F l., *La colonne*, p. 78.

essentiels de l'attitude spirituelle de l'être humain vis-à-vis de Dieu
et, par suite, à l'égard de lui-même, d'autrui et du monde.

Tandis que la connaissance des objets extérieurs s'acquiert par
l'observation et l'analyse, pour lesquelles le chercheur, se situant
à l'extérieur, garde une sorte de neutralité critique, la connaissance
de la Vérité, au contraire, exige une communion avec elle : « Pour
connaître la Vérité, il faut l'avoir ; il faut donc cesser de n'être que
soi et communier avec la Vérité elle-même »[386]. Il n'est pas facile,
et Fl. s'en rend bien compte, de faire le passage de la certitude démontrable mais illusoire que donne la raison à l'autre certitude,
sûre mais non démontrable et même inaccessible à la raison seule :
« Entre le terrain déjà parcouru des concepts relatifs à la vérité et
le domaine supposé, exigé, de la connaissance intuitive, c'est-à-
dire celle de la Vérité, il y a un fossé que l'on ne peut contourner,
par-dessus lequel il n'y a aucun moyen de sauter ». Fl. serait-il donc
totalement sceptique ? Evidemment non ; l'issue, il la voit dans la
foi, qui nous permet de refuser le « monisme » de la pensée : « La
[continuité moniste] est, en effet, la marque d'un entendement révol-
té de la créature qui se sépare de son Principe et de sa Racine, et qui
se disperse dans la poussière de l'auto-affirmation et de l'auto-des-
truction ». Libéré du monisme de la pensée, l'être humain entre dans
la « discontinuité dualiste », qui est « le fait de l'entendement qui
se sacrifie pour son Principe et qui acquiert, en union avec celui-ci,
force et renouveau ». Cette discontinuité dualiste, c'est justement,
de la part de l'être humain, un certain abandon de son propre moi, de
sa propre raison, pour recevoir « humblement, de la vérité, une divinisation éternelle (*vetchnoïé obojenié*), c'est-à-dire, pour accéder
à une connaissance substantielle, dans laquelle je cesse d'être moi,
ma pensée n'est plus ma pensée : par un acte incompréhensible, je
rejette l'auto-affirmation : [moi=moi] »[387].

Pour saisir encore mieux ce qu'est la connaissance substantielle,
il faut la mettre en relation étroite avec l'identité numérique, l'*ho-*

---

[386] *Ib.*, p. 48. Les citations qui suivent sont de la même page.
[387] *Ib.*, p. 50.

moousia, à propos de laquelle nous disions précédemment que la Vérité n'est pas, pour Fl., *adaequatio rei ad intellectum*, mais *ad Deum* : l'être humain qui cherche à définir sa propre nature, sa propre identité, doit *esse ad*, et plus précisément, *esse ad Deum*. C'est de cette idée que nous trouvons ici le prolongement et continuité : notre connaissance de Dieu est une connaissance substantielle parce que Dieu est la Vérité substantielle, et que, par conséquent, c'est substantiellement que nous avons à le connaître.

Par le péché, l'être humain usurpait la place de Dieu ; par la foi, avec l'aide de Dieu, il rétablit l'ordre naturel des rapports entre Dieu, réintronisé à sa vraie place, et l'humanité, située à son rang.

Fl., pas plus que ses devanciers[388], n'essaie d'ailleurs de résoudre tous les problèmes soulevés par cette doctrine. Pour lui aussi, Dieu reste incompréhensible, tout en étant seul vraiment intelligible. L'intelligence humaine, parce qu'elle participe à la nature de Dieu, participe également à son incompréhensibilité ; la connaissance qui est une assimilation réelle du connaissant au connu, se réalise entre l'être humain et Dieu ; n'est-il pas légitime et logique de se demander comment ? Fl. répond qu'il faut avoir « une confiance totale en la victoire complète de la volonté sur l'attraction de la chair, sur les hésitations qui retiennent l'élan spirituel »[389] : il faut remplacer la captivité de l'entendement par l'obéissance à la foi et confesser : *credo quia absurdum est*[390]. Plus mystique que théologien, Fl. renonce ici à la compréhension purement rationnelle, pour entrer dans le mystère de la foi et répéter après saint Anselme : *credo ut intelligam*[391]. Même s'il

---

[388] Une vision qui s'approche de celle de Fl. est présentée aussi par Origène. Selon celui-ci, l'union des *logikoi* avec le *logos* possède un caractère pas seulement moral, mais aussi physique. Cette union du caractère physique de toute âme sainte avec le *logos*, Origène la fonde sur la comparaison entre l'union de l'âme de Jésus avec le *logos*. Cf. B. F r a i g n e a u J u l i e n, *Les sens spirituels et la vision de Dieu selon Syméon le Nouveau Théologien*, Paris 1985, p. 34. Voir aussi H. C r o u z e l, *Théologie de l'image de Dieu chez Origène,* Paris 1956, p. 135 ss. et note 52.

[389] F l., *La colonne*, p. 46.

[390] *Ib.*, la note 75.

[391] *Ib.*, p. 46.

insiste sur le mystère de cette « connaissance substantielle », sur le
fait qu'elle est rationnellement incompréhensible, l'expression même
pourrait paraître assez troublante. En défense de l'auteur, nous voudrions alléguer que, pour lui, comme déjà pour Evagre le Pontique,
la vision de Dieu est très spéculative et que c'est par la grâce que
l'intelligence humaine reçoit « la connaissance substantielle ».

Parmi les théologiens orthodoxes, on trouverait difficilement un
auteur qui irait aussi loin dans l'assimilation de la vision mystique
de Dieu en ce monde à la vision céleste. Ce qui se rapprocherait le
plus de « la connaissance substantielle » de Fl., c'est l'enseignement
d'Evagre, qu'il ne cite pourtant qu'une fois dans *La colonne* (cf. la
note 485) pour nous renvoyer à la *Philocalie*. Or, dans la version due
à Théophane le Reclus et employée par Fl., aux trois textes d'Evagre
que l'on trouvait déjà dans la *Philocalie* grecque[392], le traducteur,
dans son premier volume, a ajouté d'autres textes et notamment le
Praktikos, où l'on trouve la même expression : « la connaissance
substantielle (*gnôsis ousioses*) »[393] ; celle-ci chez Evagre, exprime
la connaissance de la Trinité, et Fl. lui donne la même acception,
affirmant : « Connaître substantiellement la Vérité, c'est-à-dire se
joindre à la vérité même, c'est donc entrer réellement dans le sein de
la Tri-Unité divine, et non pas établir un contact idéal avec la forme
extérieure de celle-ci. Par conséquent, la connaissance véritable, la
connaissance de la Vérité, n'est possible que par une transsubstantiation de l'être humain, par sa déification, par l'acquisition de l'amour
en tant que la substance de Dieu »[394]. Mais cette connaissance de Dieu
par une créature ne constituerait-elle pas une certaine limitation de
l'essence même de Dieu ? Il semble qu'en l'absence d'une réponse
nette de Fl. à cette question, nous pouvons y répondre en suivant
la ligne d'Evagre et l'interpréter ainsi : ce n'est pas l'être créé qui

---

[392] Dans la *Philocalie* grecque, on trouve ces trois textes d'E v a g r e : 1. Es-
     quisses d'un enseignement sur la vie monastique ; 2. *Chapitre sur le discerne-
     ment des passions et des pensées* ; 3. *Chapitre sur la nepsis*. Quant aux *Prati-
     kos* et aux autres ajouts de Théophane, cf. K . W a r e, *op. cit.*, coll. 1344-1345.
[393] E v a g r e, *Centuries, op. cit.*, II, 47 ; IV, 77 ; V, 56.
[394] F l., *La colonne*, p. 54-55.

délimite l'essence de Dieu, mais au contraire c'est la connaissance de Dieu qui embrasse le créé[395], c'est Dieu lui-même qui, se laissant connaître, convie l'être humain à participer à sa vie par la grâce, car, dit notre auteur : « La source de la connaissance, de l'amour et de la joie est Dieu lui-même »[396]. Pour comprendre l'auteur, ses lecteurs doivent sortir de leur propre moi, de leur propre horizon de pensée, et se laisser guider par Dieu, par leur raison qu'illumine la foi, par la foi raisonnante. Ce serait une erreur et une injustice que de prétendre juger Fl. d'après nos catégories de pensée, puisqu'il se situe dans la sphère de la mystique, de la foi ; pour lui, apparemment, il n'existe qu'un langage, et c'est précisément le langage de la foi, avec ces trois phases ou étapes :

- *credo quia absurdum* - je crois malgré les gémissements de la raison,
- *credo ut intelligam* - je crois pour comprendre, afin de comprendre,
- *intelligo ut credam* - je sais pour croire ou afin de croire[397].

La foi est un dépassement de la raison et de la loi d'identité qui enferme l'être humain dans son solipsisme. C'est tout naturellement que l'être humain dans son état édénique exerçait sa capacité de « sortir-entrer » à l'égard de Dieu et du prochain ; mais détérioré et déchiré par ses antinomies à la suite du péché, il s'enferme dans un isolement égocentrique ; toujours insatisfait et malheureux, nostalgique de l'Eden perdu, sans cesse déçu dans sa quête d'un bonheur que la raison elle-même ne peut lui fournir, il découvre son statut véritable, se connaissant comme un être relatif. L'acte de foi constitue alors une ouverture, un « sortir de soi », qui lui fait découvrir l'autre : ce pas que la foi lui fait franchir déclenche et engage son cheminement sur la voie de la

---

[395] Cf. G. B u n g e, *Mysterium Unitatis...*, *op. cit.*, p. 456.
[396] F l., *La colonne*, p. 55.
[397] *Ib.*, p. 46-47.

connaissance[398]. Cette interprétation « personnaliste » ne va-t-elle pas à contre-sens de la notion de la « connaissance substantielle » ? Celle-ci, se présentant comme une totale communion, une quasi fusion du « moi » avec Dieu, n'entraîne-t-elle pas la perte, de la part d'une personne humaine, de son « moi » individuel et distinct ? Il y a, semble-t-il, dans la pensée de notre auteur, deux approches de la réalité de la connaissance qui diffèrent et semblent s'exclure ; cependant, il ne paraît pas les percevoir comme contradictoires ni susceptibles de faire problème. A côté du « personnalisme », il pose un certain « a-personnalisme » : mon « moi » personnel s'identifie pleinement au « Toi » de Dieu, dans lequel il pénètre pour ne former qu'un avec lui, mais ce séjour en Dieu permet justement au « moi » d'acquérir pleinement, véritablement, authentiquement son identité, de sorte qu'en se donnant à Dieu, la personne humaine, loin de perdre son propre « moi », trouve au contraire un grand bénéfice. C'est grâce à l'amour que tout cela est possible, dit Fl., car l'amour est la force qui permet à une personne de réussir la « sortie » vers Dieu, en franchissant le mur où s'emprisonnait son « moi » égoïste, et la faire entrer dans la connaissance de Dieu, formant avec Lui une communion totale, tandis que simultanément Dieu, dans son amour, permet au « moi » d'atteindre la plénitude de son identité authentique. Cet amour n'a donc pas, dans la terminologie de l'auteur, un contenu psychologique, mais possède un caractère ontologique : parce qu'il s'enracine dans la Divinité tri-unique, un tel amour se présente nécessairement comme une triade métaphysique, conjointement avec la vérité et la beauté.

---

[398]   « La 43ᵉ péricope de Matthieu (11, 27-30), dit Fl., que l'on lit à l'office du saint, a essentiellement un sens cognitif ; je dirais même qu'elle concerne directement la théorie de la connaissance, la gnoséologie. Ce sens nous apparaît avec une plus grande évidence si nous considérons que l'objet de tout le chapitre XI de Matthieu est le problème de la connaissance, de l'insuffisance, de la connaissance rationnelle et de la nécessité de la spirituelle », *ib.*, p. 15.

5. Amour ontologique

L'amour dont parle Fl. n'est pas une émotion de l'âme provoquée par
le mouvement de l'esprit qui le porte à vouloir se joindre aux objets
qui lui paraissent convenir, car se serait concevoir, de l'amour, une
idée psychologique, en laquelle l'auteur voyait un fruit du XVIIIe
siècle. Ce n'est pas non plus l'amour platonicien, cet élan par lequel
l'âme, sensible à l'attrait de la Beauté parfaite, tend à l'immortalité.
L'amour, dans le vocabulaire de Fl., représente beaucoup plus ; le
mot *lioubov'* se traduirait plus exactement par le terme « charité »[399],
parce qu'il consiste en l'amour de Dieu lui-même et du prochain en
Dieu. Sous la plume de notre théologien, l'amour présente un caractère religieux qui le distingue de toute forme de philantropie, pure
et simple. Comme pour la théologie catholique, l'amour (*lioubov'*)
ne désigne pas une catégorie d'actes, un mode de conduite, mais
constitue le principe même de la vertu, l'inspiration d'où émane la
moralité, et bien plus encore. C'est une force qui fait entrer l'être humain qui aime en contact ontologique avec la personne aimée : nous
pourrions l'appeler *amor unionis*, car il est oubli et don de soi, mais
il permet aussi à la personne aimante de se retrouver d'autant plus
parfaitement qu'elle s'est davantage perdue dans la personne aimée.
Entre l'amour dont parle Fl. et la charité telle que la conçoivent les
théologiens catholiques, il existe beaucoup d'analogies.

Pour les Occidentaux comme pour les Orientaux, l'amour de
Dieu et pour le prochain se fonde sur l'amour que Dieu a pour nous ;
tous se situent ainsi dans le sillage de saint Jean : « Bien aimés, si
Dieu nous a ainsi aimés, nous devons, nous aussi, nous aimer les uns
les autres » (1 Jn 4, 11) ; « Celui qui n'aime pas son frère qu'il voit
ne saurait aimer le Dieu qu'il ne voit pas » (1 Jn 4, 20).

Cette perspective n'est pas absente chez notre auteur, mais, pas
plus chez lui que chez les autres théologiens des deux Traditions
chrétiennes, elle n'est la seule. Bien plus que sur cet amour que l'on

---

[399]   *Ib.*, p. 261-262.

pourrait qualifier d'« économique », il s'appuye sur l'amour intra-di-
vin, la charité au sein même de la Trinité. Dans la Tri-Unité, Dieu
se révèle en tant qu'amour ; l'amour est l'essence, la nature de Dieu
et non une relation providentielle qui lui serait propre. « Dieu est
amour », ou plus exactement : « Dieu est Amour » ; pas seulement
« Celui qui aime », quand même ce serait parfaitement[400]. Parce que
Dieu est Amour, son Fils Jésus-Christ est son Amour hypostatique
car « l'amour est un acte substantiel qui passe du sujet à l'objet et
dont le support est dans l'objet »[401]. Le créé, et en particulier l'être
humain, en recevant l'existence par le Fils, la deuxième Hypostase,
plongent ainsi dans cet amour divin. L'être humain a son enracinement dans l'amour trinitaire et se manifeste comme « une créature
de Dieu indépendante, autonome et responsable, aimée par Dieu et
capable de répondre à son amour »[402]. A l'image du Fils, le créé se
présente aussi comme l'effet de l'amour divin, et, comme tel, appelé
à aimer les autres comme les aime le Créateur.

Reflet de la Vérité (Dieu le Père), de l'Amour (Dieu le Fils) et de
la Beauté (le Saint-Esprit), l'être humain manifeste, dans son existence d'ici-bas, cette triade métaphysique : « Ce qui est vérité pour
le sujet de la connaissance est amour pour lui, de la part de l'objet de celle-ci, et beauté pour celui qui contemple la connaissance
(connaissance de l'objet par le sujet).

Pour comprendre Fl. dans ce passage assez difficile et abstrait, il
faut se référer à la vie intra-divine. En termes métaphysiques, nous
dirions que tout être est ontologiquement vrai en tant qu'intelligible,
c'est-à-dire en tant qu'il peut engendrer, dans une intelligence, l'idée
de ce qu'il est. Tout être est donc vrai, ontologiquement, du fait qu'il
est objet d'intellection, au moins de la part de Dieu. L'être qui, vivant dans sa propre vérité, reconnaît l'existence d'un autre être, vit
dans la vérité, affirme Fl., car il manifeste ainsi la « vérité » de son
être, de son existence. Si maintenant, poursuit notre auteur, nous

---

[400] *Ib.*, p. 53.
[401] *Ib.*, p. 55.
[402] *Ib.*, p. 190.

considérons du point de vue de l'objet ce mouvement de connaissance qui va du sujet vers « l'autre – selon le mode du [tu] », nous
voyons que cette connaissance est « amour », puisque seul l'amour
est capable de franchir le seuil de notre propre « moi » et de l'ouvrir
au « toi » qu'est l'autre. Pour compléter la triade, Fl. désigne comme
la « beauté » la relation qui s'établit entre le « moi » et le « toi » et,
réciproquement, entre le « toi » et le « moi » : « selon le mode [il]
(*on*), cette relation est la beauté »[403].

Cette triade parfaite répond bien à la Triade divine, mais le « il »
par lequel Fl. désigne le troisième élément de cette triade revêt, à première vue, un caractère impersonnel, purement idéal. Ce troisième
élément n'est pas, pour l'auteur, le « nous » qui serait, en quelque
sorte, l'effet substantiel de la relation établie entre « je » et « tu »[404] ;
le « il » de Fl. est plus proche du « cela (*es*) » dont il est question
chez M. Buber et qui peut être suppléé, d'après lui, en « il » ou en
« elle »[405], mais avec cette différence que le « cela » de Buber prend
une valeur impersonnelle, puisqu'il dit que « le monde en tant qu'expérience relève du mot-principe « Je-Cela » »[406], ce qui entraîne que
le « je » expérimente le « cela » sans entrer en relation avec lui. Une
relation n'est pas possible qu'avec « tu » : « Le mot-principe 'Je-
Tu' fonde le monde de la relation »[407]. Contrairement au « cela (*es*) »,
le « il » de Fl. possède un statut parfaitement personnel, celui de la
troisième personne qui a une existence indépendante du « Je » et du
« Tu » : il ne représente pas l'effet final des relations « je-tu », mais
ce « il » complète la dyade et la transforme en triade « je-tu-il » :
« il » constitue un être distinct, séparé, qui peut exister même hors
de la relation d'amour entre le « moi » et le « toi », amour dont il apparaît presque comme la cause. Nous pourrions dire que Fl. envisage
ici l'hypostase *in recto* et l'essence seulement *in obliquo*, donnant

---

[403] *Ib.*, p. 54-55.
[404] Cf. H. M ü h l e n, *Der Heilige Geist als Person. In der Trinität, bei der Inkar-
       nation und im Gnadenbund : ICH-DU-WIR*, Münster1963.
[405] M. B u b e r, *La vie en dialogue*, trad. par J. L œ w e n s o n L a v i, Paris 1959,
       p. 7.
[406] *Ib.*, p. 9.
[407] *Loc. cit.*

aussi la priorité à la personne, en développant le « diagramme de la ligne droite »[408] : du Père, par le Fils, dans l'Esprit.

Cette relation qui existe au sein de la Trinité, Fl. la voit se refléter dans la vie interpersonnelle. D'une part, il voit l'être humain comme un milieu où converge le triple agir divin : « Dieu, qui me connaît en tant que sa création, qui m'aime par le Fils comme son « image », comme son fils, qui se réjouit de moi dans l'Esprit Saint comme « ressemblance », Dieu me connaît, m'aime et se réjouit activement, car je lui suis donné ». D'autre part, l'être humain constitue, en même temps, le centre indépendant d'un agir selon la vérité, l'amour et la beauté ; mais l'agir selon l'amour y est prioritaire, puisque, selon Fl., redisons-le, l'amour seul, en tant qu'acte substantiel, « passe du sujet à l'objet », l'amour seul a son « support dans l'objet, alors que la connaissance et la joie s'adressent au sujet, et c'est en celui-ci que se trouve le point d'application de leur force »[409]. Cet amour devient ainsi à la fois extatique et unitif. Il fait désirer Dieu par dessus tout, poussant l'être humain au détachement de soi, jusqu'à l'oubli de soi ; dès que l'âme est envahie par l'amour, elle brûle du désir de suivre celui qu'elle aime, elle veut et cherche le bien de l'être aimé. Bien plus, l'amour unit l'aimant et l'aimé, aussi pouvons-nous l'appeler un amour unitif, au point de transformer l'aimant, faisant de son « moi » un « non-moi », un « toi », et de le rendre parfaitement un avec l'aimé. Fl. est donc loin de limiter l'amour à une sorte de réalité subjective d'ordre psychologique ; pour lui, l'amour est une réalité objective d'ordre métaphysique.

Notre amour pour le frère n'épuise pas la Vérité, ne la contient pas toute ; il manifeste seulement à autrui notre entrée dans la vie divine, « ressentie par le sujet qui communie avec Dieu comme la connaissance de la Vértié ». « La nature métaphysique de l'amour consiste à surmonter surlogiquement l'identité nue du « moi=moi » et à sortir de soi-même ». Comme on l'a déjà dit, cela se produit

---

[408]   A. d e   H a l l e u x, *Personnalisme ou essentialisme trinitaire chez les Pères cappadociens ? Une mauvaise controverse*, dans « Revue Théologique de Louvain » 17 (1986), p. 129.

[409]   F l., *La colonne*, p. 55.

avec l'aide de la force divine qui rompt notre aséité. « En sortant de
soi-même dans un autre, dans un « non-moi », le « moi » se fait ce
« non-moi » ; il devient consubstantiel au frère »[410]. Dans ce rapport
« moi-toi », il n'y a plus place pour aucun moralisme. Je ne suis plus
semblable à l'autre, mais consubstantiel à lui : le « moi » devient
librement un « non-moi ». L'affirmation de Fl. reste très forte : le
« moi », niant sa propre personnalité, se perd dans l'autre pour devenir totalement l'autre, lequel ainsi est pleinement son *alter ego*
(*drougoïé ia*) : dès lors, c'est l'ami (*droug*) qui porte le fardeau de
la vie du « moi ». Mais l'abandon, la négation du « moi » propre en
faveur de « l'autre » a pour but, finalement, de recevoir en retour ce
« moi », qui est le « moi » le plus authentique.

La philosophie de Fl. ne pourrait donc pas être taxée d'« égolo-
gie » ; elle n'est pas une philosophie du « moi », de sa construction,
de l'élaboration de son ipséité. La connaissance de l'être telle que
cette philosophie la conçoit, oblige le « moi » à sortir de lui-même ;
la compréhension des choses, chez notre auteur, ne se réalise pas par
leur domestication, leur possession, c'est-à-dire par une affirmation
du pouvoir du « moi », mais au contraire dans l'acte d'abnégation
du « moi », qui choisit de « se laisser posséder » par un « toi ». En
procédant ainsi, un être ne néglige ni ne perd sa personnalité, car s'il
se vide de soi, ce n'est que pour un instant, puisque l'autre, celui que
Fl. appelle « l'ami », fait la même chose en réciprocité. Ces idées se
rapprochent fort de celles du philosophe contemporain E. Levinas,
qui nomme « autrement qu'être » le fait de vivre cette « in-condi-
tion », de pratiquer ce désintéressement, entendant par là l'inversion de la tendance naturelle qu'a tout être à « persévérer dans son
être », donc à s'affirmer, à s'imposer. Quand a lieu cette inversion,
un être se vide donc de soi et il a conscience alors d'être « l'un pour
l'autre » ou « l'autre dans le même »[411]. Que le « moi » doive sortir

---

[410] *Ib.*, p. 65.
[411] A ce propos, on peut consulter les écrits d'E. L e v i n a s, *Totalité et Infini. Essai sur l'extériorité*, 4e éd., La Haye 1971 ; id., *L'humanisme et l'autre homme*,
Montpellier 1972. ; id., *Autrement qu'être ou au-delà de l'essence*, La Haye
1974.

hors de son propre « ego » pour entrer dans un « toi », Fl. aussi le juge nécessaire, mais il estime que cela appartient au plus profond de la nature humaine, tandis que l'enfermement du « moi » dans son propre « ego » constitue une tendance pécheresse, « dé-naturée ». Mais si le « moi » de chacun est, depuis toujours, soumis à l'obligation du service d'autrui, comment peut-on encore parler de liberté ? Fl. ne semble pas voir là un problème. La liberté existe, raisonne-t-il, puisque rien de ce que fait une personne qui aime n'est contraire à la nature la plus profonde de son « moi » et, secondement, parce qu'elle agit par amour, lequel est la seule force capable de réaliser sa sortie de son « moi » et son entrée dans le « toi » qu'est pour elle « l'ami ».

Cette conception de l'amour est riche d'une intelligibilité propre qui, sans nier l'intelligibilité naturelle, la dépasse et l'absorbe, ne se voulant saisissable que dans la foi.

6. Amour-communion

Pour Fl., l'amour ne se montre jamais seul, mais se présente toujours en relation avec la vérité et la beauté, car il est déjà le signe de la victoire sur le péché qui enfermait l'être humain dans une existence solipsiste. Ce dépassement du péché se manifeste concrètement dans une communion des uns avec les autres. Fl. explique ainsi comment se réalise cette communion, cet aspect métaphysique de l'amour : « L'amour de celui qui aime, transportant son 'moi' dans celui de l'aimé, dans le 'toi', lui communique par là même le pouvoir de connaître en Dieu le moi qui aime et de l'aimer en Dieu. L'aimé devient aimant à son tour, il s'élève au-dessus de la loi d'identité et il s'identifie en Dieu avec l'objet de son amour ». « Il transporte son 'moi' dans le premier 'moi' aimant par le moyen du troisième, etc. »[412]. Même si, pour l'entendement, ce processus se

---

[412]   F l., *La colonne*, p. 66.

présente comme une juxtaposition de mouvements en série illimitée, pour les humains qui aiment en Dieu, tout cela ne forme qu'un acte unique (*iediny*). En Dieu, « la série infinie des moments distincts de l'amour trouvent leur synthèse » car tous ceux qui aiment vivent déjà dans l'amour consubstantiel de Dieu, et « le moi y est le même que l'autre '*moi*' et, ensemble, distinct de celui-ci. Chaque '*moi*' est un '*non-moi*', c'est-à-dire '*toi*', en vertu de son renoncement pour un autre ; et chaque *moi* est aussi *moi* en vertu du renoncement de l'autre pour lui ». Il n'y a plus alors deux « moi » opposés, séparés mais une dyade (*dvoitsa*), un être duo-unique (*dvou-iedinoïé souchtchestvo*), dont le principe d'unité est en Dieu, '*finis amoris, ut duo unum fiant*'. L'auteur a placé cette devise, sous le titre général de son ouvrage, comme légende du frontispice illustré. Dans le dialogue d'amour entre le « moi » et le « toi », chacun regarde l'autre comme l'image de Dieu et voit en même temps sa propre image de Dieu : le prochain devient aussi un miroir dans lequel se reflète son « moi » personnel créé à l'image de Dieu.

Le « moi » et le « toi » qui, en s'aimant, forment une dyade, ne possèdent pas seulement l'amour, ils sont l'amour incarné et, dans une contemplation objective, leur union apparaît belle. Cette beauté, Fl. la désigne comme le troisième « moi », mais il n'en précise pas clairement la valeur. Selon notre opinion, il s'agit de l'aspect divin qu'acquiert l'amour interpersonnel. Notre interprétation se fonde sur la pensée habituelle de Fl., pour qui la vie et les relations intra-trinitaires en Dieu constituent et modèlent la vie et les relations interpersonnelles parmi les humains. Dans la Trinité, la relation du moi-Père avec le moi-Fils est réciprocité d'échange total de la Vérité et de l'amour ; contemplée par un tiers, cette relation parfaite se voit comme belle, d'une Beauté essentielle. Pour Fl., cette Beauté n'est pas abstraite, mais elle est révélation de l'Esprit Saint, Beauté hypostatique. Ainsi peut-on désigner le Saint-Esprit comme la Beauté, à la fois effet et reflet de la communion du moi-Père et du moi-Fils : il est le troisième « moi », témoin du premier « moi », le Père, qui se donne pleinement au deuxième « moi », le Fils. Cette réflexion théologique qui présente l'Esprit Saint comme procédant

de l'amour mutuel du Père et du Fils, rapprocherait Fl. de la théologie catholique ; cependant, pour lui, c'est toujours le Père, qui prend
l'initiative des relations intra-trinitaires et extra-divines. Tandis que
les théologiens catholiques voient l'Esprit-Saint avant tout comme
l'Esprit d'Amour, il est prioritairement la Beauté, dans la pensée
de Fl., pour qui c'est la deuxième Hypostase, qui est l'Amour personnifié. Comme les deux autres Hypostases, le « troisième moi »,
l'Esprit, est aussi la Vérité et l'Amour, mais il prend son « moi » personnel grâce à la relation entre le Père et le Fils, rayonnante comme
la Beauté même.

C'est à l'image de cette divine triade Vérité-Amour-Beauté, que
Fl. perçoit les relations entre les personnes humaines qui participent
déjà à la connaissance substantielle de Dieu : ainsi que pour la Trinité, la relation du « moi » et du « toi » entre humains, vue par un tiers,
de l'extérieur, se révèle comme une beauté. Il n'est pas facile de dire
comment Fl. comprend cette beauté : est-ce, pour lui, une beauté
abstraite, une réalité spirituelle impersonnelle, ou est-ce une beauté
hypostasiée, un « être » à la façon du « moi » et du « toi » humains
engagés dans le dialogue d'amour ? La réponse ne nous paraît pas
aussi claire que nous le souhaiterions. Cependant, si l'on tient compte
du caractère platonicien de la pensée de Fl., il convient probablement de chercher le sens profond de ce « troisième moi » justement
dans le mystère de la Trinité et de lui conférer, parmi les relations
humaines, un rôle semblable à celui que joue l'Esprit Saint dans la
vie intra-trinitaire : ce « troisième moi » est à concevoir, à notre avis,
comme le reflet du moi-Beauté, participant à la vérité et à l'amour ;
prenant alors une existence quasi personnelle, il est capable d'agir et
de réagir humainement, d'après la conception et le langage ontolo-
gico-spirituels de notre auteur. Ce « troisième moi », en contemplant
la dyade unie dans la vérité et dans l'amour, affirme chaque « moi »
dans son autonomie hypostatique. Il affirme le premier « moi » en
tant que « celui qui est aimé et qui aime » et le deuxième « moi »
en tant que « celui qui est aimé et qui aime », c'est-à-dire en tant
que « toi ». Quand le « moi » et le « toi » échangent humainement
dans la vérité et dans l'amour, ils constituent une dyade qui reflète

la relation Père-Fils dans la vie trinitaire ; cette dyade « exhale » à l'extérieur une beauté plus réelle que les personnes qu'elle unit et constitue avec elle une triade, image de la Triade divine. C'est aussi ce « troisième moi » qui réunit toutes les triades lesquelles, s'enracinant l'une dans l'autre, s'homogénéisent en quelque sorte et forment un tout consubstantiel : l'Eglise, ou Corps du Christ. L'Eglise apparaît ainsi à la fois comme l'aboutissement, le fruit de cette chaîne d'amour, et comme le milieu où cet amour se réalise : elle constitue donc, pour tout être humain, un centre vital, en même temps moteur et effet de son agir d'amour[413].

Fruit de la connaissance substantielle de Dieu, l'amour devient à son tour agissant, pour une fructification dont le terme est l'union, la communion. En cela, Fl. suit saint Augustin, à qui l'on doit la définition suivante : « L'amour est une certaine vie qui unit ou qui tend à unir ». Ce mystérieux « troisième moi » « peut être le premier d'une deuxième triade et le second d'une troisième ; de telle sorte que cette chaîne d'amour, partant de la Trinité absolue qui tient tout par sa force... s'étend de plus en plus loin ».

Fl. a une vision très optimiste de l'être humain : sans fermer les yeux sur le péché qui existe dans le monde et qui atteint l'humanité, il affirme que, sauvé par le Christ, l'être humain est redevenu capable de réaliser le plan de Dieu. Et le dessein de Dieu, c'est qu'il parvienne à la connaissance substantielle de la Trinité et, parallèlement, à une union substantielle avec le prochain, union qui, centrée et fondée dans l'amour divin, forme une communion de tous les humains.

***

Pour notre auteur, toute la vie spirituelle a, comme terme final, la connaissance substantielle de Dieu tri-unique, ce qui place Fl. dans

---

[413] Rappelons que Fl. se mariait le 25 août 1910 et que ses écrits ecclésiologiques ont été rédigés en mai 1918.

le sillage de certains Pères et fait de lui un représentant moderne
de la gnose chrétienne des premiers siècles. La spiritualité, ou la
sainteté, de l'être humain se démontre par sa capacité de connaître
des réalités incorporelles ; elle ne se définit pas par elle. Il s'ensuit
qu'un être humain sera véritable, dans la mesure où il est capable de
connaître Dieu dans son existence trinitaire. Nous avons soigneuse-
ment distingué l'intentionnel du réel, pour bien mettre en lumière le
réalisme spirituel de Fl. et, en particulier, l'efficacité transformatrice
de la gnose véritable : la connaissance est une assimilation réelle du
connaissant au connu. Réelle et non pas seulement intentionnelle.
Ces affirmations fortes de Fl. peuvent troubler nos esprits dans notre
façon de concevoir le mystère de Dieu, d'autant plus que notre théologien reste assez avare d'explications plus détaillées qui pourraient
justifier l'orthodoxie de sa vision, tout en préservant la transcendance de Dieu. Il ne précise pas si cette connaissance porte sur l'essence de Dieu ou uniquement sur ses énergies. Malgré ces défauts,
la doctrine de Fl. semble rester dans le cadre de l'orthodoxie. La
seule incorruptibilité et l'incorporéité comme telles ne font pas un
esprit et ne confèrent pas la puissance de voir Dieu. Sans doute, cette
simple notation suffirait-elle à montrer que cette doctrine reste orthodoxe et que c'est affaire de vocabulaire ou d'un certain sentiment
de la langue, mais non question d'orthodoxie, s'il survient quelque
difficulté à saisir ce qui est écrit.

La connaissance substantielle de Dieu advient quand la personne
se dépouille de l'être ancien, de ses passions coupables, purification
qui se réalise par la voie de l'ascèse, conduisant jusqu'à l'intégrité
spirituelle l'être humain qui vit alors dans la béatitude de la mémoire
éternelle. En parlant de la gnose véritable, Fl. semble se défendre
comme si on l'avait accusé de la réserver à une élite de savants, ou
à une classe privilégiée dans l'Eglise, ou de la présenter comme le
fruit d'une révélation secrète à laquelle tous ne peuvent participer.
Certes, Fl. ne nie pas l'effort de la part de la personne même, mais il
affirme que, pour atteindre la connaissance véritable, il faut nécessairement en recevoir la grâce de Dieu. La gnose tout entière n'est
pas au pouvoir de l'être humain, elle est un don de Dieu. Pourtant,

chez lui, la seule question qui fasse problème, concerne cet effort qui met quelqu'un sur le chemin de la connaissance. En lisant Fl., on a l'impression qu'à son avis, seul l'état monastique peut rendre un croyant capable de faire cet effort. Il semble ainsi réserver finalement aux moines l'accès à la gnose à laquelle l'ascèse, selon Fl., est indispensable. Se pose dès lors la question : les autres personnes, surtout laïques, ne pourront-elles jamais jouir de la connaissance substantielle ou bien y a-t-il aussi pour elles un chemin qui les y conduise ? Fl. n'en dit rien.

Un intérêt tout particulier mérite aussi la réflexion de notre auteur sur l'amour. Celui-ci constitue, selon lui, presque l'essence la plus profonde de la personne : c'est grâce à lui que quelqu'un se définit véritablement comme une personne. Si un être humain ne vit pas dans l'amour et selon l'amour, il est une simple « chose », il n'a pas d'existence véritable, il ne vit qu'en apparence. Cette idée, toujours actuelle, ne perd rien de son poids, surtout à notre époque où tant d'humains se disent désireux d'une communion parfaite et totale entre eux. Notre auteur leur dit que l'amour est seul capable de promouvoir ce désir tellement noble et digne de la personne humaine. Certes, dit Fl., c'est l'amour qui peut cimenter la communion universelle entre les humains, mais il ajoute que l'amour de Dieu est la condition, à la fois préalable et indispensable, pour aimer autrui. L'amour du prochain n'est que la conséquence de l'amour envers Dieu. C'est seulement ainsi que se réalise la civilisation de l'amour, c'est-à-dire l'Eglise. Dans celle-ci, Fl. n'accentue pas premièrement la foi mais l'amour car la foi est déjà le fruit de l'amour. L'Eglise ne constitue pourtant pas un but en soi ; sa finalité, c'est la Gloire de la Divinité tri-unique. Colonne et fondement de la Vérité qu'elle porte, l'Eglise n'est pas la Vérité en soi. En tant que porteuse de la Vérité, elle peut devenir en même temps le moyen d'accéder à la Vérite, et aider tout être humain à y parvenir.

VI.
Eschatologie

L'eschatologie détermine une démarche essentielle de la vie chrétienne et la perspective ultime des valeurs spirituelles : le Christ est principalement venu, en effet, pour réaliser, dans l'histoire, la fin des temps, l'achèvement et l'accomplissement de tout ce qui vit, est et se meut. Par ce fait, toute l'œuvre du Christ est affectée d'une finalité eschatologique ; il s'ensuit que la théologie doit, elle aussi, être eschatologique, et la spiritualité également.

Puisque l'eschatologie commence à se réaliser dans l'Eglise, le Royaume de Dieu qui se répand sur la terre s'identifie authentiquement avec celui qui perdurera éternellement après la consommation finale : son état ultime s'édifie maintenant, Dieu devient « tout en tout ». Entre la vie divine qui se développe actuellement dans les êtres humains, dit Fl., et la vie divine qu'ils possèderont dans l'Au-delà, il y a continuité. Cette valeur absolue et cette continuité se situent sur un plan transcendant. Elles se trouvent dans l'humanité dans laquelle l'Eglise du Christ est à l'œuvre, agissante : l'histoire actuelle est déjà l'histoire sainte, l'histoire profonde des âmes portées par la vie divine, bien plus réellement qu'elle n'est l'histoire des évènements extérieurs et des progrès de la civilisation temporelle.

La réalisation actuelle de l'eschatologie est cependant imparfaite : l'Eglise reflète le Royaume de Dieu, mais imparfaitement, car

« l'Eglise n'est pas entièrement ce Royaume, mais elle est en train de le devenir »[414].

Notre vie actuelle, c'est la vie de la foi, non de la vision : le chrétien reçoit la possession eschatologique de Dieu, mais dans l'obscurité, parce que Dieu ne se révèle pas encore d'une manière immédiate et sans voile. Ainsi qu'il a déjà été dit, il n'y a que certains individus, à certains moments, qui connaissent le Paraclet ; ils s'élèvent alors au-dessus du temps, dans l'éternité : « Il n'y a pas pour eux de temps » et, pour eux, l'histoire s'arrête[415]. Si cela ne se produit qu'à certains moments de la vie, c'est parce que l'œuvre du Christ n'est pas encore totalement assimilée par les fidèles : vainqueur des puissances du mal, le Christ donne à ses disciples le pouvoir de les vaincre à leur tour, mais ne met pas les siens hors d'atteinte de l'influence du mal ni au-dessus de la possibilité de pécher. Eux aussi ont à mener le combat contre Satan et contre le péché, pour rendre ainsi efficace dans leur vie la victoire du Christ sur la mort et sur la corruption.

Il y a donc lieu de s'interroger sur le sort final de chaque personne, quand sa vie sera comblée de tout ce qui lui manque encore maintenant et qu'aura cessé sa lutte contre le mal, la mort et la corruption. Ce sera la fin de l'état que l'on pourrait qualifier d'actif, où l'être humain avait la possibilité de décider lui-même de ses actions. La vie nouvelle, ce nouvel état, ainsi que le dit un théologien catholique, « sera vraiment le fruit, entièrement épanoui et manifeste, de ce qui s'est accompli sur terre, en sorte que pour chacun la vie éternelle de l'Au-delà est la continuation et confirmation de la vie éternelle acquise ici-bas, et que, pour l'ensemble de l'humanité, le royaume final de Dieu avec un univers récapitulé dans le Christ sera vraiment le résultat de l'histoire du monde, ou sera identiquement le royaume progressivement instauré chez tous les peuples »[416].

---

[414] F l., *Ekklesiologitcheskié materialy : Poniatié tserkvi ou sv. Pisanii* dans « Bogoslovskié Troudy » 12 (1974), p. 174.

[415] F l., *La colonne*, p. 79.

[416] J. G a l o t, art. *Eschatologie*, dans *DSp*, vol. IV-1, Paris 1960, p. 1020-1059.

A la différence de l'Eglise catholique[417], la tradition orthodoxe
ne possède pas d'élaboration dogmatique concernant l'eschatologie
de l'être humain. Ainsi que le dit un théologien orthodoxe contemporain : « La sagesse pédagogique de l'Eglise, très heureusement,
n'a jamais inspiré aucune synthèse dogmatique exhaustive des données eschatologiques. Sauf les articles du Credo de Nicée qui parlent
de la parousie, du jugement et de la résurrection, l'orthodoxie ne
possède pas de formations dogmatiques »[418].

Cette absence de formulation laisse ouverte la possibilité d'une
recherche libre de la part des théologiens, d'une vision personnelle
de l'eschatologie de l'être humain. Dans ce cadre, nous nous proposons d'examiner la position de Fl., en situant sa pensée autour
de quatre points. Il insiste avant tout sur la cœxistence de deux cer-
titudes, l'Amour de Dieu et la liberté de la personne humaine. Il
définit ensuite la personne humaine comme « sainte et douée d'une
valeur ». Il restera à préciser alors en quoi consiste, dans la perspective de Fl., le salut et, enfin, la damnation.

1. L'être divin et l'être humain

Avant d'aborder l'alternative du salut ou de la damnation de la personne, Fl. met en lumière deux vérités fondamentales, l'une concernant l'être divin et l'autre, l'être humain. Tout discours sur le salut
ou la damnation qui ne tiendrait pas compte simultanément de ces
deux vérités théologiques et dogmatiques, perdrait toute pertinence,
se viderait de sens.

---

[417] Il est impossible et même pas nécessaire d'exposer ici toute la doctrine catholique concernant les fins dernières. Nous renvoyons à *Enchiridion Sym-*
bolorum, où l'on parle, entre autres : - de la mort : DS 146, 222, 372, 1512,
2617 ; - du jugement particulier : DS 857s, 990, 1002, 1304-1306 ; - du sort
des sauvés : DS 1000, 1001, 1002, 1305 ; - du purgatoire : DS 838, 1304, 1580,
1820 ; - du sort de ceux qui sont morts avec le péché originel : DS 184, 219,
1008, 1306 ; - de l'enfer : DS 1002, 1306.

[418] P. E v d o k i m o v, *L'Orthodoxie*, *op. cit.*, p. 324.

La première de ces deux vérités concerne Dieu reconnu comme étant l'Amour. Sous l'influence évidente du quatrième Evangéliste, Fl. bâtit sur l'idée du Dieu-Amour, toute sa philosophie qui en devient une philosophie de l'amour[419] et de la consubstantialité, car l'amour tend naturellement à unir le sujet avec l'aimé. Dans cette perspective, parler d'enfer et de condamnation n'a aucun sens, selon Fl., car « l'Amour ne saurait créer pour perdre ni bâtir en sachant qu'il y aura destruction. L'Amour ne peut pas ne pas pardonner »[420]. Il s'ensuit que « l'idée d'une rétribution, due par la créature et par tout le crée, pour leur châtiment, se dissipe dans l'éclat de l'Amour divin sans limite, comme fait le brouillard aux rayons du soleil invincible ». Notre auteur complète cette réflexion philosophique par des références à la révélation biblique. Dans 1 Co 15,28, il relève cette expression de l'Apôtre: « Lorsque toutes choses lui auront été soumises, alors le Fils lui-même se soumettra à Celui qui lui a tout soumis, afin que Dieu soit tout en tous ». De ce texte, Fl. déduit qu'il n'existe aucune possibilité que quelqu'un puisse être condamné : « Sous l'angle de l'éternité, tout est pardonné, tout est oublié ». Et Fl. tire, de cette courte réflexion, la conclusion, affirmant que « l'impossibilité du salut universel est impossible »[421]. Il en est ainsi si l'on envisage le salut à partir de Dieu ; mais les choses changent et la conclusion apparaît bien différente, quand on procède non plus « de l'amour de Dieu pour le crée, mais de l'amour du créé pour Dieu ».

La seconde vérité qu'il convient donc d'exposer concerne la condition humaine et la liberté des personnes. Autant que la vérité sur Dieu révélé comme Amour, celle-ci revient très fréquemment sous la plume de Fl. : elle trouve son origine dans les Ecritures, mais elle est aussi l'objet des réflexions philosophiques des contempo-

---

[419] Cf. R. S l e s i n s k i, *Pavel Florensky : A Metaphysics of Love*, Crestwood 1984 ; cf. F l., *La colonne*, p. 140.

[420] J. D e l e s a l l e - T. V a n T o a n, *Quand l'amour éclipse Dieu. Rapport à autrui et transcendence*, Paris 1984, p. 74.

[421] La même vision se rencontre aussi chez Origène et Grégoire de Nysse – cf. J. G n i l k a, *Ist 1 Kor. 3,10-15 ein Schriftzeugnis für das Fegfeuer ?*, Düsseldorf 1955 ; J. D a n i é l o u, *L'apocatastase chez saint Grégoire de Nysse*, dans « RSR » 30 (1940), p. 328-347.

rains de notre auteur qui, soit qu'il les critique soit qu'il les accepte, ne peut faire abstraction de leur influence. Le concept de liberté ne coïncide pas exactement chez notre auteur avec la pensée kantienne, mais il ne serait pas juste d'en évacuer l'influence, alors même que, comme la vérité sur Dieu-Amour, celle sur la liberté humaine se fonde sur la révélation biblique. Pour Fl., l'être humain se manifeste ainsi comme une liberté plénière, disposant d'une possibilité presque illimitée d'auto-détermination authentique et capable de dire « non » à l'Amour de Dieu, lequel ne pourrait, justement parce qu'il est tout Amour, forcer une conscience humaine à répondre à son don d'amour, avec amour car, forcé, l'amour humain ne serait plus libre, et l'être humain y perdrait la liberté qui le constitue comme personne dans toute son authenticité : il est donc « possible que l'amour de Dieu reste sans l'amour réciproque de la créature »[422]. De ce constat, Fl. tire une seconde affirmation : « L'impossibilité du salut universel est possible », selon quoi il est impossible à Dieu de pardonner la mauvaise volonté de l'être humain, parce que celle-ci est un produit délibéré de sa liberté. Cette réflexion de Fl. reflète bien la perspective biblique de la question qui nous occupe ; il nous suffira de quelques exemples pour entrer dans le cadre où se meut la pensée de notre auteur.

Appelé « le Sauveur de tous les hommes, des croyants surtout » (1 Tm 4,10), le Christ dit : « Maintenant, le Prince de ce monde va être jeté dehors ; et moi, une fois élevé de terre, j'attirerai tous les hommes à moi » (Jn 12,31-32). On lit ailleurs : « La grâce de Dieu, source de salut pour tous les hommes, s'est manifestée » (Tt 2,11). En ces passages et en d'autres encore, l'Ecriture sainte parle de l'universalité du salut apporté par le Christ. Mais cette vérité, il faut la confronter avec cette autre vérité, tout aussi fréquemment énoncée dans la Bible : la liberté de l'être humain, qui est la liberté des fils (Mt 17,26 ; Jn 8,32 ; etc.). Dans le schéma de Fl., ce que nous découvrons c'est cette même double perspective : d'une part, l'œuvre du Christ qui embrasse tous les humains et, d'autre part,

---

[422]   F l., *La colonne*, p. 141.

leur liberté qui peut dire « non » à l'offre du salut qui leur est adressée par Dieu dans le Christ et avec l'Esprit Saint.

Ces deux affirmations ne forment qu'un tout, selon Fl., qui les présente comme la thèse et l'antithèse. La thèse est tout à fait juste : « L'impossibilité du salut universel est impossible » puisque Dieu est amour. L'antithèse ne perd rien non plus de son authenticité : « l'impossibilité du salut universel est possible », puisque chaque être humain est affirmé comme une créature pleinement libre. Nous nous trouvons ainsi confrontés à une antinomie : deux vérités, également vraies, cœxistent, l'une à côté de l'autre. Cette antinomie que relève Fl. n'est pas absente non plus chez les catholiques, même s'ils n'en accentuent pas aussi fortement la formulation paradoxale[423]. Notre auteur, au contraire, restant constamment dans la mouvance de la pensée platonicienne, aime à insister, en termes assez forts, sur chacune de ces vérités antinomiques ; et nous n'en trouvons ici qu'un exemple parmi bien d'autres. Comme on vient de l'évoquer, Fl. estime qu'il est indispensable de maintenir cette antinomie-ci, sauvegardant à la fois l'amour divin et la liberté humaine, car « ne pas considérer la mauvaise volonté comme telle serait méconnaître

---

[423] Je pense ici à une belle réflexion que fait, sur le même sujet, H. Urs von Balthasar : « Le chrétien qui ne peut être heureux autrement qu'en nous refusant l'espérance universelle de façon à être certain que l'enfer est plein, ce chrétien, nous n'avons aucune envie de le contredire : après tout, ce fut l'opinion d'un grand nombre de théologiens de poids, en particulier de lecteurs d'Augustin. Mais à titre de contrepartie, nous aimerions leur demander d'admettre l'espérance que l'œuvre salvatrice de Dieu pour sa créature s'accomplisse. La certitude n'est pas à notre portée, mais nous pouvons fonder l'espérance. », H. U r s   v o n   B a l t h a s a r, *L'enfer. Une question*, trad. de l'allemand par J.-L. S c h l e g e l, Paris 1988, p. 32. A cela on peut ajouter la remarque faite par J. Auer, quand il dit que « l'Eglise n'a jamais dit d'un homme concret qu'il était condamné », cf. J. A u e r, *'Siehe, ich mache alles neu'. Der Glaube an die Vollendung der Welt*, Regensburg 1984, p. 7. La réflexion suivante de K. Rahner semble encore davantage rejoindre la position de Fl. : « Nous avons, dit-il, à tenir ensemble sans hésiter la proposition que Dieu veut fermement le salut universel, que tous sont sauvés par le Christ, que nous devons *espérer le salut pour tous*, et la proposition que la perdition éternelle est une possibilité réelle. », cf. K. R a h n e r, art. *Hölle*, dans *Sacramentum Mundi*, II, Freiburg - Basel - Wien 1968, p. 373.

l'authenticité de la liberté. Or, si celle-ci n'est pas véritable, l'amour
de Dieu pour le créé ne l'est pas non plus. Si la créature n'est pas
réellement libre, la Divinité ne se limite pas non plus réellement
elle-même lors de la création : il n'y a pas de « kénose » ni, donc,
d'amour. Et s'il n'y a pas d'amour il n'y a pas de pardon »[424].

Ainsi nier l'antithèse, c'est ôter toute valeur à la thèse ; inversément, affirmer l'antithèse, c'est confirmer en même temps la thèse.
Pour Fl., l'antinomie du dogme de l'eschatologie n'est pas seulement indubitable logiquement, mais elle s'avère évidente aussi au
plan psychologique : l'âme, dit-il, exige le pardon et elle a soif du
salut universel, alors même que, par sa volonté mauvaise, elle nie le
pardon de Dieu, le refuse et se dévoie ainsi vers l'enfer. Relevons
une observation que fait notre auteur : « Ce n'est pas Dieu qui ne fait
pas la paix avec la créature et qui ne pardonne pas une âme pleine
de haine ; l'âme elle-même n'accepte pas Dieu. Pour la forcer à accepter, pour la contraindre d'aimer, Dieu devrait lui ôter la liberté,
c'est-à-dire qu'il devrait cesser lui-même d'être aimant et commencer à haïr. Etant Amour, il n'abolit la liberté de personne »[425].

Fl. ne se contente pas de spécifier le caractère antinomique du
dogme de l'eschatologie ; dans une deuxième étape, il cherche
à trouver une solution à cette antinomie. Cette solution, comme il
l'a bien montré, il est impossible de la trouver dans le cadre de la raison, car celle-ci est dépassée ; où faut-il la chercher alors ? « La solution, écrit-il, ne peut consister qu'en une transformation affective
de la réalité même, qui permette d'éprouver la synthèse de la thèse
et de l'antithèse comme un fait, comme une donnée de l'expérience,
dont la justification s'appuie sur la vérité tri-hypostatique »[426]. Ce
n'est donc pas au niveau logique, dans le cadre de la raison - car, en
ce domaine, elle ne peut fournir de réponse satisfaisante -, que Fl.
cherche une solution, mais il se tourne vers la foi, ou plutôt vers la
pratique nourrie de la foi, c'est-à-dire vers les sacrements. C'est là,
dit-il, que l'on éprouve préalablement cette synthèse « où est don-

---

[424]   F l., *La colonne*, p. 142.
[425]   *Loc. cit.*
[426]   *Loc. cit.*

née une transsubstantiation (*presouchtchestvlenié*) particulière »[427]. Mais celle-ci, comment faut-il la comprendre ? Fl. ne l'explicite pas, supposant que nous savons de quoi il parle[428], alors même que cela ne paraît pas tellement évident à la lecture de son texte. Il pense probablement ici à la nature profonde des sacrements qui nous permettent, d'après lui, d'éprouver et de vivre dès maintenant l'expérience de l'eschatologie. Dans les sacrements, nous assistons effectivement à une certaine transsubstantiation de notre existence actuelle, laquelle, dans le cadre historique où elle se déroule, reçoit, dans les sacrements, le goût de la vie éternelle. Et ce goût ne se situe pas seulement au niveau de la sensation, mais prouve réellement la vie de l'Au-delà : transformant notre existence, les sacrements réalisent sa transsubstantiation.

Aux yeux du monde, notre existence continue à être la même qu'auparavant, car dans les apparences rien ne change ; mais au niveau de l'expérience spirituelle, dont Fl. garde la notion platonicienne, on assiste à un changement tout en profondeur, un changement qu'on pourrait qualifier d'eucharistique par référence au pain, qui n'est plus pain dans son essence mais Corps du Christ, et au vin qui devient Sang du Christ tout en gardant ses qualités de vin. Tous les sacrements produisent un effet semblable, mais l'intérêt premier de Fl. étant, ici du moins, de trouver l'espace où s'éprouvent à la fois l'Amour de Dieu et la conséquence de la liberté humaine, c'est-à-dire le lieu où s'opère la synthèse de ces deux mystères, il accorde une sorte de priorité au sacrement de pénitence, constatant, quelques pages plus loin, que « Dieu n'y justifie pas l'injustice » et affirmant que ce sacrement « tranche la partie peccamineuse de l'âme et la pose devant celui qui reçoit le sacrement : objectivement comme rien (*nitchto*), comme couvert (*pokrytoïé*) et subjectivement comme un mal (*zlo*) clos sur lui-même, dirigé contre soi, comme le serpent qui se mord »[429]. Fl. ne précise pas s'il s'agit pour lui d'un

---

[427] *Loc. cit.* L'auteur écrit entre parenthèses : « Je comprends ce dont je parle ».
[428] *Ib.*, p. 147.
[429] Selon la théologie thomiste, ontologiquement tout ce qui 'est', est 'bon', car être et le bien sont convertibles. Sur ce plan, le bien et la fin s'identifient ; dé-

néant métaphysique, ou d'un mal moral ; il affirme simplement, sans
fournir le commentaire qui serait pourtant nécessaire, car il semble
dépasser, ou corriger, ou compléter sa vision ontologique du péché
par une vision différente, morale. Nous savons déjà que Fl. répugne
à toute espèce de moralisme dans sa réflexion sur le mystère du péché et qu'il ne nie pas la tendance perçue chez lui à définir le péché
en termes ontologiques.

Dans cette optique, par le péché, l'être humain se coupe de tout
contact avec Dieu et même il s'engage dans une existence solipsiste qui ne peut être authentique, puisque c'est Dieu qui est la seule
source de notre authenticité. A propos du sacrement de pénitence,
Fl. revient sur cette question et y apporte des éléments nouveaux. Il
ne scrute plus le péché à partir des relations entre Dieu et l'être humain, ainsi qu'il l'avait fait précédemment ; il focalise maintenant sa
pensée sur la nature du péché abordée subjectivement. A considérer
objectivement le péché, nous nous accordons avec Fl. pour l'estimer
comme un néant ontologique, parce que seul le bien existe et que
le mal n'a pas d'existence ontologique[430]. En définissant le péché
comme un mal du point de vue subjectif, Fl. change de registre et
passe de l'ordre ontologique à l'ordre moral : le mal y devient autre
chose qu'une absence de bien, selon la définition de saint Thomas[431],
pour se révéler comme une « grandeur négative », ainsi que le définit

---

sirer le mal est impensable, car je désire tout ce qui me semble « bon ». Quand
nous passons de l'ordre ontologique à l'ordre moral, le bien et la fin présentent
un rapport nouveau où s'introduit une différence fondamentale : celle qui sépare le bien *moral* du mal *moral*. S a i n t   T h o m a s disait : *Omnis actio, inquantum habet aliquid de esse, intantum habet de bonitate ; inquantum vero
deficit ei aliquid de pleinidudine essendi, quae debetur actioni humanae, inta-
tum deficit a bonitate, et sic dicitur mala*, cf. *Somme théologique*, Ia-IIae, 18,
I, c. Voir aussi A. D. S e r t i l l a n g e s, *La philosophie morale de saint Thomas
d'Aquin*, Paris 1942 (nouvelle éd. revue et augmentée), p. 27-48 ; id., *Philosophie de saint Thomas*, Paris 1940, vol. II, livre VI, p. 175-262 ; P. W a t t e,
Structures philosophiques du péché originel. S. Augustin, S. Thomas, Kant,
Gembloux 1974, p. 73-127.

[430]   T h o m a s   d'A q u i n, *Somme théologique*, Ia-IIae, 18, I, c.
[431]   M. N a a r, introduction à E. K a n t, *La religion dans les limites de la simple
raison*, trad. de J. G i b e l i n, Paris 1983, p. 15.

Kant, dont Fl. ne semble pas très éloigné, quand il dit que le péché n'est pas seulement l'absence de bien mais un agir. Même si notre auteur ne parle pas du mal moral, on doit donc admettre qu'il n'est pas possible d'exclure toute référence morale de son discours sur le péché. Après de longues hésitations, il semble prêt à accepter de voir le péché aussi comme un mal moral, non exclusivement comme un néant ontologique. C'est dans le cadre de son étude du sacrement de pénitence qu'il opère cette amplification, laquelle entraîne, comme nous le verrons, des conséquences considérables pour l'eschatologie. Dans ce sacrement, le péché demeure toujours en tant que péché et l'injustice reste en tant qu'injustice ; l'action sacramentelle ne se réfère qu'à la partie contaminée par péché : ce n'est donc pas sur tout l'être humain que s'opère le jugement dans le sacrement de pénitence, mais seulement sur son pôle infecté. Le péché devient ainsi un acte séparé du pécheur, distinct et indépendant, ne visant que lui-même, car « sur tout ce qui lui est extérieur, son effet égale zéro »[432] (cf. Ps 103-102, 12). Fl. se montre ainsi conséquent avec lui-même, fidèle à ses principes philosophiques : puisque le mal n'a pas l'existence ontologique que le bien seul peut posséder, il n'existe pas de réalité concrète[433] qui, dans le sens moderne du terme, puisse servir de matière à un jugement. Celui-ci ne porte qu'au niveau subjectif sur le mal qui n'existe qu'à ce plan-là.

Fl. se montre ici philosophe autant que théologien : philosophe, il dénonce l'irrationalité absolue du mal[434] ; théologien, il désigne le

---

[432] Cf. D e s c a r t e s, *Les principes de la philosophie*, 11, 22, dans *Œuvres et lettres*, introd., chronologie, bibl. et notes par A. B r i d o u x, Paris 1953, p. 553-690. Pour la pensée aristotélicienne et également pour la scolastique, la matière, qui s'oppose à la forme, constitue un élément potentiel, indéterminé. Cf. F. v a n S t e e n b e r g h e n, *Philosophie fondamentale*, Longueuil, Québec 1989, p. 170-197.

[433] Kant écrivait à ce propos : « Il n'existe pas pour nous de raison compréhensible pour savoir d'où le mal moral aurait pu tout d'abord nous venir. – C'est ce caractère incompréhensible joint à la détermination plus précise de la malignité de notre espèce que l'Ecriture exprime dans son récit historique », E. K a n t, *La religion...*, op. cit., 1, 4, p. 85. Voir aussi P. W a t t e, op. cit., p. 128-215.

[434] Fl. dit que la partie peccamineuse de l'âme subjectivement se révèle « comme un mal clos sur lui-même, dirigé contre soi, comme le serpent qui se mord :

mal par son nom propre comme le mal démoniaque[435]. Il veut ainsi affirmer deux choses, semble-t-il : d'abord, que le mal n'est ni de Dieu ni de l'être humain, c'est-à-dire qu'il n'est pas de ce monde[436], qu'il n'appartient pas à la nature de ce monde puisque celui-ci est bon, mais qu'il vient d'ailleurs et, c'est là sa deuxième affirmation, que le mal n'est pourtant pas illusoire non plus, car il existe en tant que mal moral et possède un caractère davantage métaphysique. Il rejoint ainsi son idée première : le péché est une réalité ontologique et le mal, métaphysique[437].

Dans le sacrement de pénitence, au double caractère du péché, qui est à la fois un rien métaphysique et un mal démoniaque, correspond un double mouvement que l'on pourrait qualifier d'antinomique : d'une part, un mouvement de haut en bas, correspondant à la thèse que « l'impossibilité du salut universel est impossible », porte le sens de l'amour divin qui sauve et pardonne tous les humains, dont aucun ne saurait être condamné ; d'autre part, un mouvement de bas en haut, correspondant à l'antithèse que « l'impossibilité du salut universel est possible », comporte le mystère de la liberté humaine, laquelle peut mettre son propre « moi » à la place du « moi » de Dieu qui, pourtant, fonde, en le constituant ou en l'objectivisant, le « moi » de la personne humaine. Voilà trouvée, dans la pensée de Fl., une réalité objective, la réalité sacramentelle, où l'antinomie, évoquée à propos de l'eschatologie, trouve sa synthèse : thèse et antithèse y forment un tout sans s'exclure ni se contredire, car chacune est vraie et, en même temps, dépassée par l'autre, aucune des deux ne perdant de sa valeur, l'une et l'autre au contraire se prêtant un appui réciproque pour s'affirmer ensemble comme vérité-mystère.

---

c'est ainsi qu'est représenté le diable sur les anciens Jugements Derniers », cf. F l., *La colonne*, p. 147.

[435]   K a n t, dans *La religion...*, remarque que quand le christianisme associe le mal à l'enfer et non pas à la terre (il y faut exclure également le ciel), il souligne très bien l'hétérogénéité du mal. Cf. A. G e s c h é, *Dieu et le mal*, dans *Péché collectif et responsabilité*, Bruxelles 1986, p. 77, la note 13.

[436]   Cf. chapitre III, 1ère partie.

[437]   Cf. F l., *La colonne*, la note 368.

Fl., pour justifier sa démarche, évoque le mystère de la vie intra-trinitaire : là aussi, la thèse (essence unique) cœxiste avec l'antithèse (trois personnes) pour former une synthèse (la vérité tri-hypostatique). Cette image trinitaire, Fl. la voit déborder non seulement sur la vie de la personne humaine et sur les relations humaines interpersonnelles, mais également sur le mystère de l'amour divin et sur la réponse négative que peut lui donner un être humain qui, pourtant, vient demander le pardon dans le sacrement de pénitence.

Partant de deux vérités théologiques sur le Dieu-Amour et sur la liberté de l'être humain, Fl. se trouve confronté à une antinomie, tant au plan logique que psychologique, pour aboutir à une synthèse que l'on pourrait appeler pénitentielle : c'est dans le sacrement de pénitence, en effet, qu'il voit s'opérer la synthèse recherchée entre l'amour de Dieu et la liberté humaine. Cette synthèse se trouve en dehors de la personne humaine ; c'est à mi-chemin entre Dieu et l'être humain que se fait leur rencontre. Le sacrement de pénitence devient ainsi, pour Fl., un espace où sont surmontées les antinomies eschatologiques ; outre qu'il constitue un espace où l'être humain demande à Dieu la réconciliation que celui-ci lui offre, le sacrement de pénitence est avant tout, au regard de Fl., un « mi-lieu » où Dieu et l'être humain s'accordent tous deux pour juger ensemble le péché, car ce jugement ne porte pas sur le pécheur mais sur le péché, considéré comme quelque chose de séparé, de distinct de la personne humaine. Notons dès maintenant, quitte à y revenir par la suite, que Fl. considère toujours le péché comme entièrement étranger à la nature même de l'être humain, comme quelque chose d'accidentel ; c'est pourquoi le jugement qui se porte sur lui, il convient de le situer entre Dieu et le pécheur, car le mal, dont le péché est une espèce particulière, n'appartient proprement, si l'on peut ainsi dire, ni à Dieu ni à la personne humaine.

En le séparant ainsi du pécheur, Fl. semble concevoir le péché non en termes de responsabilité, mais en tant que malheur, lequel ne peut frapper Dieu, pour qui le péché est comme un rien, mais touche l'être humain. Mais peut-on enlever à ce dernier toute responsabilité dans le péché sans verser dans un certain déterminisme qui prétendrait : « Je ne suis pas responsable de mon péché, car il est causé par quelque chose d'extérieur » ? Garderait-on suffisamment alors la liberté de la personne humaine ? Fl. ne répond pas directement à cette objection, mais il faut chercher sa réponse en lisant son exposé entre les lignes, ainsi qu'il apparaîtra dans la suite de notre réflexion.

2. La nature de l'être humain

Nous avons déjà montré quelle importance revêt, pour la compréhension de l'être humain et de sa nature, le mystère de la Trinité, dans la pensée de Fl., qui fondait alors son étude sur les caractéristiques surtout bibliques et patristiques, attribuables à l'humanité. Ici, l'auteur donne l'impression de vouloir aborder le même thème et définir encore la personne humaine, mais à partir de quelques termes empruntés à des philosophes de son époque, se référant notamment aux définitions de la personne humaine fournies par Kant, Schopenhauer, Weininger[438].

Fl. commence par évoquer, dans un langage proprement théologique ou plutôt biblique, « la personne humaine, créée par Dieu, c'est-à-dire sainte et douée d'une valeur certaine par son noyau interne » ; mais il poursuit sa définition, en usant d'expressions où l'on trouve comme l'écho de sa lecture des philosophes allemands, quand il dit de la personne humaine créée par Dieu, qu'elle « possède une volonté libre et créatrice, qui se manifeste comme un système d'action, c'est-à-dire comme un *caractère*. En ce sens, la personne est le 'caractère' »[439]. Ainsi, dans son optique, la personne humaine n'est pas qu'une liberté : elle n'est pas la liberté, mais elle l'*a*, elle la *possède*, sans que cette liberté constitue le tout qui la définisse pleinement. Avant tout, selon Fl., l'être humain se présente spécifiquement comme une créature de Dieu ; c'est seulement à partir de

---

[438] *Ib.*, p.142.
[439] G. R e a l e, D. A n t i s e r i, *op. cit.*, p. 677-678.

là et après cette précision qu'on pourra affirmer qu'il a la liberté.
Il est vraisemblable que cette mise en place des éléments dans la
définition de la personne humaine se veut critique à l'égard de la
position de Kant qui, pour définir l'humain, ne fait aucune référence
à Dieu. Certes, le philosophe de Kœnigsberg ne rejette nullement la
notion de création, mais, comme elle appartient, selon lui, à l'ordre
du noumène, c'est-à-dire à l'inintelligible, l'être humain qui ne peut
connaître que des phénomènes, n'a pas à la prendre en compte[440].
Fl., pour sa part, considère que la création de la personne humaine
appartient à la sphère de réalité des phénomènes, entendant par là
les phénomènes spirituels ; il en tire la conclusion que le fait de sa
création constitue bel et bien la définition propre de l'être humain.

Plutôt que d'une contradiction entre les propositions de Kant et
de Fl. au sujet de la personne humaine, il conviendrait de parler ici
d'une certaine complémentarité : Fl. accepte la définition kantienne
de la personne humaine comme d'une liberté vivante, mais fait découler cette équation de son identité de créature, car c'est d'avoir
été créée par Dieu qui lui permet de jouir de la liberté. Pleinement
libre, l'être humain, que Kant définit par la liberté, serait lui-même
le centre de ses références et se réduirait à n'être qu'une personne
morale, un individu doué de la capacité de distinguer le vrai du faux
et le bien du mal, capable aussi de se déterminer par des motifs dont
il n'aurait à justifier la valeur que devant d'autres êtres raisonnables,
sans devoir faire référence à Dieu[441]. Dans la conception de Fl., la
personne humaine ne peut se situer comme telle qu'en reconnais-
sant, en Dieu, sa propre source ontologique, le centre de sa vie et
l'origine de son caractère sacré. Cette vision des choses correspond
bien davantage aux données de la révélation biblique : c'est parce
que Dieu existe que l'être humain existe aussi. Sans vouloir insister
sur l'espace qui sépare ces deux approches de la personne humaine,

---

[440] E. K a n t, *Grundlegung zur Metaphysik der Sitten*, dans *Schriften zur Ethik und Religionsphilosophie*, vol. IV, p. 9-102, Wiesbaden 1956, 2e section 84 et 96-99.

[441] B o è c e, *De duabus naturis et una persona Christi*, chap. III. *Differentia naturae et personae*, PL, 64, 1343 D, Paris 1891.

Fl. admet qu'on définisse celle-ci en termes philosophiques mais il la restitue dans l'histoire du salut, et en parle davantage dans une perspective sotériologique. Pour lui, la personne humaine trouve sa vraie signification dans le fait qu'elle est créée à l'image et à la ressemblance de Dieu. Il s'écarte donc aussi de la thèse de Boèce[442] qui dit *naturae rationalis individua substantia*. Pour lui, la division, dans la personne humaine, ne se situe pas entre matériel (le corps) et immatériel (l'esprit) ni même entre le rationnel et l'irrationnel ; là où il distingue une polarisation dans l'être humain, c'est entre l'image et la ressemblance : entre ce qui lui est propre en tant que créature divine, d'une part, ce qui fait de lui un être saint, doué d'une valeur certaine par son noyau interne, ce qui, en somme, le définit comme personne, et, d'autre part, ce qui est proposé et offert à sa libre acceptation[443]. Ce second élément s'apparente à la définition de Kant ; en effet la ressemblance constitue justement ce centre d'une volonté libre et créatrice : l'être humain y rend active, opérante, l'image de Dieu qu'il a reçue à la création car c'est dans cette perspective de la ressemblance que la personne humaine assimile cette image. Alors que Kant définissait la personne par son « caractère », lequel constituait une loi de sa causalité[444], Fl. définit l'être humain comme une créature qui porte en elle-même un élément divin. Pour Kant, la personne, ayant en elle-même la cause de son existence, s'enferme sur elle-même et reste sans aucun rapport avec qui que ce soit d'autre, semblable en cela à la monade de Leibniz ; par contre, pour notre théologien, la personne ne se définit que comme un être nécessairement ouvert, un être en relation avec autrui, car c'est la condition sine qua non de son existence authentique.

Pour Fl., la personne est « créature de Dieu, sainte et douée d'une valeur certaine par son noyau interne », aussi ce qui constitue son essence, ce n'est pas la liberté mais la sainteté, cet élément divin qu'elle possède par le fait de sa création. Fl. l'affirme très claire-

---

[442] Cf. F l., *La colonne*, p. 153.
[443] E. K a n t, *Kritik der reinen Vernunft*, neu herausgegeben von R. Schmidt, Hamburg 1971, A 539-B 567.
[444] F l., *La colonne*, p. 143.

ment : la personne humaine n'est pas liberté, mais elle *a* (*imeïet*) « une volonté libre et créatrice ». La liberté n'ajoute donc rien à l'essence même de la personne, bâtie sur la sainteté de Dieu. Entre la sainteté de la personne créée par Dieu et son caractère, il existe une liaison étroite, mais aussi une distinction à considérer à l'intérieur de l'être humain, distinction qui, pour expliquer l'eschatologie de celui-ci, se révélera utile à Fl. ainsi que nous le verrons.

Le jugement de Dieu, selon Fl., concernera précisément cet élément de la personnalité que Kant appelle son « caractère ». D'après ce philosophe, le « caractère » définit la personne parce qu'il constitue la seule chose stable qui soit réelle dans l'être humain. Or c'est précisément cet élément que Fl. désigne comme objet du jugement divin, encourant donc le risque d'être anéanti, détruit[445].

La vision que notre théologien a de l'eschatologie nous semble assez singulière et personnelle, à la fois biblique et philosophique. Comme ce fut le cas pour d'autres argumentations déjà exposées, il n'emploie pas le texte biblique comme source nourricière de sa pensée, mais il en cite des passages qu'il produit plutôt comme en témoignage fiable de la justesse de sa démarche. Il en résulte que son exposé est difficile à suivre ; la lecture de sa VIIIe lettre sur la géhenne donne l'impression quelquefois que l'auteur lui-même, spécialement dans la partie philosophique spéculative, tient à rester dans le flou et évite de se montrer trop tranchant, au détriment de la clarté qu'on souhaiterait. Nonobstant cette difficulté de déchiffrement, nous tenterons de le comprendre et d'exposer ses points de vue.

---

[445] C'est vrai aussi pour la théologie catholique. H. U r s v o n B a l t h a s a r écrivait : « On comprendra dès lors pourquoi la pensée eschatologique est anti-platonicienne – parfois jusqu'au ressentiment. La 'solution philosophique' du problème eschatologique, savoir comment l'homme et le monde, malgré la mort et le temps, pouvaient être éternels, a été par excellence (après les tentatives du Proche-Orient et à côté des dissolutions panthéistes de la Stoa) la dissociation socrato-platonicienne de l'homme en une partie 'mortelle' (le corps) et une partie 'immortelle' (l'âme). Par là, se glisse déjà dans le terme 'immortel' le postulat que seul meurt le corps, pas l'homme proprement dit. », *Eschatologie*, coll. *Fragen der Theologie heute*, 3ᵉ éd., Einsiedeln-Zür-Köln 1960, p. 277-278.

3. Le jugement dernier personnel

Dans sa pensée eschatologique, Fl. semble prendre ses distances
à l'égard du dualisme platonicien[446] qui opposait l'âme et le corps :
l'âme y était censée échapper à l'anéantissement, en raison de son
affinité avec la vie et de son indépendance à l'endroit du corps[447] qui,
lui, ne constituant pas l'élément nécessaire de la vie, avait à subir la
mort. Nous savons que, pour Fl., le corps « est bien cette beauté-là »,
cette « image de la gloire indicible de Dieu »[448] et qu'il participe, au
même titre que l'âme, à l'image de Dieu, à la similitude de l'être
humain avec Dieu[449]. Echappant à cette division en corps et âme de
l'être humain, notre auteur introduit, à l'intérieur même de la personne, une autre polarisation, comme nous venons de le voir : parce
qu'elle est créée par Dieu, dit-il, la personne humaine est sainte et,
comme telle, doit être sauvée, mais parce qu'elle dispose d'un « caractère », c'est-à-dire d'une volonté libre et créatrice, son salut ne
se réalise pas de façon automatique ou passive. En effet, libre, elle
a la possibilité de s'égarer, de s'écarter de Dieu et de ne pas suivre sa
vocation naturelle. Privilège de la personne humaine, la liberté peut
donc devenir un empêchement à sa sainteté. Etrangement, Fl. ne voit
pas dans le « caractère » un principe du mal, du mal existentiel. Ne
faudrait-il pas ici soupçonner comme une méfiance à l'égard d'un

---

[446]   J. Guitton, *op. cit.*, p. 79.
[447]   Fl., *La colonne*, p. 159, 196.
[448]   Pour toute la tradition orientale, et non exclusivement pour Fl., il n'y a aucune
         négation du corps. A ce propos, Evdokimov écrit : « La mort est appelée
         liturgiquement « dormition » : il y a une partie de l'être humain qui dort et une
         partie qui reste consciente. L'être perd certaines facultés psychiques attachées
         au corps, tout l'appareil sensoriel propre, de même que les activités tempo-
         relles et spatiales. C'est la séparation entre l'esprit et le corps. L'âme n'exerce
         plus la fonction d'animer le corps, mais en tant qu'organe de la conscience, elle
         demeure dans l'esprit. L'essentiel, ici, est la négation la plus catégorique de
         toute désincarnation : la séparation du corps ne signifie nullement sa perte, car
         la résurrection opère une récapitulation, une réintégration dans le plérôme. »,
         L'Orthodoxie, *op. cit.*, p. 327.
[449]   Fl., *La colonne*, p. 144.

certain manichéisme, comme un refus de faire cœxister, dans l'être humain, deux principes opposés, celui du bien (la nature sainte de la personne) et celui du mal (le « caractère » mauvais) ? De la lecture globale de l'œuvre de Fl., on peut affirmer qu'il ne voit pas, dans le « caractère », le principe du mal seul, mais qu'il le reconnaît comme capable du bien aussi : cela apparaît notamment dans l'interprétation qu'il fait de la parabole des talents (Mt 25, 14-30 ; Lc 19, 12--27)[450], la situant dans une perspective eschatologique et soulignant qu'à côté d'un « serviteur mauvais et paresseux », on y trouve aussi un « serviteur bon et fidèle ».

Si le « caractère », ainsi qu'on vient de le dire, peut porter au mal et empêcher ainsi la personne d'être sainte, le salut postule alors une « séparation (*razdelenie*) de la personne et du caractère, l'isolement (*obosoblenie*)[451] de l'une et de l'autre ». Evoquant ici l'image de Dieu où « le trinitaire est un », Fl. affirme : « Quelque chose de pareil s'opère dans la personne humaine. Un (*iedinoïé*) par essence, le moi se divise, c'est-à-dire que, restant le moi, il cesse en même temps de l'être »[452]. Après les nombreuses autres déjà relevées, nous voici en présence d'une nouvelle antinomie !

Pour justifier son emploi d'un langage ontologique pour parler des réalités spirituelles, Fl. se fonde sur le dogme de la Trinité et sur son mystère, où tout est, à la fois, spirituel et ontologique, sans rien avoir à faire « du moralisme ni du légalisme »[453]. Et puisque l'être humain est un reflet, l'image de la Trinité divine, l'auteur essaie de structurer son discours sur lui, en utilisant aussi les termes qui relèvent du domaine de l'ontologie. C'est dans ce cadre seulement que nous pouvons suivre son propos. Cette « séparation à l'intérieur d'un moi, qui reste le moi, tout en cessant de l'être » ne peut s'en-

---

[450] C. A n d r o n i k o f traduit ce terme par « l'individualisation » qui exprime à peu près la même idée que « l'isolement », cf. F l., *La colonne*, p. 143.

[451] *Loc. cit.*

[452] Fl. semble ainsi justifier aussi le fait que sa pensée est en même temps spirituelle et ontologique. Pour lui, il n'y a aucune séparation ni contradiction entre ces deux catégories. Ainsi que nous l'avons vu dans la section sur le dogme.

[453] Cf. chapitre III, 1ère partie.

tendre qu'au niveau spirituel, alors même que le langage emprunte une formulation plutôt ontologique. Pour exprimer les mêmes réalités, les théologiens catholiques useraient de préférence de termes moraux ; Fl. préfère, lui, les situer dans le domaine ontologique, considérant que le péché est, avant tout, le mal ontologique et non le mal moral[454].

Du point de vue psychologique, remarque Fl., « cela veut dire que la volonté mauvaise de l'homme, qui se manifeste par les passions et par l'orgueil du caractère, se sépare de l'être humain même, en acquérant une situation indépendante et non substantielle dans l'être, tout en étant un rien absolu « pour l'autre » (selon le mode du toi, qui est la synthèse métaphysique du moi et du lui dans la personne divisée). Autrement dit, l'« en soi » (*o sebe*) substantiellement saint de la personne (selon le mode de lui) est séparé du « pour soi » (*dlia sebia*) (selon le mode de moi) pour autant qu'il est mauvais »[455].

Cette citation, fort stimulante quant aux idées, nous l'expliciterons peu à peu au cours de notre réflexion. Signalons pour commencer que Fl., en effleurant le thème des passions, manifeste une certaine continuité à l'égard d'une idée platonicienne, qui s'est trouvé de nombreux échos dans la littérature patristique[456]. Selon les Pères, les passions sont la conséquence de la chute édénique[457] ; elles désignent, dans l'être humain, l'ensemble des tendances pécheresses mais aussi tout ce qui concerne la vie animale, tant dans sa réalité extérieure comme la naissance, la génération, la mort..., que dans sa nature interne, psychique, comme la connaissance sensible, le désir, etc. Dans le texte de la Genèse (3, 21) où il est écrit qu'Adam, après la chute, fut revêtu de « tuniques de peau », Origène et saint Grégoire de Nysse voyaient la représentation, allégorique de cette animalité qui, bonne en soi, constitue pour l'être humain une déchéance cer-

---

[454] F l., *La colonne*, p. 143. C. Andronikof traduit le terme russe *o sebe* par le français « quant à soi ». Il nous semble pourtant préférable et historiquement plus vrai, comme nous le dirons par la suite, de le traduire par « en soi ».
[455] F l., *La colonne,* p. 143.
[456] Cf. chapitre III, 1ère section.
[457] J. D a n i é l o u, *Platonisme...*, *op. cit.*, p. 51.

taine[458]. Ces deux Pères allaient jusqu'à dire que, dans ces tuniques de peau, il fallait voir une expression de la corporéité. En présentant les passions et l'orgueil comme la conséquence d'une volonté mauvaise, Fl. semble admettre aussi qu'une certaine corporéité peut envahir et comme coloniser la sphère spirituelle de l'être humain. Il ne l'écrit pas explicitement, mais les passages ne manquent pas dans son œuvre où il désigne comme « chosifiées, charnelles »[459], les personnes qui n'ont pas encore conquis leur pureté, « spiritualisé leur corps et leur âme ». Seules, dit-il, « les personnes pures, et pour autant qu'elles ont dépouillé la « chosification » (*vechtchnost'*), sont capables de « l'identification propre à l'amour »[460]. La chosification de la personne, son immersion dans le charnel, Fl. en fait le produit de son « assimilation propre à la concupiscence », de sa stagnation dans un état de non-pureté, de son refus de s'identifier à l'amour ; et c'est justement ainsi que se comporte un caractère mauvais : parce qu'il n'est pas encore pur, il demeure « chosifié, charnel » et figure une certaine corporéité.

Fl. échappe donc bien au dualisme opposant le corps et l'âme tel que l'expose Platon, mais il introduit un dualisme autre, qu'il situe au niveau spirituel ontologique, entre le pôle pur, totalement spirituel, et le pôle qui, n'étant pas encore engagé sur la voie de la purification, est tout corporel. On trouve cette distinction ailleurs, certes, chez bon nombre d'auteurs catholiques et orthodoxes, mais les uns et les autres traitent alors d'une réalité spirituelle morale, tandis que Fl., employant un langage ontologique, en parle comme s'il s'agissait de deux êtres qui s'opposent : le caractère mauvais, dit-il, « se sépare de l'être humain même, en acquérant une situation indépendante et non substantielle dans l'être »[461]. Cette scission s'explique, dans sa pensée, par le fait que, la personne humaine étant sainte par sa nature, tout ce qui n'est pas saint en elle ne peut lui appartenir en propre et doit se détacher d'elle, aussi notre auteur fait-il entrer le

---

[458] *Ib.*, p. 50.
[459] F l., *La colonne*, p. 58.
[460] *Loc. cit.*
[461] *Ib.*, p. 143.

temps dans sa définition de l'humain. Ce que Jésus disait à propos
du Jugement Dernier (Mt 25, 31-46), Fl. n'en situe pas la réalisation
à la fin des temps, mais il considère que cela s'opère dès maintenant
dans la personne humaine. Le temps, dans sa pensée, passe ainsi,
du domaine cosmologique, au psychologique, perdant sa corrélation avec l'ordre quantifiable de l'univers matériel, pour se rattacher
à l'expérience du temps qui est celle de notre âme[462] : ce n'est plus,
semble-t-il, l'être humain qui vit dans le temps à la fin duquel se fera
le Jugement, mais inversément, c'est le temps qui affecte l'être humain. Dans cette perspective, le jugement ne se réalise pas non plus
sur l'être humain, de l'extérieur, mais en lui, de l'intérieur. Nous
aurons à revoir cette notion de plus près, au cours de ce travail, mais
revenons maintenant à la suite de l'exposé de Fl. .

Selon lui, la volonté mauvaise qui se sépare de l'être humain proprement dit, c'est, au fond, « un néant absolu 'pour l'autre' »[463]. Cette
expression s'éclaire si on la rapproche de ce que Fl. disait à propos de
la nature du sacrement de pénitence : « Le sacrement tranche la partie
peccamineuse de l'âme et il la pose devant celui qui le reçoit, objectivement, comme néant »[464]. L'expression « devant celui qui le reçoit »,
dans cette phrase, et le « pour l'autre » dans la citation précédente,
sont à souligner. Cette dernière d'ailleurs s'accompagne d'un bref
commentaire de l'auteur, qui la fait suivre, entre parenthèses, de cette
précision : « selon le mode du toi, qui est la synthèse métaphysique
du moi et du lui dans la personne divisée »[465]. Plus loin, on lit encore :

---

[462] Il y a ici une certaine analogie avec Platon et Plotin. Pour ce premier, « le
temps est le mouvement ordonné du ciel, qui manifeste la structure numérique
de l'âme du monde. Ainsi conçue, l'âme produit le temps plutôt qu'elle n'en
prend conscience », cf. R. B r a g u e, *Du temps chez Platon et Aristote*, Paris
1982, p. 71. Voir aussi à ce propos F. M. C o r n f o r d, *Plato's Cosmology. The
Timaeus of Plato translated with a running commentry*, London 1977, p. 97-
-105. Le passage du temps cosmologique, car chez Platon l'âme qui produit
le temps c'est bien l'âme du monde, au temps psychologique se produit chez
les successeurs de Platon, par exemple chez Plotin (voir R. B r a g u e, *op. cit.*,
p. 70-71), J. G u i t t o n, *op. cit.*

[463] F l., *La colonne*, p. 143.

[464] *Ib.*, p. 147.

[465] *Ib.*, p. 143.

« L'ipséité mauvaise, privée de toute objectivité (car la source de l'objectivité est la lumière divine), devient une subjectivité nue »[466].

Il paraît donc justifié d'expliciter le « pour l'autre », en le traduisant par « pour Dieu ». dans cette vision des choses, la volonté mauvaise devient donc un rien, car c'est uniquement dans la Trinité divine que se trouve le fondement de l'être, « le fondement de toute stabilité »[467]. L'auteur exprime la même idée en d'autres termes : « L'en soi substantiellement saint de la personne (selon le mode « lui ») est séparé du pour soi (selon le mode « moi ») pour autant qu'il soit mauvais ». Dans le péché, dans la volonté mauvaise, il y a la négation, de la part de l'être humain, de la vérité du dogme trinitaire, et « ce n'est pas pour rien que la négation de la nature trinitaire du symbole « trois » est à la base même de l'art mauvais de la sorcellerie »[468]. Ce qui constitue l'essence, le fondement de l'existence de l'être humain, son « en soi », c'est l'adhésion au dogme trinitaire et sa profession[469] ; or, le pécheur le renie, s'opposant à Dieu dans une auto-affirmation mauvaise ; on peut donc dire que le péché provoque la décomposition de la vie intérieure dans une personne humaine, qui devient alors un être pour soi ou selon soi, une auto-idole[470]. A l'être humain, il est proposé, comme but de son existence, de découvrir en lui-même l'image divine et de la dynamiser de telle sorte que, dans sa vie actuelle, il se conforme au contenu de cette image, en s'unissant substantiellement à la divinité tri-unique et à l'autrui, car telle est la nature métaphysique de l'amour[471] : c'est sur cela même que porte objectivement le Jugement, dit Fl., qui échappe ainsi, selon ses propres dires[472], à toute moralisation de l'eschatologie.

Pour peser et estimer la justesse de sa position, nous poursuivrons notre réflexion, en regroupant ses idées autour de sept points.

---

[466] *Loc. cit.*
[467] *Loc. cit.*, la note 370 : Fl. se réfère expressément à saint Augustin.
[468] *Ib.*, p. 143.
[469] Voir ce qui a été dit de l'*homoousios* dans le 2ᵉ chap.
[470] F l., *La colonne*, p. 119-121.
[471] *Ib.*, p. 65.
[472] *Ib.*, p. 142.

Nous aborderons d'abord un thème commun aux chrétiens d'Occident et d'Orient, celui du Christ, centre de l'eschatologie ; ensuite celui de l'Eglise et de son rôle eschatologique. Nous étudierons alors la nature de cette scission de la personne humaine en deux « moi ». Après avoir traité du feu comme du moyen du jugement, nous développerons ensuite les notions de salut et de damnation. Et nous terminerons par une nouvelle considération sur l'antinomie, procédé si fréquent chez Fl..

3.1. Le Christ – Centre de l'eschatologie

Pour notre théologien, en concordance à ce sujet avec la tradition catholique[473], le Christ constitue le Centre de l'eschatologie humaine. Ce n'est certes pas en dehors du cadre anthropologique que Fl. place l'œuvre du Fils de Dieu : « Son Incarnation-Mort-Résurrection », son œuvre salvifique a si profondément marqué l'être humain qu'à chacun de nous sa « plénitude » personnelle est révélée dans « l'Homme » ou « le Fils de l'Homme »[474] ; ce n'est que dans « sa chair », et l'on voudrait ajouter ici : dans sa chair glorieuse de Ressuscité, que le Christ montre à tout être humain « l'idée divine de chacun »[475]. Il s'ensuit que le fondement (*osnovanie*) de chaque être humain, son « ipséité », authentique n'est qu'en Christ[476]. En

---

[473] H. U r s   v o n   B a l t h a s a r, *Eschatologie, op. cit.*, p. 279-281 ; A. G r i l l-
m e i e r, *Der Gottessohn im Totenreich. Die Descensuslehre in der älteren
christlichen Uberlieferung*, dans « Zeitschrift für katholische Theologie »
71 (1949), p. 1-53 et 184-204 ; X. D u r w e l l, *La Résurrection de Jésus, mystère de Salut. Etude biblique*, 7ᵉ éd., Lyon 1963. ; M. B o r d o n i - N. C i o l a,
Gesù nostra speranza. Saggio di escatologia, Bologna 1988.

[474] Fl. se réfère à l'œuvre de l'Arch. A. K h r a p o v i t s k y, *Le Fils de l'homme ;
essais d'interprétation*, dans *Œuvres complètes*, Potchaev 1906, t. 4, dont il
cite : « Le Seigneur se donne le nom de Fils de l'homme en tant que celui qui
exprime et professe l'humanité véritable, c'est-à-dire la sainteté personnelle,
par opposition aux aspirations fictives et politiques que les contemporains vou-
laient lui imposer », p. 223, voir la note 395 de *La colonne*.

[475] *Ib.*, p. 154-156.

[476] *Ib.*, p. 155.

tant que modèle de l'être humain, le Fils de l'Homme, dans sa perfection, ne joue pas un rôle simplement passif, selon notre auteur,
une sorte d'idéal qui nous serait donné à contempler mais que nous
ne pourrions atteindre. Non, le Christ est un modèle interpellateur, le
modèle à suivre. Cette acception reflète une caractéristique apparte-
nant en propre à toute théologie qui se veut chrétienne[477].

Le Christ nous a montré le chemin et le but où il conduit ; il
nous a donné également la promesse de l'assistance de l'Esprit
Saint ; mais c'est à nous maintenant qu'il est proposé d'atteindre ce
but. Pour cela, l'être humain doit renoncer à exister « pour soi » et
commencer à vivre pour le Christ. Mais, autant le don de Dieu qui
fonde l'être humain reste fixé d'avance, autant le chemin qui doit le
conduire au Christ se présente à chaque personne comme une décision libre, ne dépendant que d'elle-même : chacun peut soit s'engager et progresser dans la voie de sa déification, soit vivre « pour
soi », sans référence à Dieu ; cependant, dans ce cas, il ne suit pas
sa nature[478], mais il mène une existence solipsiste. Selon Fl., tout ce
parcours, dans lequel la liberté et l'engagement personnels de l'être
humain jouent un rôle essentiel, se définit comme « l'œuvre » de
l'être humain. Dans son vocabulaire, ce terme semble bien correspondre au terme « caractère » chez Kant, que cite notre auteur[479].
Comme le philosophe de Kœningsberg parle d'un « caractère empirique ou phénoménal »[480], Fl. parle de la « nature empirique », qui

---

[477] Cf. V. L o s s k y, *op. cit.*, p. 131-151.

[478] Nous employons toujours ce terme dans la perspective de la théologie orthodoxe, pour laquelle l'être humain à l'image de Dieu se définit ainsi par ce qu'il
est par nature. Voir V. L o s s k y, *op. cit.*, p. 140 ; P. E v d o k i m o v, *L'Orthodoxie*, *op. cit.*, p. 90.

[479] F l., *La colonne*, p. 142 ; cf. E. K a n t, *Kritik der reinen Vernunft, op. cit.*,
A 539, B 567 : *Es muss aber*, dit Kant, *eine jede wirkende Ursache einen
« Charakter ». haben, d. i. ein Gesetz ihr Kausalität, ohne welches sie gar
nicht Ursache sein würde.*

[480] K a n t écrit : *Und da würden wir an einem Subjekte der Sinnenwelt erstlich
einen empirischen Charakter haben, wodurch seine Handlungen, als Erscheinungen, durch und durch mit anderen Erscheinungen nach beständiger Na-
turgesetzen im zusammenhange ständen. (Kritik der reinen Vernunft, op. cit.*,
A 539, B 567).

se révèle « dans des pensées, des sentiments, des désirs ; elle se manifeste par des actes »[481]. Tous ces actes forment, selon notre théologien, une certaine autonomie et suscitent à leur tour, chez d'autres personnes, des pensées, des sentiments, des désirs et des actes[482] ; en conséquence de quoi, « le caractère empirique acquiert une espèce de corps matériel ». Le jugement du Christ concernera précisément cette part de l'être humain, ce « corps matériel » de la personne. Ainsi le Christ qui est notre « ipséité », notre source originante, deviendra aussi notre juge. Tel semble bien être le sens à donner à des expressions de Fl. ; notamment lorsqu'il parle de la personne humaine qui, après sa mort, comparaîtra « devant les yeux ardents du Christ, quand elle entendra la parole de Dieu qui coupe comme un glaive à deux tranchants »[483], ou encore lorsqu'il penche pour une interprétation réelle, personnalisée, du feu dans la lecture de 1 Co 3, 13, « le feu qui éprouvera la qualité de l'œuvre de chacun », disant que c'est « le Seigneur qui se manifeste dans le feu »[484]. Mais le Christ ne sera pas seulement notre Juge, il sera aussi la mesure du jugement, le « critère », selon l'étymologie de ce mot : il nous demandera comment nous avons rendue active, dynamique, opérante, son image qu'il avait empreinte en nous, quelle bâtisse nous avons édifiée sur les assises qu'il nous avait données.

Jésus-Christ occupe ainsi la place centrale dans la vie humaine non seulement dans son existence actuelle mais encore, et à plus forte raison, dans sa vie future. Tout au long de sa vie terrestre qui s'est achevée par sa mort et sa résurrection, le Christ a réalisé, à la perfection, la tâche humaine. En lui, l'eschatologie de l'humanité est déjà accomplie. A nous maintenant, à notre tour, de suivre l'exemple du fils de l'Homme.

Reste encore à nous demander quelle est, pour Fl., la signification profonde et le but ultime de l'agir de notre nature empirique.

---

[481]   F l., *La colonne*, p. 150.
[482]   *Loc. cit.*
[483]   *Ib.*, p. 156 ; la Bible réserve aussi le Jugement au Fils de l'Homme (Mt 25, 31 ; Jn 5, 22).
[484]   *Ib.*, p. 152.

Qu'envisage-t-il comme le contenu de cette « œuvre » que l'être humain a vocation de réaliser au cours de cette existence-ci ? Qu'entend-il quand il parle, à la suite de l'Apôtre Paul, de l'édifice qu'il nous fait bâtir sur la fondation qu'est le Christ Jésus ?

3.2. L'Eglise – vocation de l'être humain

Pour répondre à ces dernières questions en rapport étroit avec notre démarche, Fl. ne reprend pas tout l'itinéraire déjà parcouru : il interprète seulement le texte de 1 Co 3, 10-15 dans un sens ecclésiologique, arguant que l'Apôtre y parle de l'Eglise du Christ[485]. Dans cette perspective, ce que l'être humain a à faire dans son existence, son « agir selon le Christ, sur le fondement du Christ, avec la puissance du Christ, c'est bien de s'intégrer dans l'édification de l'Eglise du Christ laquelle représente le développement réel des possibilités divines données à l'humanité »[486]. Vivre en communion avec l'Eglise, c'est, au fond, vivre en union avec le Christ dont l'Eglise est le Corps[487].

C'est donc sur son engagement dans l'édification de l'Eglise, corps du Christ, sur sa participation à l'actualisation du Royaume de Dieu sur la terre, que sera jugé l'être humain. En mettant l'accent sur l'importance, en tant que matière de notre jugement, de notre agir dans l'édification de l'Eglise, Fl. pourrait sembler laisser dans l'ombre des valeurs eschatologiques inhérentes à notre vie spiri-

---

[485] *Ib.*, p. 149.

[486] *Ib.*, p. 150.

[487] Nous rejoignons ainsi la spiritualité classique de l'Eglise chrétienne d'Orient. Parmi les nombreuses études sur ce sujet, citons : J. G r o s s, *La divinisation du chrétien d'après les Pères grecs. Contribution historique à la doctrine de la grâce*, Paris 1938 ; N. C a b a s i l a s, *La vie en Christ. Livres I-IV*, introd., texte critique, trad. et annotation par M.-H. C o n g o u r d e a u, Paris, 1989 ; E. B e h r - S i e g e l, *Prière et sainteté dans l'Eglise russe*, nouvelle éd., Abbaye de Bellefontaine 1982 ; N. v o n A r s e n i e v, *La piété russe*, Neuchâtel 1963 ; M. L o t - B o r o d i n e, *La déification de l'homme selon la doctrine des Pères grecs,* Paris 1970.

tuelle terrestre, comme l'espérance, cette vertu théologale où s'exprime par excellence le rapport entre la vie présente et la vie future ; comme la souffrance, tellement présente dans l'histoire actuelle de chacun et qu'il est nécessaire de transfigurer en signe et prélude d'un triomphe plus complet du Christ ; comme aussi « l'apostolat », où le chrétien aura à s'engager jusqu'à ce que le Royaume de Dieu pénètre toutes les réalités de ce monde et jusqu'à ce que Dieu soit tout en tous, car le fidèle n'attend pas le Royaume comme une réalité future, mais comme un ferment qui opère en lui et par lui.

Ce ne sont là, l'espérance, la souffrance, l'apostolat, que trois exemples de la dimension eschatologique de la vie humaine ici-bas. Nous les retrouvons, avec d'autres, dans l'ecclésiologie de Fl. Il y apparaît que le but de la vie actuelle du chrétien, c'est de rendre présent et agissant le Royaume de Dieu, dont l'Eglise, Corps du Christ, est déjà le commencement. Pour atteindre ce but, l'être humain ne peut suivre qu'un chemin : mener une existence sainte, une existence à l'image de Dieu. Ce chemin, c'est la voie ascétique, qu'un théologien orthodoxe contemporain appelle « spiritualisation déifiante »[488]. Dans l'Eglise, l'être humain peut rejoindre toutes les valeurs eschatologiques de son vécu terrestre, son espérance, la souffrance et l'apostolat, en participant aux sacrements, car ils portent en eux une force déifiante[489], particulièrement l'Eucharistie[490]. Grâce à la liturgie sacramentelle de l'Eglise, l'être humain prend une part active dans la construction du Royaume de Dieu, lequel n'est donc pas du tout une abstraction mais une communion, l'union d'une personne humaine avec Dieu dans l'amour, un amour substantiel qui se déploie vers le prochain. Si l'édification de l'Eglise semble, au regard de Fl., plus importante ici que la perfection personnelle, on ne peut y voir une contradiction, mais seulement une différence d'accentuation : dans une première approche, il a insisté sur la finalité de l'existence humaine qui consiste à devenir un avec le Christ,

---

[488]   P. E v d o k i m o v, *L'Orthodoxie, op. cit.*, p. 328.
[489]   Fl. les appelle « des sources de déification », cf. F l., *La colonne*, p. 88.
[490]   *Ib.*, p. 148.

en passant par l'union avec son Corps, l'Eglise ; il met ensuite en relief la perfection personnelle qui semble résulter logiquement du but principal, puisque, pour communier à la sainteté du Christ, il faut soi-même être saint.

Cette vie sainte, cette union à Dieu, est-elle un don que ferait la grâce, en réponse à un acte méritoire de la volonté humaine ? Faut-il parler ici du mérite ? Il serait vain de vouloir chercher, dans l'œuvre de Fl., cette notion de mérite : en cela, il se montre solidaire de la tradition ecclésiale de l'Orient à laquelle « la notion de mérite est étrangère »[491], parce que la relation entre Dieu et l'être humain n'y est pas conçue, contrairement à la pensée théologique en Occident, comme relevant de l'ordre juridique. Pour les Orientaux, la grâce n'est, en aucun cas, une récompense du mérite, le « prix » d'une bonne action de la personne humaine, mais elle n'est pas non plus la cause des « actes méritoires » de la libre volonté de l'être humain[492]. Il s'ensuit qu'il conviendrait de parler ici, plutôt que de mérite, d'une coopération, bien qu'au niveau différent, entre le vouloir divin et la volonté humaine, d'un accord par lequel la grâce de Dieu s'épanouit de plus en plus en nous et nous divinise.

En fait, ainsi qu'on l'a noté précédemment, l'être humain refuse souvent d'entrer dans cette coopération que Dieu lui propose : au lieu de choisir de s'épanouir en suivant le désir divin et en s'édifiant sur le Fondement qu'est le Christ, au lieu de mener à bien sa propre « ipséité », il lui arrive, dans sa liberté, de s'égarer pour vivre, non

---

[491] Cf. V. L o s s k y, *op. cit.*, p. 194.

[492] *Ib.*, p. 194-195. L'auteur n'a pas pleinement raison d'attribuer cet éloignement entre les deux traditions chrétiennes à l'influence de saint Augustin. Il affirme : « Cette question (du mérite) n'a jamais eu en Orient la même acuité qu'elle a reçue en Occident depuis saint Augustin » (p. 194). C'est vrai que dans sa polémique avec le pélagianisme, saint Augustin a gardé la notion du mérite, introduite dans la théologie par Tertullien, mais il présentait toujours le mérite de l'être humain comme une œuvre de la grâce de Dieu. Cf. G. K r a u s, *Verdienst*, dans *Lexikon der katholischen Dogmatik, op. cit.*, p. 533-535. Sur la vision catholique de la grâce cf. O. H. P e s c h, *Theologie der Rechtfertigung bei Martin Luther und Thomas von Aquin. Versuch eines systematisch-theologischen Dialogs*, Mainz 1967 ; id., *Gesetz und Gnade*, Freiburg - Basel - Wien 1981, p. 5-77.

plus « en soi », mais « pour soi ». Au moment du Jugement, la personne qui n'a pas vécu « selon elle-même sous sa forme idéale »[493]
verra périr son « pour soi », tandis que sera sauvé son « en soi ».

3.3. La nature de la scission des deux « moi »

Pour mieux comprendre Fl. quand il parle de la séparation, à l'intérieur de la personne, des deux « moi », il convient de se rappeler
ce que nous avons déjà exposé de ses conceptions, et particulièrement du thème qui lui est cher de l'image que porte en soi chaque
être humain. C'est à la lumière de ces conceptions qu'il faut lire ses
écrits sur l'eschatologie. L'être humain porte à jamais en lui l'image
de Dieu, l'image ineffaçable et incorruptible ; s'il ne l'a pas rendue actuelle, dynamisée au cours de sa vie, s'il n'a pas réalisé son
union substantielle avec Dieu et avec le prochain dans l'amour, cette
image de Dieu en lui, son « en soi » sera séparé de son « pour soi »,
de son égoïsme mauvais. Ce qui surpend ici, mais cela constitue
aussi un enrichissement par rapport à notre propre vision habituelle
de l'eschatologie, c'est que Fl. utilise en cette matière un langage
toujours ontologique, le langage de l'être. Ainsi, dans la logique de
sa conception, nous ne sommes plus en présence d'une personne
mais de deux : l'« en soi » et le « pour soi ». Le premier, qui existe
objectivement car il est totalement « pour un autre » (*dlia drougo-
vo*)[494], c'est-à-dire pour Dieu, devient « une objectivité pure, toujours
réelle » dont la source d'existence est Dieu, lequel ne peut détruire
sa propre image résidant dans l'être humain[495]. Par contre, le « pour
soi » de la personne n'est qu'une « subjectivité nue », une « subjectivité irréelle », car ce « pour soi » n'a pas de vie propre mais n'existe
qu'en tant que participant à la vie de l'« en soi » et, une fois détaché
de lui, il se trouve privé de vie ; cela fait dire à Fl. que le péché vit

[493]   F l., *La colonne*, p. 154.
[494]   *Ib.*, p. 143.
[495]   Fl. suit ici la thèse de son Eglise, cf. P. E v d o k i m o v, *L'Orthodoxie, op. cit.*,
        p. 90.

grâce à la vie[496]. Il s'ensuit que le « pour soi » dont la volonté est méchante et mauvaise fomente une agonie perpétuelle, une tentative incessante autant qu'impuissante pour sortir de l'état d'ipséité pure, c'est-à-dire de l'existence exclusivement « pour soi ».

Vivant « en dehors de Dieu », le « pour soi » n'existe que dans sa subjectivité, « dans ce dehors, lieu métaphysique où il n'y a pas de Dieu »[497] : « Le Tri-unique est la lumière de l'Amour dans lequel il est l'Etre ; en dehors de lui, c'est la nuit de la haine et donc l'anéantissement éternel »[498]. Quiconque refuse de vivre dans cet Amour qu'est Dieu, toute personne qui n'a pas concrétisé dans sa vie la ressemblance à l'image latente qu'il porte en lui du Dieu qui lui en a fait don, doit nécessairement demeurer dans la nuit obscure, dans « l'anéantissement éternel »[499]. Faut-il en déduire la subjectivité de l'enfer ? Nous reviendrons sur cette question, mais dès maintenant retenons que la dialectique des « deux voies », celle de la vie et celle de la mort[500], si répandue dans le christianisme primitif[501], Fl. l'interprète dans des catégories strictement ontologiques[502] : si Dieu est la vie, le péché est la mort, si Dieu est la Vérité, le péché est la non-vérité, le faux. Certes, les théologiens, catholiques aussi bien qu'orthodoxes, parlent aussi du péché en tant que mort, mais il s'agit d'une mort spirituelle, d'un certain éloignement à l'écart de Dieu dont on n'a pas voulu suivre les commandements ; pour Fl., par contre, il s'agit, semble-t-il, d'une mort ontologique. Si nous envisageons ce type d'existence à partir de Dieu-Vie, dans une perspective plongeante, on est bien forcé de considérer le péché selon l'expression de notre théologien, la volonté mauvaise comme un néant absolu, comme réalité inexistante. Dieu qui, dans la concep-

---

[496]   F l., *La colonne*, p. 115.
[497]   *Ib.*, p. 143.
[498]   *Loc. cit.*
[499]   Cf. *ib.*, p. 153.
[500]   Cf. chapitre III, 1ère partie.
[501]   Cf. *La Doctrine des Douze Apôtres (Didachè)*, introd., texte, trad., notes, appendice et index par W. R o r d o r f et A. T u i l i e r, Paris 1978, chap. 1-6, 1, p. 141-169.
[502]   F l., *La colonne*, p. 115.

tion spirituelle de Fl., est l'objectivité pure et le principe unique de tout ce qui existe, ne peut regarder le péché que comme dépourvu de toute existence objective. Le péché n'existe pas pour Lui, mais seulement pour nous, si, regardant les choses de bas en haut, nous le mettons en relation avec Dieu.

Notre auteur n'envisage le péché qu'au niveau de l'expérience personnelle, uniquement dans la sphère de l'expérience spirituelle de l'être humain, considérant l'expérience, à la manière kantienne, semble-t-il, comme l'élément qui fonde l'ontologie. C'est le « moi », et seulement lui, qui expérimente le péché et le mal, lesquels n'existent que pour ce moi. Pour Dieu, qui ne peut éprouver le mal puisque le mal est un rien pour lui, le péché n'a aucune existence ; pour Dieu, le bien seul existe. Puisqu'il n'y a que l'être humain qui fasse l'expérience du mal, Fl. ne risque-t-il pas de réduire le péché et le mal à leur seule dimension subjective ? Non, car cette subjectivité est ontologique, du fait que tout être humain se trouve confronté au mal et au péché ; il ne s'agit pas d'un simple sentiment du mal, mais au contraire d'une confrontation avec un mal concret, réel, objectif. Nous nous trouvons devant le mal, comme devant un système où la thèse en affirme l'objectivité et l'antithèse, sa subjectivité. Le mal est objectif, car il existe comme un être en tant que Démon ou Satan, dont Fl., à maintes reprises évoque l'existence et l'action ; d'autre part, le mal n'est éprouvé que par la personne humaine, qui seule dispose d'un espace de liberté où s'actualise son choix entre le bien et le mal[503]. Si donc quelqu'un opte pour le bien, il renforce son « en soi » qui se réalise pleinement ; au contraire, s'il choisit le mal, son « en soi » ne souffre aucune perdition, puisque nous l'avons défini comme l'indestructible image de Dieu, mais il ne vit plus que « pour soi », refermé sur son propre égoïsme, en solipsiste. Un tel individu se manifeste donc comme un être double : son « en soi » continue à exister mais comme enfoui et caché, enfermé sous le « pour soi » qui,

---

[503] On pourrait, dans les mêmes termes, parler des anges, pour qui existe aussi la liberté de choisir ; l'angéologie n'entrant pas dans le cadre de cette recherche, nous nous contentons de cette brève mention.

faussement, se montre comme étant le seul à exister ; faussement, en effet, puisque n'existant pas dans l'objectivité divine, seule et unique source du réel, le « pour soi » n'a d'existence que pour l'être humain, ce qui nous autorise à parler à son sujet d'ontologie subjective.

C'est ainsi, nous semble-t-il, qu'il faut comprendre Fl., car cela permet de sauvegarder à la fois la responsabilité et la liberté de l'être humain : celui-ci reste libre, dans son choix entre le bien et le mal, d'opter pour l'un et contre l'autre, tandis que demeure en lui, constante et impérissable, l'image de Dieu qui est son « en soi ». Le péché doit rester distinct du pécheur : il n'y pas d'identification entre la personne qui pèche et le péché en tant que péché, ces deux réalités étant autonomes, ayant chacune un être propre, l'être humain d'une part et le mal démoniaque de l'autre. Ce dernier peut atteindre la personne humaine, la souiller, dévoyer sa liberté, gauchir son « caractère » (dans le sens explicité plus haut), mais jamais, nous dit Fl., il ne pourra s'emparer de l'être humain tout entier, car celui-ci est et demeure pour toujours image de Dieu : l'ipséité du pécheur, ce qui constitue la source de sa dignité, l'élément divin qu'il porte dans son être, reste toujours hors d'atteinte des assauts du mal démoniaque « à l'abri du Très-Haut » (Ps 90, 1).

Pour justifier encore mieux sa position au sujet de la division ontologique entre l'« en soi » et le « pour soi », Fl. en cherche une confirmation biblique dans la parabole des talents (Mt 25, 14-30) : « Tout ce que nous venons de dire, écrit-il, ne représente pas autre chose qu'une traduction en langage ontologique de la parabole des talents. Le talent est la faculté spirituelle, donnée par Dieu à chaque être humain, de créer sa propre personne, c'est 'l'image de Dieu' »[504].

---

[504] F l., *La colonne*, p. 144, où il se demande : « Que signifient donc ces paroles de la parabole ? Si les talents sont l'image de Dieu, comment l'être humain pourrait-il ajouter quoi que ce soit à son être « déforme », et même doubler l'image de Dieu ? Il est du pouvoir de l'être humain non pas de la créer, mais de l'assimiler, de même que la force vive de l'organisme ne crée pas sa nourriture, mais l'assimile. L'être humain ne fait pas croître sa personne, il n'en a pas la *dunamis*, mais il acquiert un accroissement en s'appropriant l'image de Dieu d'autres personnes. L'amour : telle est la *dunamis*, par laquelle chacun s'enrichit et se fait croître en absorbant autrui. ».

Si pourtant quelqu'un parmi les serviteurs de la parabole, n'accepte pas le don de Dieu, s'il le rejette avec méchanceté et orgueil, s'il se met à vivre et à être « pour lui-même », alors le Seigneur ordonnera que lui soit enlevé le talent qu'il a méprisé pour le donner à un autre ; mais même s'il punit le serviteur mauvais, le Maître ne lui ôte pas le don de son image, laquelle ne cesse d'exister[505].

Il nous reste encore à préciser de quel jugement parle Fl. : s'agit-il d'un « jugement particulier » personnel, immédiatement après la mort, ou bien du « jugement dernier », général et universel ? Fl. ne relève pas cette question : il semble ne connaître qu'un unique jugement, à la fois « particulier » et « dernier », et il appuie sa conviction sur 1 Co 5, 13a, où saint Paul affirme : « L'œuvre de chacun deviendra manifeste ; le Jour, en effet, la fera connaître, car il doit se révéler dans le feu ». Ce Jour, selon notre théologien, « c'est le jour de l'appréciation absolue de toute œuvre humaine, le jour du jugement, celui de l'avènement du Seigneur, le jour où toute chose terrestre sera éprouvée par le feu » ; et il ajoute plus loin : « Il est clair que le terme 'jour' a un sens eschatologique, et même si, à la suite de certains exégètes, on l'entend comme 'l'histoire' ou 'le temps' ou 'le moment de la commémoraison', le contexte n'en jette pas moins sur ces idées un jour eschatologique, de telle sorte qu'elles préfigurent le Jugement Dernier »[506]. Fl. n'envisage donc pas qu'il y ait une existence entre la mort et le jugement, entre le jugement « particulier » et le jugement « universel », ni qu'il existe un lieu de purification, une situation particulière, ce que des théologiens catholiques incluent dans le terme « purgatoire ».

Cette opinion se situe dans la ligne de l'Eglise orthodoxe qui, au sujet du purgatoire et de l'eschatologie, fait sienne la doctrine qu'exposa, au concile de Florence, le métropolite d'Ephèse, Marc Eugéni-

---

[505] Fl. rapporte aussi d'autres exemples bibliques : la parabole du grain et de la zizanie, Mt 13, 36-43 ; de l'arrachement de l'œil, Mt 5, 29 ; la parabole du repas de noces – Mt 22 (en particulier les v. 12-13). Tous ces exemples expriment, d'après lui, au fond la même idée : le retranchement de la partie mauvaise de l'être humain. Cf. F l., *La colonne*, p. 144.

[506] F l., *La colonne*, p. 151.

kos : « L'Eglise grecque, dit-il, enseigne que ni les justes ni les réprouvés n'atteignent leur état final de béatitude ou de châtiment avant le
Jugement Dernier ; en attendant, ils habitent les lieux qui leur sont as-
signés, les justes avec les anges, soit au paradis terrestre, soit dans les
églises où se trouvent leurs images ou leurs reliques, et les réprouvés
dans les ténèbres et châtiment, mais non le châtiment du feu. Donc,
aucun besoin de purgatoire ; un certain châtiment et une certaine récompense ont déjà commencé et les prières de l'Eglise peuvent aider
toutes les âmes des défunts, celles des pécheurs en les menant auprès
des justes et celles des justes parce qu'elles peuvent encore s'amélio-
rer »[507]. Ainsi, selon ce métropolite, le juste doit, comme le mauvais,
attendre le dernier jour, avant de parvenir à son état final.

Les similitudes que nous venons de relever, entre la position de
Fl. et celles des auteurs grecs, ne peuvent cependant rejeter dans
l'ombre ce qui les différencie. Au cours des débats conciliaires de
Florence sur le purgatoire, les théologiens grecs acceptaient bien
une sorte d'état intermédiaire, mais, comme le montre J. Gill, ils
y niaient toute présence du feu et s'en justifiaient, en disant qu'aucun
des Pères grecs n'en avait parlé, et en ajoutant que le passage de
saint Paul (1 Co 3, 13-15) se réfère à l'enfer et non au feu du purgatoire, ainsi que l'interprétaient les Latins[508]. Fl., lui, semble s'écarter
quelque peu de cette position dite orthodoxe, en affirmant que la
purification s'opère par le moyen du feu, sans pourtant accepter le
purgatoire ; il se rapproche ainsi de Grégoire de Nazianze qui faisait
la distinction entre le feu du Jugement Dernier et l'enfer[509].

Cette vision d'un jugement unique semble beaucoup plus biblique que la doctrine des deux jugements[510] ; elle est aussi plus

---

[507]   J. G i l l, *Constance et Bâle-Florence*, Paris 1965, p. 219.
[508]   *Loc. cit.*
[509]   J. G n i l k a, *op. cit.*, p. 28.
[510]   Dans son article intitulé *Eschatologie*, H. U r s   v o n   B a l t h a s a r écrivait
à ce propos : « Il est indéniable que la Bible ne connaît ni deux jugements ni
deux jours du Jugement, mais un seul, et qu'il nous faille donc concevoir le jugement particulier après la mort dans un rapport dynamique (quelle que soit la
manière dont on le conçoit et plutôt sans chercher à l'imaginer concrètement)
avec le Jugement définitif », *Eschatologie, op. cit.*, p. 282.

existentielle que juridique, plus historique que métaphysique, et répond apparemment davantage aux conceptions de l'humanité d'aujourd'hui[511].

Avant de traiter expressément du salut et de la géhenne, il nous
reste encore à développer la dernière composante du jugement, le
feu. En effet, après avoir présenté le juge (Jésus-Christ) et la nature
du jugement (la séparation de l'« en soi » d'avec le « pour soi »), il
nous semble nécessaire de nous arrêter sur le moyen opérationnel du
jugement, c'est-à-dire d'approfondir le thème du feu.

3.4. Le feu, moyen du jugement

On ne doit pas s'étonner de ce que Fl. affirme que c'est par le feu
que se réalisera le jugement de Dieu : il suit simplement saint Paul
(cf. 1 Co 3, 13)[512]. La Bible revient souvent sur ce thème, accordant une signification religieuse au feu. Divinisé dans les religions
païennes (Sg 13,2), le feu reçoit dans les Saintes Ecritures, outre
plusieurs autres caractéristiques, une signification théophanique. Il
constitue généralement l'élément principal des manifestations de
Dieu sur la terre : fascinant mais redoutable, il symbolise la sainteté
inaccessible et la splendeur incomparable du Tout-Puissant. Parlant
de la gloire (*Kabôd*) dans laquelle se dérobe aux yeux des créatures
la sainteté du Transcendant, les prophètes la présentent comme le
resplendissement lumineux d'un inaccessible brasier ; les auteurs
du Nouveau Testament (cf. Ac 2, 3 ; 4, 11) ont continué à donner au
feu la même valeur signifiante. Signe de la présence et de l'action
divines, le feu est aussi mis en évidence dans la Bible comme le

---

[511]   Il nous faut remarquer également que dans l'Eglise catholique aussi nous trouvons assez peu d'indications officielles, c'est-à-dire du Magistère, à propos
du Purgatoire. Congar propose qu'on le mette, sotériologiquement, en rapport
avec le *Descensus*, cf. Y. M.-J. C o n g a r, *Le mystère de la mort et sa célébration*, Paris 1951, p. 284. Voir aussi J. F i n k e n z e l l e r, *Katholischen, op. cit.*,
p. 175-177.

[512]   F l., *La colonne*, p. 151-152.

symbole des perfections divines qui s'expriment dans ces interventions visibles.

Si nous soulignons le rôle positif du feu évoqué dans les Ecritures, nous ne pouvons oublier qu'elles lui attribuent également un rôle purificateur : le feu entre généralement dans les scénarios prophétiques du Jour du Seigneur[513].

Saint Paul écrit qu'au dernier jour, le Seigneur Jésus se révélera du haut du ciel « au milieu d'une flamme brûlante » (2 Th 1, 8) et saint Pierre annonce la destruction du monde par le feu et l'avènement d'un monde nouveau où habitera la justice (2 P 3, 7-13).

Au feu, la Bible assigne donc bien une fonction eschatologique[514], et Fl. ne se fait que l'écho des données qu'il y a lues, quand il décrit « le jour de l'appréciation absolue de toute œuvre humaine, le jour du jugement, celui de l'avènement du Seigneur, le jour où toute chose terrestre sera éprouvée par le feu »[515]. L'auteur se défend d'avoir pu s'exprimer autrement, car « l'image du feu se trouve trop souvent dans l'Ecriture, où il signifie le jugement de Dieu qui pénètre et qui purifie toute chose »[516]. Dans 1 Co 3, 13, il convient, dit-il, de comprendre le terme « feu », non dans son sens direct, mais comme « une métaphore », lui attribuant la valeur d'une figure de rhétorique : dans ce texte, estime-t-il, l'Apôtre inclut, dans le terme « feu », davantage les qualités de sa nature que sa réalité, laissant entendre que, si le jugement de l'être humain se fera par le feu, il s'agira d'un feu spirituel, car ce n'est pas un moyen matériel qui sera appliqué de l'extérieur, du dehors à l'être humain, mais celui-ci, au contraire, au jour du jugement, éprouvera le feu dans son « moi » intérieur.

Fl. ne dit pas clairement s'il considère le feu comme un élément impersonnel, exprimant seulement la force de sa nature, ou s'il l'in-

---

[513]   Cf. Is 4, 5-6 ; 66, 15-16, etc ; Ps 97 (96), 3 ; Dan 7, 9-12.

[514]   La scholastique parlera de même du jugement par le feu et de conflagration finale, cf. saint T h o m a s d ' A q u i n, *In sent.*, IV, d. 47, q. 2.

[515]   Sur l'emploi du feu dans la Bible, à propos du jugement, voir aussi : F. L a n g, *Πῦρ*, dans *Thelogisches Wörterbuch zum Neuen Testament, op. cit.*, VI, col. 928-952.

[516]   F l., *La colonne*, p. 151-152.

terprète comme une réalité personnelle, à la lumière de 2 Th 1, 7, où
il est écrit que c'est le Seigneur qui se manifeste dans le feu, avec le
feu[517]. Il estime, semble-t-il, que ces deux interprétations sont équivalemment acceptables, du moment toutefois que ce feu du jugement soit affecté d'un cœfficient christologique[518]. On a l'impression
que, pour lui, ce n'est pas tant le feu qui est important, que l'effet
qu'il produit sur l'être humain. Dans le feu du jugement, sera prou-
vée l'œuvre de chacun, ce qu'il aura bâti et édifié, au cours de sa vie,
sur le fondement qu'est le Christ (cf. 1 Co 3, 13-15) ; or, pour notre
auteur, l'œuvre ne constitue pas toute la personne humaine mais seulement son pôle actif. « Ce feu, écrit-il, n'est pas un châtiment ni une
« satisfaction », c'est une épreuve nécessaire, à savoir : l'évaluation
de la façon dont l'être humain a usé du « fondement » qui lui avait
été donné, de la condescendance divine ; c'est la « preuve » de la
personne. S'il apparaît que l'« image » latente de Dieu ne s'est pas
manifestée dans la « ressemblance » concrète de Dieu, si l'homme
a enterré l'image qui lui a été donnée, s'il ne l'a pas mise à profit ni
ne l'a fait fructifier, s'il n'a pas divinisé son aséité ni fait la preuve
de soi-même, l'image de Dieu sera ôtée de cette aséité non déifiée.
Mais si l'aséité est transformée en ressemblance divine, l'être humain recevra une récompense »[519]. Ainsi, comme le présente Fl.,
le Jugement Dernier n'opère pas la séparation entre les bons et les
mauvais parmi les êtres humains, mais bien une division, à l'intérieur même de chaque personne, entre son « ipséité » et son œuvre.

3.5. Le salut

« Il nous est impossible, écrit notre théologien, de nous représenter un être humain absolument perverti, de fond en comble ; sinon,
cela signifierait que la création de Dieu n'a pas réussi : l'image de

---

[517] *Ib.*, p. 152.
[518] *Ib.*, p. 156-166.
[519] *Ib.*, p. 153.

Dieu ne peut pas périr »[520]. Nous trouvons ici l'affirmation nette de cette idée fondamentale qui sous-tend tout ce chapitre : l'image de Dieu dans l'être humain est impérissable, et le péché même n'a pas pouvoir de la détruire. Par cette affirmation, Fl. pense avoir dégagé une voie moyenne entre les deux voies qui, d'après lui, s'excluent réciproquement : la voie du type « protestantisant », où le péché apparaît, dit-il, « comme la substance même de l'âme »[521] et la voie du type « catholicisant », qui considère, toujours selon notre auteur, le péché « comme quelque chose de tout à fait extérieur à l'âme »[522].

Fl. pense qu'il n'est pas possible de cadrer la fin dernière de l'être humain exclusivement dans ces deux conceptions, car aucune de ces deux voies n'exprime clairement ni pleinement la vérité sur la fin de la personne. Il juge que la première a, du péché, une vision tellement négative, tellement totalisante, qu'elle exclut le salut pour la personne qui, apparaissant comme totalement corrompue, ne peut s'attendre qu'à la condamnation ; tandis que l'autre, qu'il qualifie de « catholicisante », lui semble au contraire trop positive, parce que, le péché y étant tenu comme étranger à l'âme, toute personne y est à même d'atteindre le salut. Ces deux conceptions, de l'avis de notre auteur, n'apportent que des solutions partielles, exprimant certes quelque chose de vrai, mais pas toute la vérité ; la vérité pleine et complète sur l'eschatologie de l'être humain doit, à son sens, être antinomique. Dans la perspective qu'il fait sienne, Fl. considère que la personne humaine sera nécessairement à la fois sauvée et condamnée, car la vérité sur elle ne saurait apparaître pleinement, comme toute vérité, que par l'antinomie qui l'a fait vivre. Entre ce qui est sauvé et ce qui est condamné de l'être humain, où passe la ligne de démarcation ? Fl. répond qu'est sauvé l'« ipséité » de la personne, sa substance sacrée, son fondement[523] : dans un langage plus biblique, on dira que c'est « l'image de Dieu, divinement créée, et sa ressemblance, manifestation de cette image dans la mesure où

---

[520] *Ib.*, p. 168.
[521] *Loc. cit.*
[522] *Loc. cit.*
[523] F l., *La colonne*, p. 155-156 et 159.

l'être humain l'a réalisée »[524] : voilà ce qui sera sauvé, et tout le reste périra. Pour saisir en quoi consiste ce « reste », il faut en revenir à l'analyse que Fl. fait de l'être humain, qu'il conçoit comme ontologiquement constitué double : l'« en soi », par lequel la personne humaine vivait en relation avec Dieu, et le « pour soi », l'existence égocentrique, qui sera condamné. L'« en soi », assure notre auteur, demeure constamment dans l'être humain, même si dans certains cas, il est couvert par le « pour soi » ; celui-ci peut parfois le dévitaliser en quelque sorte de ses énergies, qu'il détourne de leur finalité naturelle qui les pousse vers Dieu, pour les orienter vers son propre moi et les court-circuiter dans son enfermement égoïste.

Cette distinction entre l'« en soi » et le « pour soi », que Fl. introduit dans son analyse de l'être humain, a pour conséquence d'ôter apparemment toute sa nécessaire vigueur à la vertu d'espérance. En effet, s'il est déjà assuré de son salut, le fidèle n'aurait plus de raison de l'espérer, puisque son « en soi » du moins ne pourrait périr. Le sort de son « pour soi » reste cependant incertain. Pour n'avoir que signalé ce danger de vider l'espérance de son énergie d'aimantation, sans se préoccuper davantage de ce problème, on peut reprocher à Fl. d'avoir adopté ici une démarche de philosophe en théologie spéculative, au détriment de l'intérêt spirituel, existentiel et pastoral du sujet traité.

3.6. La condamnation

A côté du salut éternel réservé à l'« en soi », Fl. envisage aussi la possibilité de la condamnation du « pour soi » : reste sauvée ainsi la vérité sur l'eschatologie, vérité qui porte à la fois sur l'amour de Dieu pour lequel tous doivent être sauvés, et la liberté humaine, en raison de laquelle, il est prévisible qu'il y ait aussi des condamnés. Le « pour soi » n'existant qu'au niveau subjectif, ainsi qu'on l'a exposé précédemment et qu'on le dira plus loin, n'est réel que

---

[524] Cf. *ib.*, p. 153.

pour mon « moi » propre, mais non pour le « moi » de Dieu, aussi l'avons-nous défini comme l'ontologie subjective, par opposition à l'ontologie objective, laquelle a son fondement en Dieu qui, seul, peut objectiviser les êtres ; il s'ensuit que le péché et le mal ne sont vrais que dans la conscience qu'en a l'être humain et qu'en dehors de cette conscience de soi en tant que pécheur, il n'y a pas de péché puisque celui-ci, étant sans réalité, Hegel le nommerait « une idéalité pure ». Le péché n'existe donc pas pour Dieu, puisque Dieu n'en a pas conscience, mais il existe pour l'être humain, en qui il s'objective, selon Fl., dans le rapport du « moi » humain avec le « toi » divin, c'est-à-dire avec l'image de Dieu que chacun porte en soi. C'est ainsi que le péché devient une objectivité mais uniquement pour moi, sous le regard de Dieu ; d'une « idéalité pure » qu'il est pour celui-ci, le péché passe à l'existence, devient un être réel, mais pour moi seulement. Or ce « pour moi », n'ayant qu'une existence subjective, ainsi qu'on l'a expliqué, « l'opération du feu » n'en changera pas le statut. Les paroles décisives de Jésus-Christ à ceux qui n'ont pas aimé (cf. Mt 25, 31-46), de même que ce que dit le Fiancé aux vierges folles qui n'avaient pas pris en réserve l'huile de « la chair divinisée »[525] (car une personne de grâce et pneumatophore est bien une chair divinisée) et qui avaient par conséquent été laissées « dehors », hors de la salle du banquet, ces paroles ont pour but d'exprimer avec une précision mathématique comment l'aséité du condamné perçoit le jugement, comment celui-ci l'éprouve subjectivement ; elles ne décrivent pas une situation métaphysique et elles visent le domaine non pas de l'être mais du néant, de ce qui n'est que « pour soi ». Devant les yeux ardents du Christ, dans la vision terrible de la Sainte Face, le « pour soi » s'éternise, mais c'est

---

[525] « Chair divinisée » : de cette expression de Fl., nous avons déjà eu l'occasion de traiter dans le 4ᵉ chapitre, où nous disions qu'il ne faut pas la prendre séparément. La chair devient divinisée par l'effort, avant tout spirituel, qui pénètre aussi la chair, alors que l'inverse est impossible. La chair participe à la sainteté de l'esprit : quand l'espace de liberté et créativité de la personne est orienté vers le Seigneur et sanctifié, comme une conséquence, la chair alors est aussi divinisée.

d'une éternité toute subjective, sans consistance objective. « Telle
est la géhenne : la « seule » réalité dans la conscience personnelle, et
néant dans la conscience de Dieu et dans celle des justes »[526]. L'être
humain qui, au cours de sa vie terrestre, ne vivait pas pour Dieu
mais uniquement pour soi dans une existence égoïste, n'est que rien,
quand il meurt : il ne possède qu'un « être illusoire ou semi-être sans
grâce et donc une existence à moitié réelle, pur non-être, néant »[527].

Ce néant, ce « pur non-être » ne concerne évidemment pas toute
la personne humaine mais seulement son « pour soi », son aséité qui
sera ainsi « éternellement repoussée hors du Royaume, précipitée
dans le feu où elle brûle, encore que ce rejet et ce feu n'existent pas ;
seule l'aséité les voit comme un songe »[528]. Le « pour soi » de l'être
humain subira l'éloignement de Dieu, dans une éternité définitive
puisque, une fois achevée l'existence terrestre, nul ne dispose plus
de la possibilité d'agir en vue de la vie éternelle ni de changer l'état
où il est alors fixé. Les théologiens catholiques qui admettent, entre
la mort et le Jugement Dernier, l'existence d'un état intermédiaire
de purification parlent, à la suite de Pierre Lombard, de « reatus
pœnae » et de « reatus culpae » ; ce dernier n'étant pas susceptible
d'y obtenir la rémission, mais bien le premier, non en raison de son
mérite (*satisfactio*) puisqu'il n'est plus à même d'en acquérir, mais
en considération d'un escompte de la peine (*satispassio*) encourue
pour les fautes commises avant la mort[529]. Chez Fl., après la mort,
le « pour soi » n'est plus capable de rien ; totalement passif, il ne
dispose plus d'aucune possibilité de modifier son état.

Dans cette perspective, « l'enfer est l'asile d'aliénés de l'univers
où les êtres humains seront persécutés par leurs souvenirs »[530], « un
lieu de désirs torturants et inassouvibles »[531] : un « maintenant » éter-

---

[526]   F l., *La colonne*, p. 160.
[527]   *Ib.*, p. 164.
[528]   *Loc. cit.*
[529]   Cf. M. S c h m a u s, *Katolische Dogmatik*, IV/2. *Von den letzten Dingen*, 5e éd.,
         München 1959, p. 542 ss.
[530]   F l., *La colonne*, la note 417.
[531]   *Ib.*, p. 164.

nel dans lequel souffre à jamais le « pour soi » qui constitue la part
mauvaise de la personne humaine, tandis que son « en soi » est sauvé. Ce salut même n'est donc pas parfait et ne coïncide pas avec le
salut que Dieu Lui-même souhaitait pour tous les êtres humains. Fl.
tente d'expliquer pourquoi. Même si l'« en soi » atteint le salut, dit-
il, il « est sauvé nu, dans l'état purement potentiel de la conscience
de soi »[532], du fait qu'il n'a pas réalisé objectivement toutes les possibilités qui lui avaient été données mais qui sont restées purement
virtuelles en lui ; c'est pourquoi, même si son « en soi » est accueilli
par le Seigneur dans son Royaume, ce ne sera que la moitié de l'être
humain, celle qui porte l'image, qui s'y intégrera, tandis que périra
l'autre moitié, sa part active, siège de sa liberté.

Ces deux termes techniques, l'« en soi » et le « pour soi » demandent à être examinés de plus près. Notre auteur qui les emploie
fréquemment emprunte cette distinction à l'antique pensée présocratique. Nous trouvons pour la première fois chez Parménide l'expression « en soi » (kath'auto)[533], par laquelle il définit une réalité
qui existe « en elle-même », sans avoir besoin d'un recours à une
autre pour cela. L'« en soi » établit donc un rapport direct avec l'être.
Platon reprend l'expression et lui confère une connotation ontologique absolue : l'existence « en soi » (auto ou auto'kath'auto) est
propre au monde des idées, car les idées, et elles seulement, peuvent
garder toujours leur propre identité, sans être soumises à quelque
changement que ce soit[534] ; ainsi parle-t-il, par exemple, du « beau
en soi », établissant ainsi une différence nette entre la beauté idéale
et les choses sensibles qui sont belles, et qui ne sont telles que dans
la mesure où elles participent au « beau en soi ». Par analogie, on
dira que « l'être en soi » est celui qui existe dans son essence propre
et non par accident, qui existe réellement (in se) et non en tant qu'il
se présente au sujet conscient (in mente).

---

[532] *Ib.*, p. 159.
[533] Parménide chez H. D i e l s, *Die Fragmente der Vorsokratiker. Griechisch und deutsch*, publié par W. Kranz, vol. I, 8ᵉ éd., Berlin - Neukölln, 1956, B 8, 29 (I, 237, 9), p. 237.
[534] P l a t o n, *Phaidon* 78 d ; id., *Parménide*, 130 b.

Aristote ensuite a utilisé le terme « en soi » et l'opposait à l'expression « pour soi » (*kata sumbebekos*)[535], qu'on a traduit en latin par « per accidens » ; selon ce philosophe, l'« en soi » n'indique pas seulement la substance mais aussi l'essence des choses conceptuellement appréhendées, et désigne ce qui existe premièrement dans les choses mais n'est perçu qu'ultérieurement par celui qui les connaît[536].

Les premiers auteurs chrétiens ont utilisé cette terminologie[537] ; on la retrouve aussi chez saint Thomas d'Aquin[538] et chez les philosophes modernes. Kant, par exemple, utilise l'« en soi » de préférence dans un cadre épistémologique, opposant la chose « en soi » (*an sich*) à la chose « pour soi » (*vor – für uns*, ou bien *in uns*), c'est-à-dire qu'il établit une distinction entre ce qui existe, d'une part, la réalité indépendamment des formes sous lesquelles elle se présente concrètement ou dans la pensée de qui la rencontre, et, d'autre part, les phénomènes ou aspects sous lesquels cette réalité nous apparaît pour se révéler à nous[539]. Dans la philosophie de Hegel, l'« en soi » retrouve sa valeur ontologique, désignant le moment potentiel de l'être, l'essence qui ne s'est pas encore développée, tandis que l'être « pour soi » (*für sich*) reçoit la valeur de l'acte (*energeia*)[540], désignant l'être parvenu au terme de son évolution.

Dans la philosophie contemporaine, c'est surtout J.-P. Sartre qui, dans *L'être et le néant*[541] a traité de cette problématique ; il y a, chez lui aussi, opposition entre « l'être-en-soi », qui correspond à l'être des phénomènes, et « l'être-pour-soi » qui est l'être de sa conscience[542].

---

[535] A r i s t o t e, *La Métaphysique*, vol. I et II, trad., introd., notes et index J. T r i - c o t, Paris 1986, V, 7, 1017 a 7.

[536] A r i s t o t e, *Ethique à Nicomaque*, trad., introd., notes et index J. T r i c o t, Paris 1987, I, 4, 1096 b 20.

[537] G. B u n g e, *Mysterium Unitatis. Der Gedanke der Einheit von Schöpfer und Geschöpf in der evagrianischen Mystik*, p. 452.

[538] S a i n t T h o m a s d ' A q u i n, *In Met.*, V, 19, n. 1054.

[539] E. K a n t, *Kritik der reinen Vernunft, op. cit.*, B 381, A 254-255, A 386.

[540] Voir la note 42 de ce chapitre.

[541] J.-P. S a r t r e, *L'être et le néant. Essais d'ontologie phénoménologique*, 19e éd., Paris 1949.

[542] *Ib.*, p. 29 ss.

Quant à Fl., c'est dans le sens ontologique, celui de Platon, qu'il utilise les expressions « en soi » et « pour soi ». Pour notre théologien, l'« être » *en soi*, c'est l'être parfait tel qu'il est sorti de la main de Dieu, c'est l'essence même de l'être, tandis que l'« être pour soi », qui s'oppose au premier, est un pur phénomène, sans autre existence réelle que celle qu'il tire de sa dépendance à l'égard de l'être « en soi ». Celui-ci existe, à la manière hégélienne, en tant que possibilité (*potentia, dunamis*) : c'est la semence, dont l'évolution, menée à son terme, produit le fruit qu'est l'être « pour soi », lequel constitue donc la mise en œuvre, l'activation efficiente, l'acte de l'être « en soi ». Il s'ensuit que toute personne humaine qui ne rend pas opérant son « en soi », qui n'en actualise pas les virtualités fonctionnelles, reste à l'état de pure potentialité.

Fl. estime cette approche de l'eschatologie plus biblique que celle proposée par la théologie catholique : « Chez saint Paul, écrit-il, ce n'est pas l'être humain avec toutes ses parties composantes qui est sauvé, ce n'est que 'lui-même', son 'en soi' créé par Dieu[543] ; alors que, selon la théorie catholique, l'être humain entier est sauvé, mais, après une compensation disciplinaire par la voie du purgatoire (*tchistilichtchié*), l'être humain qui a réfléchi et qui est changé en mieux. L'acte métaphysique très mystérieux qu'il est impossible de rationaliser et qui consiste à trancher les deux aspects de l'être (l'« en soi » et le « pour soi ») se trouve transformé, par cette représentation vulgaire du purgatoire catholique[544], en quelque chose de

---

[543] A côté de la division intérieure de la personne humaine dont parle saint Paul dans 1 Co 3, 10-15, nous trouvons, chez le même Apôtre, des expressions où il parle de la séparation entre les justes et les injustes (cf. 1 Co 6, 9-10 ; Ga 5, 19-21, etc.) et alors ce n'est plus au niveau d'une personne, entre ses parties bonne et mauvaise, mais au niveau des humains que la division est envisagée : entre les bons et les mauvais.

[544] Sur l'histoire et la théologie du purgatoire chez les catholiques, on peut consulter, par exemple : J. G n i l k a, *op. cit.* ; J. L e G o f f, *La naissance du purgatoire*, Paris 1981 ; Y. M.-J. C o n g a r, *op. cit.*, p. 279-336 ; R. O m b r e s, *The Theology of Purgatory*, Dublin and Cork 1978 ; G. G r e s h a k e, *Stärker als der Tod*, Mainz 1976. L'Eglise orthodoxe n'a jamais accueilli, dans sa totalité, l'existence du purgatoire. Elle n'a jamais reconnu officiellement la division du concile de Florence en 1438. Cf. A. d'A l è s, *La question du Purgatoire au concile de Florence en 1438*, dans « Gregorianum » 3 (1922), p. 9-50.

psychologique et d'entièrement compréhensible : la justification par
la souffrance et l'éducation par le châtiment »[545]. Fl. préfère laisser
la place au mystère : renonçant à tout savoir, il se déclare satisfait
de ce qu'il a pu en dire, s'en remettant pour le reste, avec confiance,
à l'agir divin.

Pour rendre complètement sa pensée, il faut encore ajouter une
observation très caractéristique de sa manière de réfléchir. Après
avoir jusqu'alors parlé de l'éternité de la condamnation qui frappe
le « pour soi », il semble qu'il ait laissé mûrir ses idées, car il termine sa lettre sur la géhenne par la proposition d'une antinomie :
« Si tu me demandes : - Alors, il y aura des peines éternelles ?, je te
répondrai : - Oui. Mais si tu me demandes encore : - Y aura-t-il un
rétablissement universel dans la béatitude ?, je te répondrai encore :
- Oui. Il y aura l'un et l'autre : la thèse et l'antithèse. Je pense que
seule l'opinion exposée ici satisfait à l'esprit et à la lettre de la Sainte
Ecriture et à l'esprit de la littérature patristique. Cependant, étant
intérieurement antinomique, elle exige la foi et ne se range décidément pas dans le plan de la raison. Ce n'est pas simplement un oui ni
un non, c'est oui et non ensemble. C'est une antinomie. »[546]

Celle-ci semble pourtant disparaître quand il parle de « mort seconde », c'est-à-dire du cas de la volonté « satanisée », « qui équivaut
au rien », de l'être « pour soi ». Il s'agit du cas extrême du péché dont
parle Matthieu 12, 31-32 : la négation de la vérité. Voici ce qu'en dit
Fl. : « la volonté peut être 'satanisée', quand il y a déchéance complète par rapport à l'Esprit Créateur de Vie, blasphème contre l'Esprit, c'est-à-dire, quand il y a opposition consciente à la vérité dont
l'Esprit Saint est le Porteur, (...). La négation de la Vérité en tant que
la Vérité entraîne la séparation complète de 'soi-même' et de l'aséité,
c'est-à-dire la mort de l'âme, la mort seconde, de même que la séparation de l'âme et du corps et la mort du corps, la première »[547]. Pour
l'être humain qui pèche contre l'Esprit Saint, il n'y a donc aucun

---

[545] F l., *La colonne*, p. 155.
[546] *Ib.*, p. 168.
[547] *Ib.*, p. 162.

salut : il est condamné dans sa totalité, pas seulement avec son corps, mais aussi avec son âme, si bien que pour lui, dit Fl., même la prière est vaine (cf. 1 J 5, 16-17). L'auteur pense cependant que de tels cas sont peu fréquents et qu'habituellement les êtres humains passent par la mort première, trépassent quand se sépare leur âme qui est sauvée, d'avec leur corps qui, s'il n'a pas été spiritualisé ou divinisé au cours de l'existence terrestre, s'en va en enfer. Cette bipolarité de la personne humaine doit toujours être envisagée en tenant compte de cette autre bipolarité que constitue l'antinomie du salut.

***

Pour répondre aux exigences de son temps, influencé par la philosophie idéaliste, Fl. cherche à présenter l'eschatologie de l'être humain dans la terminologie de ce courant de pensée, mais aussi en continuité avec sa propre conception anthropologique, enracinée dans la tradition de l'Eglise orthodoxe. Il en résulte une vision intéressante de notre avenir après la mort, une approche où l'auteur met en jeu à la fois la raison et le mystère : la raison ouvre la voie mais ne peut atteindre un but, acculée à reconnaître son incompétence quant à la nature la plus profonde de ce qui nous attend après le jugement de Dieu. Une certaine humilité est nécessaire et raisonnable, selon notre auteur, car nous ne pouvons tout savoir.

On remarquera, non sans intérêt, que le jugement qui sera porté sur la personne humaine à la fin de son existence actuelle est conçu comme touchant prioritairement son aspect communautaire, son « ecclésialité » pourrait-on dire : Fl. n'écarte évidemment pas la perfection personnelle, la sainteté individuelle, mais celle-ci n'ayant pas de but en soi, n'accomplit sa finalité propre que si elle se déploie à l'extérieur, si elle vit en union avec autrui, si elle édifie, solidairement avec les autres êtres humains, l'Eglise, le Corps du Christ.

L'amour ontologique, la connaissance substantielle, c'est-à-dire l'homoousia de chacun avec son prochain, telle sera la matière du Jugement Dernier. C'est une vision très belle, que ce panorama

d'une eschatologie en quelque sorte communautaire, communion-
nelle, où chaque personne ne se sauve ou ne se condamne qu'avec
tous les humains : s'il est indispensable d'aimer Dieu, dit Fl., il est
tout aussi certain que le véritable amour de Dieu n'est jamais sans
conséquence sur nos rapports avec autrui, car qui aime Dieu aime
aussi le prochain, ces deux dimensions ne pouvant se concevoir séparément.

Certains aspects des exposés de Fl. nous paraissent assez flous et
auraient gagné, à notre avis, à être expliqués davantage par l'auteur.
Ainsi ne voit-on pas clairement quelle place il réserve à la vertu théologale d'espérance, typiquement chrétienne, qu'il semble évacuer de
notre existence quand il présente comme assuré du salut notre « en
soi », contenant par nature l'image de Dieu innée en son être, alors
qu'il voue à la condamnation presque fatale le « pour soi ».

A moins qu'il ne fasse porter l'espérance que sur le « pour soi » ;
l'œuvre humaine n'étant jamais complètement mauvaise, sauf dans
le cas du péché contre l'Esprit Saint, peut-être y reste-t-il quelque
chose de bon à espérer, quelque valeur capable d'assurer la béatitude
plénière du Royaume ? La scission que Fl. fait intervenir entre l'« en
soi » et le « pour soi » paraît excessivement mécanique, pourrait-on
dire, trop matériellement concrétisante, alors qu'elle nous semble
convenir davantage au domaine de l'esprit, à cette réalité spirituelle
quasi inexprimable dans le langage habituel. Cette division est ressentie plus que définie et relève plus de l'expérience spirituelle que
de la compréhension rationnelle.

Echappe aussi à la synthèse de notre auteur un autre élément,
que la foi chrétienne englobe dans le dogme de la communion des
Saints : faut-il prier pour nos morts ? Fl. n'en dit rien.

Enfin, perce, à travers les écrits de cet auteur, un idéalisme certain. Par exemple, quand il dit, du péché, qu'il n'est rien pour Dieu
mais n'existe que dans la conscience du moi où il se révèle comme
un mal, cela suffit-il pour expliquer le mal qui est répandu dans le
monde ? Certes, Fl. atteste l'existence du « mal en personne », du
mal démoniaque, du Malin, mais quand il dit que mon mal n'est
expérimenté que par moi seul, qu'il n'a de réalité que pour ma seule

conscience et non pour celle d'autrui, ne peut-on y détecter une certaine réduction de la réalité du mal ? C'est une vision optimiste et très anthropologique que nous offre ce mal aux dimensions intellectuelles et individuelles, puisque nul autre que moi n'en souffre ; mais n'est-ce pas aussi un risque de mettre en doute, d'une certaine façon, l'objectivité du mal ? Or, celui-ci existe très objectivement, et pas seulement pour moi : il n'y a qu'à regarder autour de soi pour être témoin du fait que l'expérience du mal est commune et générale.

Malgré ces quelques points qui auraient gagné à être éclaircis ou davantage précisés, la présentation de l'eschatologie de l'être humain par Fl. mérite notre intérêt respectueux, surtout en raison du souci constant de l'auteur de maintenir ensemble fermement, d'une part, la liberté de la personne, capable d'épanouir librement les facultés qu'elle a reçues du Seigneur, et, d'autre part, l'indestructible image de Dieu que porte en elle sa propre nature.

Conclusions

Parvenus au terme de l'itinéraire dans lequel Fl. engagea sa pensée, à la fois philosophique et théologique, il nous semble qu'au lieu de nous faire cheminer en ligne droite, il nous a entraînés en une sorte de circonvolution autour d'un centre mystérieux : le mystère de la Sainte Trinité. Ce mouvement gravitationnel explique comment chaque progrès de la pensée de notre théologien s'accompagne à la fois de retours en arrière et de coups de sonde vers l'avenir, pour marquer à chaque étape le gain acquis et sa cohérence avec l'ensemble de la démarche entreprise. Fl. peut expliquer plusieurs fois la même chose en suivant des ordres différents, mais chacun de ces ordres tire sa légitimité du fait que sa pensée se déplace autour du centre dont le lieu se révélera avec une certitude d'autant plus grande que les recoupements qui le fixent auront été plus nombreux et d'origines plus éloignés. On aurait pu, par abstraction, dégager une ligne régulière de questions, mais ce serait fausser la pensée de notre auteur que de considérer un point quelconque de cette ligne théorique comme susceptible d'être, en fait ou en droit, isolés des autres, car tous sont indissolublement solidaires. Bien que chacun des thèmes de notre auteur soit ainsi à la fois lourd de souvenirs et gros d'anticipations, recueillant en lui tout un passé et riche déjà d'un devenir, nous les avons tous présentés entre un « avant » et un « après », tous sauf un, à savoir : l'idée centrale, par rapport à laquelle les autres se situent et se définissent orbitalement. Ainsi dégagé l'esprit de la doctrine de Fl., on ne saurait dès lors la résumer en une formule ni définir le parcours idéal de sa pensée : il ne peut s'agir que d'un repérage des points de départ de cette pensée et des cibles qui visent des réflexions qui, autrement, paraîtraient n'être que des digressions.

Mais ce repérage ne suffit pas encore : ce serait trahir notre auteur que de croire ou de faire croire que la détermination abstraite et comme géométrique du centre de convergence de sa pensée le fasse connaître tel qu'il doit être connu. Selon notre auteur, ni la philosophie ni la théologie n'ont pour seule fin de nous apprendre à déterminer le centre des choses, en dessinant les lignes qui le traversent et le cernent en leurs recoupements : elles ont plutôt comme finalité de nous assurer la possession de ce centre nodal, en nous conférant l'habitude de le découvrir, pour nous tourner vers lui, pour entrer en contact vital, ontologique avec lui. Celui qui sait le mieux comment on parvient au Centre de toute vie n'est pas celui qui connaît par cœur et peut décrire tous les itinéraires qui y conduisent, mais celui qui choisit librement, sciemment l'un d'entre eux et s'y engage avec la ferme résolution de le parcourir jusqu'au bout.

Ce Centre, nous l'avons dit, c'est la Divinité tri-unique.[548] Il devient possible, selon Fl., de rejoindre toute chose à partir de ce centre, comme de le rejoindre à partir de toute chose. L'être ne peut se concevoir que comme un « être pour soi » ou comme un « être pour autrui », jamais comme un « être pour soi », « Etre en soi », il l'est nécessairement par conformité avec son modèle, son image ; en d'autres termes, un être humain ne peut se suffire à lui-même, sans voir, dans l'image divine, sa propre cause originelle, sa propre cause exemplaire, sa propre cause finale. Dans la Divinité tri-unique, l'être humain voit son origine qui tient lieu de principe, l'exemplaire qui tient lieu de moyen et la cause finale qui joue le rôle de l'aboutissement à atteindre : le Père apparaît donc comme le principe, le Fils comme le moyen et l'Esprit Saint comme la fin. Ainsi, le Père fonde l'origine et l'Esprit achève, cependant que le Fils, c'est-à-dire

---

[548]   Cf. E. G i l s o n, *La philosophie de saint Bonaventure*, Vrin 1924, p. 34.

le Christ, bien que notre auteur ne lui assigne pas le rôle primordial, représente le moyen de Dieu, le moyen des choses et le moyen
de la connaissance. Le Verbe devient ainsi l'expression de la situation exacte ou l'être humain doit se tenir, pour réaliser à son tour le
mystère de la divino-humanité qui existe déjà dans la personne de
Jésus-Christ.

Ce qu'est, dans le macrocosme, l'astre solaire qui, rayonnant lumière et chaleur, déclenche toute génération dans le monde, le cœur
l'est aussi, dans la vie personnelle de chacun ; c'est de la même
manière que la Sainte Trinité constitue le centre de l'univers et le
centre de l'existence humaine. Définir la place que cette dernière
occupe par rapport à ce centre trinitaire, permet à toute personne
humaine de connaître l'origine d'où elle vient et la fin vers laquelle
elle va, constatant par là qu'elle a une histoire et que cette histoire
a un sens. A ce propos, on pourra regretter que Fl. n'accorde, dans
sa réflexion, qu'une place trop restreinte à l'histoire, dont il semble
tellement déborder le cadre qu'il en vient à situer l'être humain au
niveau d'un certain idéalisme ; pourtant, quand il traite de chaque
personne, il décrit sa vie comme un passage entre un commencement et une conclusion. Dès que quelqu'un a pris conscience de
cette vérité redoutable, non seulement il ne peut plus l'oublier, mais
il lui devient impossible de penser autrement que par rapport à elle :
ses connaissances, ses sentiments, ses volontés se trouvent éclairés
d'une lumière que l'on pourrait qualifier de tragique, du fait qu'apparaît alors à son regard un destin qui s'avère décisif pour lui. La
théologie de Fl. est profondément pénétrée de ce sentiment ; celui-ci
confère un caractère tendu à sa doctrine et imprime, aux expressions
dont il use, la marque profonde et la tonalité poignante de ce qu'elles
traduisent. Pour lui, c'est une question de vie et de mort éternelle
que de savoir ce qu'il faut penser et, par suite, ce qu'il faut vivre.

La pensée, dans l'optique de notre théologien, doit être un instrument de salut et rien d'autre : mettre le mystère de la Sainte Trinité
au centre de la vie humaine personnelle, comme il est au centre de
l'histoire universelle, interdit au penseur de se juger lui-même et
d'envisager toute chose ainsi qu'il le ferait s'il ne se considérait pas

comme créé à l'image et à la ressemblance de Dieu et ne s'estimait pas comme existant dans la pensée de Dieu.

Quant à la philosophie, elle n'aurait, sans la Sainte Trinité, aucun commencement, car elle perdrait son objet primordial, ni aucun achèvement possible, puisque la Divinité tri-unique constitue sa fin : elle n'a d'autre alternative que de se condamner systématiquement elle-même à l'erreur ou tenir compte des faits et réalités dont elle est désormais informée. Fl. sait très bien, car il est lui-même philosophe, que les facultés cognitives d'un penseur n'ont pas un cœfficient de valeur propre et que, par conséquent, les évidences ne lui seront accessibles que dans la mesure du degré de perfection où il sera lui-même parvenu : la pensée, en effet, s'exerce plus ou moins bien, selon que le penseur s'est d'abord plus ou moins complètement purifié. Il s'ensuit que la compréhension des phénomènes de la nature et surtout de leurs conditions métaphysiques ne peut, selon Fl., s'exprimer de la même manière que si l'on ignorait Dieu. De deux conclusions possibles, dont l'une attribuerait plus aux capacités humaines et moins à Dieu, tandis que l'autre attribuerait plus à Dieu, en diminuant le rôle de l'être humain, c'est toujours la deuxième que Fl. choisit, pourvu que soit sauvegardée la liberté personnelle, car il vaut mieux se tromper par humilité que de pécher par orgueil. C'est dans cette perspective qu'il convient de saisir pourquoi et comment Fl. introduit une séparation entre la philosophie homoiousienne et celle qu'il lui oppose, la philosophie homoousienne.

L'adoption de ce principe a de multiples répercussions sur sa doctrine, et nous les avons signalées au cours de notre étude. Puisque l'être humain se trouve fondé dans le Dieu trinitaire, il ne saurait atteindre le salut que s'il fixe sa pensée sur ce Dieu, s'il enracine sa vie en Lui, que s'il entre en contact, en dialogue, en communion avec Lui : tel est le moteur qui l'entraîne, sans cesse ni repos, d'un objet à l'autre, de la vie de prière et d'ascèse à la convivialité ecclésiale, pour aboutir à l'union à Dieu, laquelle, chez notre auteur, se définit comme une connaissance substantielle.

Dans ce cadre général, les détails, les vues fragmentaires n'intéressent guère notre auteur, et c'est bien dommage ; ce qui retient son attention, c'est la doctrine générale, ce qu'on pourrait nommer le système ; car les détails, s'il en parle, s'expliquent par le système et non l'inverse, et les éléments partiels ne forment pas la doctrine mais, bien plutôt, en émanent. Suivant en cela la tendance des slavophiles, notre auteur s'efforce systématiquement de réduire les sciences à la théologie et de mettre celles-là entièrement au service de celle-ci. La doctrine de Fl. apparaîtra peut-être dépassée, disqualifiée, aux yeux des philosophes chrétiens d'aujourd'hui, qui placent délibérément leurs débats sur le terrain commun de la raison humaine, faisant profession de dénouer les problèmes philosophiques par des méthodes communes à tous, rendant possibles les échanges et conversations entre gens de différentes cultures. En refusant de situer sa réflexion sur le plan de la pure raison, notre auteur semble s'exclure du dialogue qui s'échange entre les intellectuels de tous horizons philosophiques : c'est seulement par la foi, d'après lui, que l'on pénètre dans la philosophie, c'est pourquoi celle-ci telle qu'il la comprend, s'attire l'opposition et de ceux qui récusent cette voie d'accès et de ceux qui ne l'acceptent que pour sauver leur âme et non pour philosopher. Tout à fait conscient de cette opposition, notre auteur ne semble toutefois pas confondre la philosophie avec la théologie, mais il nie la légitimité d'une philosophie qui ne s'édifierait que sur la raison pure ; il ne s'agit donc pas, de sa part, d'une confusion négative, mais d'une condamnation positive de toute prétention profane à rejoindre la vérité par les seuls moyens de la raison. De celle-ci, il ne nie nullement la valeur, à condition de l'entendre comme la raison orthodoxe, la raison synodale, qui n'est guère éloignée du passage à la foi raisonnable.

C'est cette dernière, précisément, qui joue le rôle de la raison dans la conscience du croyant ; prenant ainsi les connotations de cette gnose orthodoxe, dont Clément d'Alexandrie est le témoin le plus qualifié. Disciple de ce maître éloigné, Fl. se place apparemment sur le chemin de la gnose où la foi chrétienne devient la seule philosophie entièrement vraie et profitable ; si l'on peut le qualifier de gnostique, c'est donc seulement dans le sens chrétien de ce terme. Quand on a la certitude que la Sainte Trinité constitue le cœur même du réel et quand le réel ne cesse de vérifier, de rappeler ce fait, la tâche la plus haute qui s'impose à la raison ne consiste plus à suivre sa propre route, mais à intégrer dans son effort tout ce que requiert ce mystère ; pour cela, la raison doit reconnaître sa faiblesse et recourir à la foi qui, seule, la rend capable de réaliser cet effort. Par la foi donc, l'être humain parvient à connaître Dieu ; non d'une connaissance purement intellectuelle toutefois, mais d'une connaissance bien supérieure, existentielle, substantielle, telle que ne peuvent prétendre connaître Dieu en vérité que ceux qui entrent en communion avec Lui, le Dieu trinitaire qui, déjà attesté comme l'origine de l'être humain, se découvre comme étant aussi son but et sa fin.

A la question du Psaume 8, 5 : « Qu'est-ce que l'homme pour que tu penses à lui, l'être humain pour que tu t'en soucies ? », Fl. répond ceci : l'être humain, créé à l'image et à la ressemblance de Dieu, ne peut être saisi dans sa réalité totale, que s'il devient, par un effort considérable d'exercices corporels et spirituels, ce que Jésus-Christ a déjà réalisé en plénitude, c'est-à-dire s'il se configure à Lui en tant qu'homme-Dieu, en entrant en communion ontologique avec Dieu. S'agit-il là d'ontologisme ? Fl. ne semble pas courir le risque d'en être suspecté : il nie formellement, en effet, que Dieu puisse être vu face à face par un être humain. A qui contemple Dieu, ne sont perceptibles et révélées que les énergies qui émanent de Lui. Les difficultés que l'on éprouve à en rendre compte ne se situent pas au niveau de la vérité la plus profonde, mais résident dans la faiblesse du langage humain et dans l'imperfection ou finitude de celui qui vit cette expérience spirituelle. Quant à la Vérité, pour la posséder dans sa totalité, elle exige simultanément un oui et un non : elle est antinomique.

En nous appliquant à rechercher et à expliquer la pensée anthropologique de Fl., nous avons été mis en présence d'un être mystérieux, la Sophia, qui ne cesse d'intriguer, voire d'inquiéter tous ceux qui entreprennent une réflexion systématique sur la pensée de notre auteur et des autres slavophiles dont il est l'héritier. Etre créé qui existe de toute éternité et qui communie à la fois à l'essence divine et à l'essence humaine, cette Sophia n'ouvre-t-elle pas la porte à l'invasion insidieuse d'un certain panthéisme ? Il nous semble que non : Fl. maintient fermement qu'une distance infinie sépare l'être par soi et l'être participé, l'être divin et l'être humain. Si, des textes de l'auteur, se dégage quelquefois comme une impression qui le rendrait suspect de panthéisme, il faut en rendre responsable la faiblesse du langage, son incapacité à rendre adéquate l'expression des vérités qu'on vit dans l'expérience spirituelle ou mystique. Ce qui nous paraît regrettable, c'est plutôt que notre théologien n'ait pas été jusqu'au bout de sa perspective sophiologique, qu'il n'ait pas élaboré toute sa théologie sous cet angle de vue ; cela aurait, nous semble-t-il, projeté davantage de lumière sur la nature cachée de cette énigmatique Sophia. Il faut bien nous résoudre à l'accueillir telle qu'elle nous est présentée, malgré les ombres qui l'environnent, et la contempler plutôt qu'à la comprendre, en faisant confiance à la compétence théologique de notre auteur, assuré que nous sommes de son orthodoxie foncière.

En parcourant les pages de cette étude, le lecteur aura proba-blement trouvé nombre de lacunes ou de fragilités dans l'exposé que nous avons tâché de présenter d'une anthropologie théandrique selon Fl. Nous en sommes bien conscient. A notre décharge, nous plaidons pour que l'on tienne compte de notre désir de respecter la manière même dont notre auteur procède habituellement. Ainsi, à chaque étape de notre parcours, nous avons précisé, comme lui, qu'un développement ultérieur serait consacré à la méditation du même sujet. De même, il nous est arrivé de signaler simplement, ici ou là, quelques problèmes connexes, laissant à d'autres la re-cherche de leur solution, à savoir à ceux qui voudraient s'approcher davantage du Mystère de Dieu, en mettant en œuvre leur raison, mais surtout leur foi et leur amour, car on ne saurait, sans ces vertus théologales actives, parler d'une réelle connaissance de Dieu.

Une longue et fraternelle fréquentation de ses textes nous fait apparaître Fl. comme un fils zélé et fidèle de son Eglise orthodoxe et comme un intellectuel très attaché à la famille culturelle de sa patrie russe. C'est à travers ces deux filtres qu'il a soumis à son re-gard attentif, pour une approche personnelle, toutes les idées qui lui venaient d'autres horizons, d'autres milieux culturels : sources patristiques, écrits juifs, protestants, catholiques... A maints endroits, au détriment de l'originalité, de la clarté ou de la profondeur de son discours, notre auteur se contente de citer des textes, notamment des Pères, les groupant parfois en une sorte d'anthologie, sans entrer dans le cœur même des problèmes, qu'il laisse sans solution ou pour lesquels il fournit des réponses schématiques ou partielles qui ne peuvent satisfaire notre attente de précision. C'est comme s'il avait dû se hâter, ne livrant que le matériau en vrac et parfois n'esquissant qu'un vague plan, laissant pour plus tard ou pour ceux qui le liraient la tâche de bâtir un ensemble exhaustif à partir des éléments fournis. Hélas ! Nous savons qu'il n'y aura pas eu de « plus tard » pour lui, puisque la révolution vint brutalement interrompre la réflexion théologique pour laquelle il s'était passionné. Quoi qu'il en soit, malgré ces lacunes et ces défauts que nous avons signalés au cours de notre étude, l'œuvre de Fl. garde toute sa valeur d'actualité ; sa théologie fructifie encore et sa vision de l'être humain n'a rien perdu de sa fraîcheur, de sa profondeur et de sa singulière nouveauté. Son anthropologie le révèle à la fois comme un savant et comme un saint, dans le sens premier du mot : chez lui, les exigences d'un exercice rigoureux de la raison ne se dissocient jamais de celles d'une conduite de vie conforme à la vocation humaine la plus haute. En somme, les lois de la raison et les dogmes de la foi ne constituent, pour qui fonde sa vie sur eux, qu'un commencement, un point de départ pour une vie digne de la grandeur humaine selon le dessein du Créateur.

Dans ses écrits comme dans sa vie, notre auteur a montré qu'il ne suffit pas de savoir, mais qu'il est plus important de savoir vivre la vérité que l'on professe. Notre préoccupation première a été de mettre en lumière ceci, qui découle de l'enseignement de Fl., à savoir : que l'image de l'être humain, ce qu'il est au moment où il sort de la main de Dieu, est aussi importante que sa destinée, c'est-à-dire que le projet formé par Dieu à son propos. Mieux encore : c'est précisément sur la réalisation de cette image, amenée à la ressemblance de Dieu, et sur l'accomplissement libre et coopératif du projet divin sur elle que chaque personne sera jugée, dès lors que l'élément divin, inclus en elle par l'acte créateur, est appelé à devenir opérant, actif et efficient. Tel est le cœur de l'anthropologie de Fl. Ce qui nous a guidé dans notre cheminement à travers ses écrits, l'objectif que nous nous proposions, c'était de rendre évidente cette pensée focale, d'en montrer la réalité et, simultanément, le caractère paradoxal.

Bibliographie

Textes étudiés de P. A. Florensky

FLORENSKY P. A., *Avtobiografia* [*Autobiographie*], dans « JMP » 4 (1982), p.13-17.

– *Khristianstvo i koultoura* [*La chrétienté et la culture*], dans : « JMP » 4 (1983), p. 53-57.

– *Curriculum vitae* (dès 1.01.1921 jusqu'à l'entrée à la VSNCH), dans: « Bogoslovskié Troudy » 23, Moskva 1982.

– *Doukh i plot'* [*L'Esprit et la chair*], dans :« JMP » 4 (1969), p. 72-77.

– *Ekklesiologitcheskié materialy: Poniatié tserkvi ou sv. Pisanii* [*Matériaux ecclésiologieques : La compréhension de l'Eglise dans la Sainte Ecriture*], dans : « Bogoslovskié Troudy » 12 (1974), p. 78-183.

– *Ikona* [*L'icône*], dans : « Messager... » 65, 1969, Paris 1969, p. 39-64.

– *Iz bogoslovskovo nasledia sviachtch. Pavla Florenskovo* [*De l'éritage théologique de Paul Florensky. Contient la plus part de la philosophie du culte*], dans : « Bogoslovskié Troudy » 17, Moskva 1977, p. 87-248.

– *La colonne et le fondement de la Vérité. Essai d'une théodicée orthodoxe en douze lettres,* Trad. du russe par C. Andronikof, *Editions L'Age d'Homme*, Lausanne 1975.

– *Natchelnik jizni* [*Le Chef de la vie*], dans : « Bogoslovskie Troudy » 23, Moskva 1982, 310-312.

– *O souïeverii* [*De la superstition*], dans: « Novyï Pout' » 8, 1903, p. 91-121.

– *Stolp i outverzdenié Istiny. Opyt pravolsanoï teoditsei v dvenadtsati pis'makh* [*La colonne et le fondement de la Vérité...*], Moskva 1914.

– *Troïtsé-Sergieva Lavra i Rossia* [*La laura de la Trinité – saint Serge et la Russie*], dans : « Messager... » 117, Paris 19.., p. 5-22.

Articles et ouvrages

ADNÈS P., *Hésychasme*, dans :*Dsp*, vol. VII, 21,Paris 1969, p. 381-399.

ALÈS A. d', *La question du Purgatoire au concile de Florence en 1438*, dans « Gregorianum » 3 (1922), p. 9-50.

AMBROSIUS, *Expositio Evangeli secundum Lucam, en 10 livres*, dans: Schenkl C., *Sancti Ambrosii Opera*, vol. 3, CSEL XXXII.4, Prague – Vienne – Leipzig 1902, p.1-528.

ANDRONIK I., *Osnovnye certy licnosti, zizn' i tvorcestvo sviachtchennika Pavla Florenskogo*, dans: « JMP »4, 1982, p. 12-19.

ANTONI, *Polnoïé sobranié sotchineni*, vol. 2, 2ᵉ éd., Sankt-Peterbourg 1911.

ARENDT A., *La crise de la culture*, Paris 1972.

ARISTOTE, *La Métaphysique*, vol. I et II, introd., notes et index J. Tricot, Paris, 1986.

ARISTOTE, *Ethique à Nicomaque*, trad., introd., notes et index J. Tricot, Paris, 1987.

ARSIENIEV N. Von, *La piété russe*, Neuchâtel, 1963.

AUER J., *'Siehe, ich mache alles neu'. Der Glaube an die Vollendung der Welt, Regensburg*, 1984.

AUGUSTIN D'HIPPONE, *De Genesi contra Manichaeos, en 2 livres*, PL, 34, 171-220.

AUVRAY P., *Création*, dans : *Vocabulaire de théologie biblique*, pub. sous la direction de X. Léon-Dufour, 2ᵉ éd. révisée et augmentée, Paris 1970, p. 222-230.

BAILLY A., *Dictionnaire grec-français*, éd. revue par L. Séchan et P. Chantraine, Paris 1989 (1ᵉʳᵉ éd. 1844).

BEHR-SIGER E., *Le monachisme russe*, dans :*DSp*, vol. X, Paris 1980, p. 1591-1603.

   – *Prière et sainteté dans l'Eglise russe*, nouvelle édition, Abbaye de Bellefontaine 1982.

BELY A., *Natchalo veka,* Moskva - Leningrad1933.

BERDIAEV N.,

   – *Esprit et réalité*, Paris 1943.

   – *Essai de métaphysique eschatologique : acte créateur et objectivation*, trad. du russe par M. Herman, Paris 1946.

   – *La signification de l'acte créateur*, Paris 1916.

BERGSON H., *Essai sur les données immédiates de la conscience*, Paris 1889.

   – *Essais sur la relation du corps à l'esprit. Matière et mémoire*, Paris 1896.

BOÈCE, *De duabus naturis et una persona Christi*, PL, 64, Paris 1847.

BONAVENTURE Saint, *Breviloquium. Partie I. La Trinité de Dieu*, introd. et notes par L. Mathieu, Paris 1967.

BOBRINSKOY B., *Le Mystère de la Trinité. Cours de théologie orthodoxe*, coll. : *Théologie*, Paris, 1986.

BORDONI M.- N. CIOLA N., *Gesù nostra speranza. Saggio di escatologia*, Bologna 1988.

BOULARAND E., *L'hérésie d'Arius et la « foi » de Nicée*, Paris 1972.

BOULGAKOV S., *Sviachtchennik o. Pavel Florensky*, dans « Messager... » 101-102 (1971-III/IV), p. 126-137.

BOUYER L., *Gnosis. La connaissance de Dieu dans l'Ecriture*, coll. *Théologie*, Paris 1988.

BRAGUE R., *Du temps chez Platon et Aristote*, Paris 1982.

BRATSIOTIS P. J., *La signification du dogme dans la théologie*, dans *1054-1954. L'Eglise et les Eglises, neuf siècles de douloureuse séparation entre l'Orient et l'Occident. Etudes et travaux offerts à Dom Lambert Beauduin*, t. II, Chèvetogne 1955, p. 197-206.

BRIANCHANINOV I., *De la prière de Jésus* (en russe), Sankt-Peterbourg 1865.

   – *Dobrotolioubié*, compte 5 vol., Moskva, vol. 1 1877; vol. 2 1884; vol. 3 1888; vol. 4-5 1889; index (170 p.) 1905.

– *Lecture chrétienne* (en russe), 3ᵉ éd., Moskva 1895.

BUBER M., *La vie en dialogue*, trad. par J. Lœwenson-Lavi, Paris 1959.

BUNGE G., *Das Geistgebet. Studien zum Traktat De Oratione des Evagrios Pontikos*, Köln 1987.

– *Geistliche Vaterschaft. Christlische Gnosis bei Evagrios Pontikos*, Regensburg 1988.

– *Hénade ou monade? Au sujet de deux notions centrales de la terminologie évagrienne*, dans : « Le Muséon », t. 102 – fasc. 1-2 (1989), p. 69-91.

– *Mysterium Unitatis. Der Gedanke der Eincheit von Schöpfer und Geschöpf in der evagrianischen Mystik*, dans: « Freiburger Zeitschrift für Philosophie und Theologie », vol. 36 (1988), cahier 3, p. 449-469.

CAMELOT P.-Th, *Lumière, II. Etude patristique*, dans :*DSp*, vol. IX, Paris 1976, p. 1149-1158.

CLEMENS D'ALEXANDRIE, *Stromata, en 8 livres, dans : Les Pères de l'Eglise traduits en français, trad. par Genoude M. de, t.5, Paris 1839, p.1-681 (I-VIII).*

CABASILAS N., *La vie en Christ. Livres I-IV*, introd., texte critique, trad. et annotation par M.-H. Congourdeau, Paris 1989.

CLAUDEL P., *L'épée et le miroir*, Paris 1939.

CLÉMENT O., *Questions sur l'homme*, Paris 1972.

CONGAR Y. M.-J., *Le mystère de la mort et sa célébration*, Paris 1951.

CORNFORD F. M., *Plato's Cosmology. The Timaeus of Plato translated with a running commentary*, London 1977 (1 éd. 1937).

COUILLEAU G., *Jean Climaque*, dans : *DSp*, vol. VIII, Paris 1974, p. 369--389.

CROUZEL H.,

   – *Origène et la connaissance mystique*, Bruges 1961.

   – *Théologie de l'image de Dieu chez Origène*, Paris 1956.

DANIÉLOU J., *L'apocatastase chez saint Grégoire de Nysse*, dans : « RSR » 30 (1940), p. 328-347.

   – *Platonisme et théologie mystique. Essai sur la doctrine spirituelle de saint Grégoire de Nysse*, Paris 1944.

DELESALLE J.,VAN TOAN T., *Quand l'amour éclipse Dieu. Rapport à autrui et transcendence*, Paris 1984.

DESCARTES R., *Les principes de la philosophie*, dans: *Œuvres et lettres*, introd., chronologie, bibl. et notes par A. Bridoux, coll. *Bibliothèque de la Pléiade*, (Gallimard), Paris 1953, p. 553-690.

DESPREZ V., *Macaire (Pseudo-Macaire; Macaire-Syméon)*, dans : *DSp*, vol. X, Paris 1980, p. 20-27 et 39-43.

DIELS H., *Die Fragmente der Vorsokratiker. Griechisch und deutsch*, pub. par W. Kranz, vol. I, 8ᵉ éd., Berlin - Neukölln 1956.

DOSSETTI G. L., *Il simbolo di Nicea e Costantinopoli*, éd. critique, Rome 1977.

DOSTOÏEVSKI F. M., *Les démons, Carnets des démons, Les pauvres gens*, introd. par P. Pascal, trad. et notes par B. de Schlœzer et S. Luneau, Paris 1955.

DURWELL X., *La Résurrection de Jésus, mystère de Salut. Etude biblique*, 7ᵉ éd., Lyon 1963.

EISENBERG J., ABECASSISI A., *A Bible ouverte*, Paris 1978.

EVAGRE LE PONTIQUE, *Sur le jeûne*, dans *Evagriana Syriaca*, textes inédits du British Museum et de la Bibl. Vaticane. Edités et traduits par J. Muyldermans, Louvain 1952.

– *Les six centuries des KEPHALAIA GNOSTICA d'Evagre le Pontique*, pub. par A. Guillaumont, dans : *Patrologia Orientalis*, vol. XXVIII, II, 47, Paris 1958, p. 5-264.

– *Traité pratique ou Le moine*, t. 1, introd. par A. et Cl. Guillaumont, Paris 1971.

EVDOKIMOV P., *Dostoïevsky et le problème du mal*, Paris 1978.

– *La femme et le salut du monde*, Tournai - Paris 1958.

– *L'Orthodoxie*, Paris 1959.

FESSARD G., *Chrétiens marxistes et théologie de la libération. Itinéraire du Père J. Girardi*, coll. *Le Sycomore*, Paris - Namur 1978.

– *L'Histoire et ses trois niveaux d'historicité*, dans *Sciences Ecclésiastiques*, oct.-déc. 1966, p. 329-356.

FICHTE J.G., *La théorie de la science. Exposé de 1804*, trad., préface et notes par D. Julia, Paris 1967.

FINKENZELLER J., *Gericht*, dans *Lexikon der katholischen Dogmatik*, p. 175-177.

FLICK M., ALSZEGHY Z., *Il Vangelo della grazia. Un trattato dogmatico*, Firenze 1964.

FLORIVAL G., *Cours d'anthropologie philosophique*, Louvain (sans l'année d'édition).

FLOROVSKY G., *Pouti rousskovo bogoslovia*, 4ᵉ éd., Paris 1988.

FRAIGNEAU-JULIEN B., *Les sens spirituels et la vision de Dieu selon Syméon le Nouveau Théologien*, Paris 1985.

GAL'CEVA R. A., *Florensky P. A.*, dans: *Filosofskaïa entsiklopedia*, vol. V, Moskva 1970, p. 377-379.

GLOT J., *Eschatologie*, dans :*DSp*, vol. IV-1, Paris 1960, p.1020-1059.

GESCHE A., *Dieu et le mal*, dans : *Péché collectif et responsabilité*, coll. *Publication des Facultés Universitaires Saint Louis*, 40, Bruxelles 1986, p. 69-122.

– *Dieu preuve de l'homme*, dans: « NRT» 112 (1990), p. 3-29.

GILL J., *Constance et Bâle-Florence*, Paris 1965.

GILSON E., *La philosophie de saint Bonaventure*, Vrin 1924.

GNILKA J., *Ist 1 Kor. 3,10-15 ein Schriftzeugnis für das Fegfeuer ?*, Düsseldorf 1955.

GRÉGOIRE de NAZIANZE, *Oratio XXV, in laudem Heronis philosophi*, PG, 35, 1197-1225, Paris 1857.

GRÉGOIRE de NYSSE, *Homiliae in Ecclesiastem*, PG, 44, 615-754, Paris 1863.

GRÉGOIRE de NYSSE, *Traité de la virginité*, introd., texte critique, trad., commentaire et index par M. Aubineau, Paris 1966.

GRÉGOIRE PALAMAS, *Phisica. Theologica et practica capita CL*, PG, 150, 1121-1225 (l'édition critique: St Gregory Palamas, *The one hundred and fifty chapters*, R. E. Sinkiewicz, Toronto 1988).

GRESHAKE G., *Gnade als konkrete Freiheit. Eine Untersuchung zur Gnadenlehre des Pelagius*, Mainz 1972.

– *Stärker als der Tod*, Mainz 1976.

GRILLMEIER A., *Der Gottessohn im Totenreich. Die Descensuslehre in der älteren christlichen Überlieferung*, dans: « ZKth » 71 (1949), p. 1-53 et 184-204.

GROSS J., *La divinisation du chrétien d'après les Pères grecs. Contribution historique à la doctrine de la grâce*, Paris 1938.

GUILLAUMONT A., *Evagre le Pontique*, dans : *DSp*, vol. IV, 2, Paris 1961, p. 1731-1744.

GUITTON J., *Le Temps et l'Eternité chez Plotin et saint Augustin*, Paris 1933.

HALLEUX A. de, *Personnalisme ou essentialisme trinitaire chez les Pères cappadociens ? Une mauvaise controverse*, dans « Revue Théologique de Louvain » 17 (1986), p.129-155 et 265-292.

HAUSHERR I., *Dogme et spiritualité orientale*, dans : *Etudes de spiritualité orientale*, Rome 1969.

– *Hésychasme et prière*, Rome 1966.

– *Ignorance infinie*, coll.: *OCP*, 2, Rome 1936. p. 351-362.

HUIJBERS B., *Het beeld van God in de ziel volgens Sint Augustinus*, *« De Trinitate »*, dans: « Augustiniana » 2 (1952), p. 88-107 et 205-229.

INNOKENTI Ieromonakh (Pavlov), *Sviachtchennik Pavel Florensky i evo vklad v razvitié bogoslovskoï mysli pravoslavnoï Tserkvi*. L'exposé présenté au cours du colloque *P. A. Florenskij et la culture...*

IRÉNÉE de Lyon, *Contre les hérésies*, éd. critique par A. Rousseau et L. Doutreleau, Paris 1979.

JEAN CLIMAQUE, *L'échelle sainte*, trad. par P. Deseille, Bégrolles-en-Mauges, Abbaye de Bellefontaine 1978.

KANT E., *Anthropologie du point de vue pragmatique*, trad. par M. Foucault, Paris 1964.

– *Grundlegung zur Metaphysik der Sitten*, dans: *Schriften zur Ethik und Religionsphilosophie*, vol. IV, , Wiesbaden 1956. p. 9-102.

– *Kritik der praktischen Vernunft*. Herausgegeben von K. Vorländer, coll. *Philosophische Bibliothek*, 38, Hamburg 1985.

– *Kritik der reinen Vernunft*. Nach der ersten und zweiten Original-Ausgabe. Neu herausgegeben von R. Schmidt, coll.: *Philosophische Bibliothek*, 37a, Hamburg 1971.

– *La religion dans les limites de la simple raison*, trad. de J. Gibelin, introd. M. Naar, Paris 1983.

– *Logique*, trad. par L. Guillermit, Paris 1966.

KAUCHTSCHWILI N., dans: P. A. Florenskij, *Attualità della parola. La lingua tra scienza e mito*, a cura di E. Treu. Introd. de V. Vs. Ivanov, présent. de N. Kauchtschischwili, trad. du russe par M. Chiara Pesenti et E. Treu, Milano 1989.

KHOMIAKOV A. S., *Zapiski o vsemirnoï istorii* [*Notes sur l'histoire universelle*], Moskva 1873.

KHRAPOVITSKY A., *Le Fils de l'homme; essais d'interprétation*, dans : *Œuvres complètes*, Potchaev 1906.

KIRCHMEYER H., *Grecque (Eglise)*, dans : *DSp*, vol. VI, 2, Paris 1967, p. 808-872.

KLEINKNECHT J., *Der nomos in Griechentum und Hellenismus*, dans: *Thelogisches Wörterbuch zum Neuen Testament*, vol. IV, p. 1016--1029.

KOUZNETSOV A., *Mirosozertsanie sviachtchennika Pavla Florenskovo i nacha sovremennost'*. L'exposé présenté au colloque *P. A. Florenskij et la culture...*

KRAUS G., *Verdienst*, dans: *Lexikon der katholischen Dogmatik*, p. 533--535.

La Doctrine des Douze Apôtres (Didachè), introd., texte, trad., notes, appendice et index par W. Rordorf et A. Tuilier, Paris 1978.

LALANDE A., *Vocabulaire technique et critique de la philosophie*, 15e éd., Paris, 1985, p. 558-567.

LANG F., *Πῦρ*, dans *Thelogisches Wörterbuch zum Neuen Testament*, vol. VI, Stuttgart 1959 p. 928-952.

LE GOFF J., *La naissance du purgatoire*, Paris 1981.

LE GUILLOU M.-J., *La renaissance spirituelle au 18e siècle*, dans « Istina » 7 (1960), p. 114-125.

LEMAîTRE J., *Contemplation. 2. Exposé historique. Principaux auteurs*, dans :*DSp*, vol. II/I, Paris 1953, p. 1787-1872.

LEVINAS E., *Autrement qu'être ou au-delà de l'essence*, La Haye 1974.
– *L'humanisme et l'autre homme*, Montpellier 1972.
– *Totalité et Infini. Essai sur l'extériorité*, 4e éd., La Haye 1971.

LOSSKY N. O.,
– *Essai sur la théologie mystique de l'Eglise d'Orient*, Paris 1944.
– *History of russian philosophy*, London 1952.

LOT-BORODINE M., *La déification de l'homme selon la doctrine des Pères grecs,* Paris 1970.

LUBAC H. de, *Surnaturel. Etudes historiques*, Paris 1946.

MAKARIOS-SYMÉON, *Reden und Briefe. Die Sammlung I des Vaticanus Graecus 694 (B)*, pub. par H. Berthold, vol. I : *Einleitung und Tabel-*

len. Die Logoi B 2-29, vol. II: *Die Logoi B 30-64. Register*, Berlin 1973.

MARXER F., *Le problème de la vérité et de la tradition chez Pavel Florensky*, dans : « Istina » 3(1980), p. 212-236.

MAXIME le CONFESSEUR, *Centuries sur la Théologie et l'Economie*, PG, 90, 083-1124, (traduction fr. par A. Riou, *Le Monde et l'Eglise selon Maxime le Confesseur*, Paris - Beauchesne 1973, p. 214-239).

– *De variis difficilibus locis*, PG, 91, 1031-1418, Paris 1865.

MEYENDORFF J., *Initiation à la théologie byzantine. L'histoire et la doctrine*, Paris 1975.

– *Introduction à l'étude de Grégoire Palamas*, Paris 1959.

– *Saint Grégoire Palamas et la mystique orthodoxe*, Paris 1959.

MÜHLEN H., *Der Heilige Geist als Person. In der Trinität, bei der Inkarnation und im Gnadenbund : ICH-DU-WIR*, Münster 1963.

NILSSON M. P., *Geschichte der griechischen Religion*, vol. I, 3ᵉ éd., München 1967.

OBOLENSKY S., *La Sophiologie et la mariologie de Paul Florensky*, dans : « Unitas » 3 (1946), p. 63-70 et 4 (1946), p. 31-49, Rome.

O. G., *Hades*, dans: *Lexikon der alten Welt*, Zürich - Stuttgart 1965, p. 1180.

OMBRES R., *The Theology of Purgatory*, Dublin and Cork 1978.

ORIGENE, *Commentaria in Evangelium secundum Matthaeum*, PG, 13, 835-1608, Paris 1862.

– *Exposita in Proverbia*, PG 17.161, Paris 1857.

P. A. FLORENSKY i kul'tura evo vremeni. Atti del Convegno Internazionale Università di Bergamo 10-14 gennaio 1988. A cura di M. Hagemeister e N. Kauchtschichwili. Marburg: Blaue Hörner Verlag, 1995.

PASCAL B., *Pensées*, introd. et notes Ch.-M. des Granges, Paris 1951.

PESCH O. H., *Theologie der Rechtfertigung bei Martin Luther und Thomas von Aquin. Versuch eines systematisch-theologischen Dialogs*, Mainz 1967.

– *Gesetz und Gnade*, Freiburg - Basel - Wien 1981.

Petit Robert. Dictionnaire de la langue française, vol. I, sous la réd. d'A. Rey et J. Rey-Debove, Paris 1987.

PHILOCALIE des Pères Neptiques, Abbaye de Bellefontaine 1985.

PSEUDO-MACAIRE, *Œuvres spirituelles*, vol. I : *Homélies propres à la Collection III*, introd. et trad. par V. Desprez, dans : *SC*, 275, Paris 1980.

RAHNER K., *Hölle*, dans : *Sacramentum Mundi*, vol. II, Freiburg - Basel - -Wien 1968, p. 738-739.

REALE G., ANTISERI D., *Il pensiero occidentale dalle origini ad oggi. Corso di filosofia per i licei classici e scientifici*, vol. II: *Dall'Umanesimo a Kant*, Brescia 1983.

RITTER A.-M., *Das Konzil von Konstantinopol und sein Symbol. Studien zur Geschichte und Theologie des II. ökumenischen Konzils*, dans: *Forschungen zur Kirchen und Dogmengeschite*, 15, Göttingen 1965.

ROBINSON J. A. T., *Le corps, étude sur la théologie de saint Paul*, Paris 1966.

RONDET H., *Le péché originel dans la tradition patristique et théologique*, Paris 1969.

RUPPERT H.-J., *Vom Licht der Wahrheit. Zum 100. Geburtstag von P. A. Florenskij*, Göttingen 1982.

RUSSEL B., *L'idée d'ordre et la position absolue dans l'espace et le temps*, coll. *Bibl. du Congrès International de Philosophie*, vol. 3 : *Logique et Histoire des Sciences*, Paris 1901, p. 241-277.

SARTRE J.-P., *L'être et le néant. Essais d'ontologie phénoménologique*, 19ᵉ éd., Paris 1949.

SCHMAUS M., *Katolische Dogmatik*, vol. IV/2. *Von den letzten Dingen*, 5ᵉ éd., München 1959.

SCHMEMANN A., *L'Eucharistie, sacrement du Royaume*, trad. par C. Andronikof, Paris 1985.

SERTILLANGES A. D., *Philosophie de saint Thomas*, Paris 1940.
  – *La philosophie morale de saint Thomas d'Aquin*, Paris 1942 (nouvelle éd. revue et augmentée).

SIEBEN H. J., *Mnèmè Theou*, dans : *DSp*, vol. X, Paris 1980, p. 1407-1414.

SILBERER M., *Die Trinitätsidee im Werk von Pavel A. Florenskij. Versuch einer systematischen Thomas von Aquin*, Würzburg 1984.

SLESINSKI R., *Pavel Florensky: A Metaphysics of Love*, Crestwood 1984.

SOLIGNAC A., *Image et ressemblance, II. Pères grecs et orientaux*, dans *DSp*, vol. VII, 2, Paris 1971, p. 1406-1425.

SOLOVIEV V. S.,
  – *Les fondements spirituels de la vie*, Paris 1932.
  – *Vorlesungen über das Gottmenschentum (1877-1881)*, Ubersetzt von M. Deppermann, dans: *Deutsche Gesamtausgabe der Wer-*

ke von Wladimir Solowjew, Herausgegeben von W. Szylkarski et al., München 1978, p. 573-750.

SOPHRONY Archimandrite, *La félicité de connaître la voie. Des Principes en Orthodoxie*, trad. du russe par le Hiéromoine Syméon, Genève 1988.

SPANNEUT M., *Influences stoïciennes sur la pensée morale de saint Thomas d'Aquin*, dans *The Ethics of St. Thomas Aquinas*, éd. par L. J. Elders et K. Hedwig, Città del Vaticano 1984, p. 50-79.

Le Stoïcisme des Pères de l'Eglise de Clément de Rome à Clément d'Alexandrie, 2ᵉ éd., Paris 1969.

ŠPIDLIK T., *La doctrine spirituelle de Théophane le Reclus. Le Cœur et l'Esprit*, Rome 1965.

– *La spiritualité de l'Orient chrétien. Manuel systématique*, vol. I, Rome 1978.

SPINOZA B., *Ethique*. Texte original et trad. nouvelle par B. Pautrat, Paris 1988.

STEENBERGHEN F. van, *Le thomisme*, Paris 1983.

– *Philosophie fondamentale*, Longueuil (Québec) 1989.

STOCKL A., *Geschichte der Philosophie des Mittelalters*, vol. I, Mainz 1864 (trad. russe N. Srelkov et I. E., dir. I. Popov, Moskva 1912).

SULLIVAN J. E., *The Imago of God. The Doctrine of St. Augustine and his Influence*, Dubuque, IA 1963.

SZYMUSIAK J. M., *Grégoire de Nazianze et le péché*, dans : « Studia Patristica » 9 (1966), p. 288-305.

TERTULLIEN, *Adversus Praxeam*, PL 2, 153-196C.

– *De resurrectione carnis*, PL 2, 791-886C.

THOMAS d'AQUIN, *Summa theologiae*, IIa-IIae.

THUNBERG L., *Microcosm and Mediator, The theological anthropology of Maximus the Confessor*, Lund 1965.

URS von BALTHASAR H., *Eschatologie*, coll. *Fragen der Theologie heute*, 3ᵉ éd., Einsiedeln-Zür-Köln 1960.

URS von BALTHASAR H., *L'enfer. Une question*, trad. de l'allemand par J.-L. Schlegel, Paris 1988.

URS von BALTHASAR H., *Le Mysterion d'Origène*, dans : « Recherches de science religieuse » XXVI (1936), p. 513-562.

VERNRAUX R., *Histoire de la philosophie moderne*, vol. 10, 18ᵉ éd., Paris 1963.

VERBEKE G., *Connaissance de soi et connaissance de Dieu chez saint Augustin*, dans « Augustiana » IV (1954), p. 495-515.

Vocabulaire théologique orthodoxe (Catéchèse orthodoxe), Paris 1985.

VOLKER W., *Der Wahre Gnostiker nach Clemens Alexandrinus*, Berlin 1952.

WARE K., *Philocalie*, dans *DSp*, vol. XII, 1, Paris 1984, p. 1336-1352 .

WATTE P., *Structures philosophiques du péché originel. S. Augustin, S. Thomas, Kant*, Gembloux 1974.

WETTER F., *Die Lehre Benedikts XII. vom intensiven Wachstum der Gottesschau*, Rom 1958.

Table des matières